U0539941

臨終寶典

30則還陽實證暨投生淨土指南

作者：東杜法王　中譯：金吉祥女

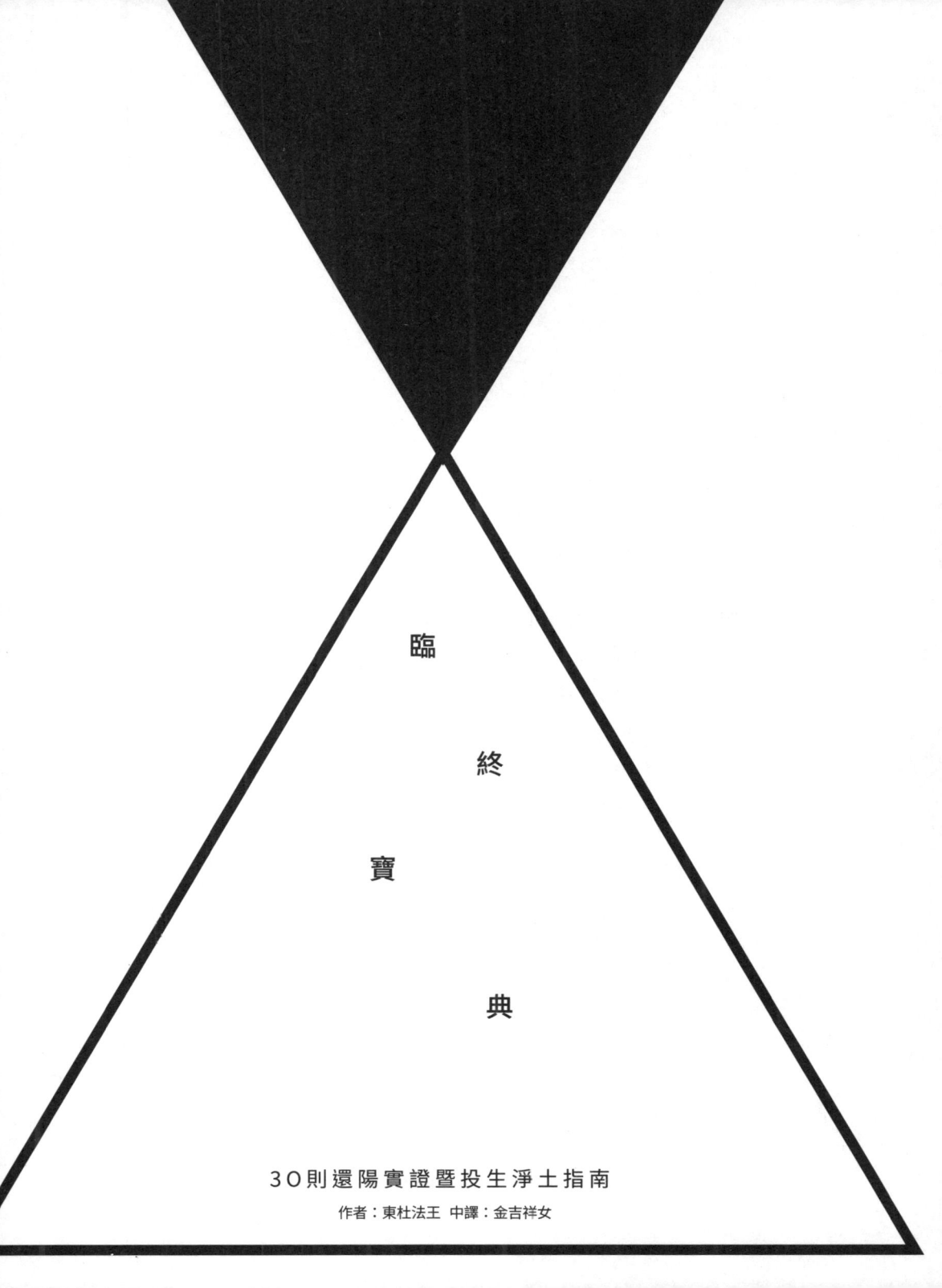

目次

致謝

永恆的無量光

在此我要向怙主多竹千仁波切（Dodrupchen）和喀拉堪布仁波切（Kyala Khenpo Rinpoche）表達感謝，他們深刻的佛法教誨讓我的生命具有意義，他們對度亡儀軌的口訣和修法的詳細傳授，促成了這本書的誕生。我還要感謝我慈祥的父母、祖先和關愛我的朋友，我承蒙他們賜予的生命和健全的神智。

我非常感謝哈洛德・達伯（Harold Talbott），他以耐心、全心和智慧進行此書《臨終寶典》（Peaceful Death, Joyful Rebirth）的編輯。我尤其要感謝肯卓・可森・博洛福（Kendra Crossen Burroughs）對編輯藝術的嫻熟以及對此主題的瞭解，這本書的最後完稿全拜她的巧手之賜。感謝弈安・包爾文探訪出版界並提供極佳的編輯建議；感謝增卡仁波切（Zenkar Rinpoche）提供許多珍稀的還陽者文獻；感謝琴恩・史密斯和「藏傳佛教資源中心」的無價的研究資源；感謝賴利・默梅史坦對梵文咒語的翻譯（可惜我們無法使用他提供的變音符號；感謝「瑪哈悉達寧瑪佛學中心」、前洽杜仁波切（Chagdud Rinpoche）、嘉瑟・菩楚仁波切（Gyalse Putrug Rinpoche）、嘉圖仁波切（Gyatul Rinpochev）、雪樂・若帝喇嘛（Lama Sherab Raldhi）、米瑪・策丹喇嘛（Lama Migmar Tseten）、洛卓・帕嫫尼師和梅德林・諾德與我分享他們寶貴的圖書館；強納森・密勒、拜仁・布朗博和菲利浦・瑞奇曼閱讀草稿並提供寶貴的意見；感謝大衛・弗瑞提供電腦技術的支援；感謝麥可・克斯曼在網站 www.tulkuthondup.com 爲我們的計劃做宣傳；感謝維克・林和璐比・林提供一個平靜的工作環境。

我深深感謝麥可・包爾文獨立提供我們人類的一切基本需求，讓我們的研究和寫作計劃持續多產；同時我也要感謝「佛乘基金會」所有的贊助者，謝謝他們過去25年來的支持。

我極度感謝阿闍黎桑姆・伯裘茲對我的工作的信任，以及彼得・特那、強納森・格林、雷尼・傑可伯、赫洲・伯裘茲和香巴拉出版社的工作人員給予此書極大的關照。同時也感謝薩牟製作索引;感謝阿闍黎愛蜜麗・包爾協助編輯此書附帶的引導式禪修的錄音。

最後，我要感謝莉蒂亞・西格爾在寫作此書期間的恆常啟發，並且透過愛和知識，將她的文學造詣貢獻給此計劃。

我謹以發自內心的祈願，將此書的一切善業，迴向給所有的朋友，他們將自己最寶貴的過渡時刻與我分享，形式各異；我還要迴向功德給所有將會受用此書教法的讀者。願他們獲得完全證悟，永遠與阿彌陀佛和一切諸佛的加持合一。

關於本書

訂做更好的來生

本書透過人人易懂的淺白文字，傳達萃取自藏傳佛教數千年的深刻智慧。我主要的目的在於揭示這些教法，它們不僅可以療癒我們對死亡與臨終的痛苦與迷惘，也可以幫助我們實現究竟平靜與喜樂的覺證目的，不僅爲了今生，也爲了死亡與來生。

佛法教導我們各種方法，爲死亡的未知情況做準備，並且從其中獲得最大的效益，而許多證悟實諦的大成就者對此也多有論述。在死亡與死後的領域中，藏傳佛法具有一些最詳盡的法教，而著名的《西藏生死書》不過是其中之一。事實上，一切的佛法皆在於認出並改善生命、死亡以及來生的境況。因此，這本書取材自眾多不同的經典❶，以及從我的上師們得到的直接傳授，還有我在面對大成就者、密友、陌生人的死亡的第一手經驗。

西藏的智慧法教

藏傳佛教將輪迴中的旅程劃分爲四個階段：

1.此生
2.臨終
3.瞥見心的究竟本質和它的光明境相
4.中陰：介於死後與投生中間的過渡時期。

第一章至第四章分別總結此四個時期。爲了描繪死亡與中陰的經驗，我廣泛引用「還陽者」（藏文：delogs）的歷史記錄。這些還陽者的經驗與當代西方文獻中瀕臨死亡者的經驗，往往有著極爲明顯的類似之處。

❶ 內文中，我所引用的文獻是以縮寫的形式列於書後的「附註」章；而文獻名稱的縮寫所對應的全名和完整的出版訊息，列於書後的「參考資料」章。

由於我引用的中陰文獻所佔的篇幅最長，所以我特別將整個第五章編排爲「中陰的故事」，專門講述死後在地獄或樂土中不尋常的旅程。

在中陰的尾聲，我們爲何、從何處，以及如何投生到不同的境域呢？第六章「投生」針對這些問題提供我們一個路徑圖，幫助我們避免投生惡道，教導我們如何選擇正確的投生處，例如投生到快樂的天堂，也就是所謂的淨土。

淨土爲天界諸佛的住所，而諸佛爲智慧和慈悲的體現。西藏的臨終和度亡儀軌，通常涉及對這些佛和淨土的虔誠觀修，而佛和淨土是加持與力量的來源。在本書中，我們將專注於最廣爲人知的觀修對象之一——阿彌陀佛（無量光佛）。憶念並祈請阿彌陀佛，能令亡者投生到大平靜與大樂的極樂淨土。第七章「阿彌陀佛和極樂淨土」則根據佛經的記載，呈現對此加持之源的傳神描述。

在幫助臨終者和亡者度過死亡和來生上，隨侍的生者扮演非常重要的角色。第八章「如何幫助臨終者和亡者」提供家屬、隨侍的生者、助手與照料者一些實用的指南，無論他們是佛教徒還是非佛教徒。

想要更深入此西藏傳統的讀者，第九章「 臨終和度亡法事」描述的是西藏東部僧眾爲臨終者和亡者修持的傳統儀軌，而這即是我成長和接受藏傳佛教寧瑪派訓練的地方。本書的最後，我以簡短的第十章來總結我的一些想法。

我將進一步的佛法內容收錄在兩個附錄中，因爲它較爲技術性一點，是一些非常簡單但重要的儀軌，可以由僧人或助手爲臨終者或亡者修持。附錄 A「禪修投生極樂淨土四因」，是常見的佛教觀修法，內附藏文與解釋。附錄 B「佛教密宗八部度亡儀軌」是八項重要的修法，附藏文與解釋。附錄 B 還收錄許多讀者感興趣的破瓦法（遷識法）的解釋，而破瓦法是將臨終者（臨終者自修或是我們為他而修）的心識遷往佛淨土的一項特殊修法。

一些個人的想法

就某種意義而言，本書是我心愛的孩子，這是由於我匯集於此的法教的珍貴。對某些人來說，本書或許不像西藏學術的傳統著作那樣，通常充斥著專有名詞和艱深的哲學預設。對另外一些人來說，它可能看似缺乏西方學者認為必備的科學證據。但我所關心的不在於試著回答這類的異議。我的目的和願望，是在保存原本法教的正統精華的前提下，讓所有的讀者盡可能地受用此資訊，無論他們是佛教徒或非佛教徒。

引發我著作此書的原因有幾個：25年前，我剛到美國時，我許多的西方朋友正為完成學業、找工作、找對象而奮鬥；但如今，他們有些人正面對疾病與死亡——而我自己也是如此。此私人的理由，便是我著作此書的部份原因。

身為一名佛教徒，我所受到的教育是，我們學習和努力的目標，是為提升自他的生命與死亡。我之前的兩本著作《心靈神醫》（The Healing Power of Mind）和《無盡的療癒》（Boundless Healing），主要談的是療癒此生的疾病。生命重要且珍貴，我們必須善護之；而既然死亡是我們通往無量來生的門戶，我們不也要特別關注死亡嗎？所以此書《臨終寶典》便在指導我們以信心面對死亡，確保一個快樂的來生，並且也幫助他人達到同樣的目標。而這，也是療癒的一種形式。

我從小成長於西藏東部著名的多竹千寺（Dodrupchen Monastery），在大成就者喀拉堪布和其他明智的上師座下，蒙受他們慈愛的佛學教導。

他們教育和訓練我的，是具有數百年歷史的學術和實修成就的傳統，而這也是他們從未稍歇的修持。在過著最充實的日子的同時，他們總是在為自己的死亡做準備，因為他們瞭解生命的短暫、死亡的必然，以及死後的遭遇對來世極為重要。他們總是熱忱地幫助他人改善生命、預備死亡。

我們的寺院位於深邃的峽谷，在崇山峻嶺的圍繞下，它是世上最與世隔絕的社群之一。在我童稚的心靈中，我深信我們的寺院是一個永遠平靜與快樂的避難所，它神聖的存在，沒有任何力量能夠碰觸它的一磚一瓦。但我卻錯了，在政治紛亂的撼動下，我們的生活從此永遠改觀。數百年來充滿生命力的寺院修行生活傳統，倏然而止，我們被迫逃亡。寺院殊勝的上師之一怙主多竹千仁波切，他具有本然智慧的特別天賦，我們幾個人在他的指示下，橫越雪域西藏，跋涉一千多英哩，逃到印度，成為難民。

在看到世界各地政治、軍事和社會的衝突和暴力，對人們形成身心上的痛苦時，我們很難不把它歸咎於他人。雖然譴責他人可能帶來滿足感，或讓我們覺得正義獲得伸張，但佛教堅決認為，生命中的不幸，是我們自己過去行為的後果，所以只是責備他人無助於問題的匡正。這樣的見解不是一種自責的遊戲——情緒化地將憤怒指向自身，而沒有指向眞正的原因——而是我們應該為自己的生命負責。唯有在承擔這樣的責任後，我們才能為自己掌舵，在輪迴業力的旅途中，開始眞正指引自己。

在印度，我像其他許多的難民一樣，親身體驗到人們的慇懃款待，他們毫不保留地與他人分享自己的一切。如此盛情的美妙經驗，甚至在40年後的今天，仍然令我難忘，而能夠自由自在地祈禱，這對於那些內心受到創傷的人來說，尤其令人感到安慰。

經過幾年的努力，我適應了這個新天地的複雜文化和價值。如果獲得允許，年輕人心靈上的創傷，就像是他們身體上的創傷一樣，比較容易癒合，因此，我倖存了下來，沒有任何留下任何永恆的傷口。

我先後以難民和大學教授的身份，在印度度過22個年頭，我非常感恩並珍惜這樣的幸運。接下來超過24年的光陰，我得以在美國極爲舒適的環境中，從事如甘露的佛法工作。自由世界中大大小小的一切，不僅豐富了我每天的生活，也讓我的靈性之旅更具深度和廣度。

但現代生活的誘惑太多、太強，令人難以抗拒。時光飛逝，如閃電一般，甚至在我瞭解到所發生的事情，或是能夠好好地享受它之前，日子便已消逝無蹤。在此珍貴的人生中，許多黃金機會就此擦身而過，永遠無法再遇。但生命的每一步都是重要的挑戰，珍貴的分分秒秒，都是眞實的加持之源。我得以保存自己辛勤耕耘的許多珍貴成果，以及迴向於未來的功德，這完全歸功於許多上師與朋友的善心協助。

這本書的字裡行間，擷取的是我在西藏獲得的甚深智慧法教，以及我從那裡的痛苦經歷所獲得的教訓。但是，如果沒有我在西藏境外的生活經驗──物質的優渥、多元化的知識以及與誘惑角力，這本書將永遠無法誕生。我希望，這本書能成爲邁向未知的旅途上的一盞明燈，指引我自己，以及許多其他有緣運用它的人。

｜引言｜

死亡不是終結

中陰時，我們可能會認出自己的真正本質。
但其實在生命的各階段中始終有這種可能。

死亡之日，對每個人來說，都是最關鍵的時刻。無論在西方或東方，是佛教徒或不是佛教徒，有宗教信仰或無宗教信仰，這都是放諸四海皆準的事實。當心識離開我們最珍愛的身體的那一刻，便是生命的重大轉捩點，因爲死亡——讓我們踏上前往未知世界的旅途。

面臨人生的最後時刻，我們便是站在生命的十字路口。如果事先有所準備，我們便能自信地從容以對，一如高飛入空的雄鷹。否則，根據佛法的開示，我們將不斷流轉於生、死、投生之間。

任何時候死亡都可能來臨，而多數人不喜歡被提醒自己必定會死，光想到死亡就令他們害怕，更不用說談論死亡。有些人完全沉迷在日常的瑣事，從來沒有想過死亡。雖然具有宗教信仰的人相信來世，但卻有許多其他的人，堅持死後什麼都沒有。

今天，我們處於科技的黃金時代，但我們對人生擁有的驚人知識，卻止於我們的呼吸停止之處。對於嚥下最後一口氣後，我們的心識是否仍然繼續，科技無法提供任何線索，而對此問題認眞推究的研究人員，卻受到醫界和科學界的排擠。在此人心多疑的時代，由於害怕被貼上非理性、頭腦簡單、想法天眞的標籤，人們往往不願相信死後的存在。

任何時刻打開電視，我們都可以見到死亡的戲劇性影像——無論是影片中上演的死亡，或是新聞中世界各地的人們，對疾病或暴力的屈服。而一般人臨終或死亡的眞實自然影像，卻極爲罕見，反倒是更容易看見文情並茂的訃文，或是躺在花俏的棺木中，裝束隆重的屍體。但是只要我們勇於睜大眼睛，直視生死的實相，我們就會看見所有生靈必須承受的不變循環——從生入死、由死復生的震撼示現。

死時會發生什麼事？

世界各大宗教都認爲，死亡不是終結，死後會有「某個東西」倖存下來。

對於「某個東西」的細節與詮釋，各大宗教雖有不同，但無論我們怎麼稱呼它——「心」、「心識」、「靈魂」或「精神」，它將持續以某種形式而存在。

佛教認爲「心」（藏文：sem，Sems；梵文：chitta）❶是肉體死後倖存的基礎本質。死後，雖然肉體會分解爲其組成元素，但心或心識會延續下來，並且投生爲另一種存在的形式。

只要我們還活著，心便與身共存，而身體讓我們有個穩固的結構，給予我們一種自我感。因此，我們多少會覺得，活過這一生的是同一個人。而環境的影響和文化的薰習，也會讓我們感到經驗的持續性。我們會感覺自己的身體很實在，而周遭物質世界的顯相，也同樣堅固而實在。我們透過感官，感知到自身覺性中生起的一切事物，它們看起來是完全的眞實、外在，並且與自心無關。

死亡時，所有這些顯現都會消失。心會與開始崩解的身體分離。心識一旦離開了身體，人生所見到、感受到的一切，將從此完全改觀。我們死後的經驗，將完全取決於我們的心、取決於我們生前養成的習氣和念頭。

如果心是平靜快樂的，我們身體上的任何行爲，便是平靜和快樂的表達，我們所說的任何話，都是平靜和快樂的話語。如此，我們的所作所爲都會賢善有益，讓接觸到我們的每一個人，感到平靜和快樂。而死亡時，由於不再受制於身體的局限、文化的約束以及環境的影響，我們便能夠自由地享受自心平靜快樂的眞正本質。類似地，我們在活著時，如果能善於訓練自心，那麼死時所見的一切，將會是平靜、喜樂以及覺醒的世界。

---

❶ 我將某些重要的或讀者可能感興趣的藏文或梵文，列在文中和書後的「詞彙」。我採取的藏文拼法有兩種：第一種是以藏文的發音為拼法。第二種是按照學術系統的拼寫法，其中主要字母以大寫表示。

反之，我們的心，如果沉溺在如瞋恨等煩惱中，我們一切的思維，都會受到怒火的念頭與感受的煎熬。我們所說的一切話、所做的一切事，都是瞋恨與憤怒的暴烈展現，而自己將永遠沒有平靜的一天。對身邊親近的人來說，我們的痛苦，也會是他們瞋恨與痛苦的來源。死時，我們可能經驗到的，會是一個受到地獄之火焚燒的世界——自己的憤怒與瞋恨所化現的世界。

業力——因果的自然定律

世界主要宗教一致認爲，一個慈愛、樂於助人的人，死後將獲得快樂祥和的生命，而忿恨、傷害他人的人，死後將承受嚴酷的報應。例如，基督教讚美賢良和慈善的行爲，猶太教鼓勵妥拉（Torah）教誡的善行，佛教講以善心善行而累積功德。這些宗教和其他傳統都認可，因果的自然定律存在於我們的宇宙當中。佛教徒稱這個統御萬事萬物的定律爲「業力」。在心念的驅使下，我們每個生理或心理的行爲，都會形成一個因，在將來導致個別的果報。至於什麼樣的因，會導致什麼樣的果報，佛教的解說尤其詳盡。一般來說，正面的念頭、情緒、言語和行爲會帶來快樂，而生理或心理的負面行爲，會造成生死流轉中的痛苦。

我們所有的負面情緒，以及我們的習氣和思維的模式，根植於佛教所謂的執著自我（我執）和主體與客體之分的二元觀（自他），一如佛教的偉大哲學家龍樹菩薩所說：「一切眾生因『我執』而有[1]。」這也就是說，對於念頭和感知的對境，心會去執著、黏附它的習氣傾向，正是我們投生於二元世界的原因。

一般人的心認知對境的方式，便是將它執著爲眞實的存在。心的對境包括我們覺性中生起的一切現象：「自」、「你」、「他」、「她」、「錢」、「桌子」，以及念頭、情緒和苦樂等感受。一旦我們執持對境，認爲它是眞實的存在時，主體與客體的二元對立就產生了。接著，我們對它生起喜愛或厭惡的感受，進一步加強我們對它的執著。最後，我們感到亢奮或痛苦，充滿緊張和壓力。

從佛教的觀點而言，「自」包括「我」和「我的」，也涵蓋一切我們心識中生起的現象。但是，根據佛教的最高見解，並沒有一個眞實存在、固定、不變的「自」。因此，我們的執著便是基於幻覺。但是在業力的桎梏下，我們虛幻的思維與行爲，卻會導致完全眞實的痛苦。

這個執持的循環，在因果定律的控制下，不斷地自我重複，引發迷惑、瞋恨、吝嗇、貪婪、嫉妒、傲慢和恐懼等煩惱（梵文：klesha）。這些根植於我執的煩惱，便是我們會再度投生的因，而正面的心態，則是從中解脫的方法。

生命變化的劇場不斷地上演著生、死、死後，這些戲碼雖然不是刻意的選擇，但也不是隨機的偶然。它們不是別人替我們創造出來的，而是我們自己的思維、言語、行爲的反射與回應。因此，我們必須訓練自心，穩健修持，這樣才能確保快樂與平靜的死亡與來世。

生、死、死後的循環

生、死、死後，此無盡的虛幻循環，即是眾所週知的輪迴（梵文：samsara）。有時，我們會以不停旋轉的輪子做代表，如第 202 頁的圖像。正如前面所說的，輪迴可以分爲四個時期❷，代表不同階段的經驗[2]：

1. 此生：此生從受胎開始，最後因重大疾病、或其他因素而結束。一般而言，生命的每一瞬間，都可以看成是一段「生時」：它在我們的生死、夢醒、苦樂之間，在這些無盡不斷循環變化的事件中，生起又消逝。

❷ 中譯註：不同的傳統有不同的名相和分法。這裡的特定用法請見書後「詞彙」的「中陰」條。

2. 臨終：始於致命的疾病，身心和情緒的元素開始崩解，經過粗重和細微的消融過程，最後以呼吸的停止[3]為結束。
3. 究竟本質（法性）顯現的時期：始於心如是的本質——基光明（luminosity of the basis）生起時，特點是自然生起的「光明境相」（luminous visions），它不只是光，還伴隨著聲音及影像。這些光明境相消失時，便是這段時期的結束。光明境相即是自身本質的顯現，但一般人無法這麼認取，而將它們全部視為是怖畏、或貪著的對境；對他們而言，這段時期只是短暫的瞬間，因為很快他們便墮入無意識的狀態中。
4. 中陰：過渡期或中陰，是從自發生起的境相消失後、或我們再度恢復意識後開始，在我們投胎進入下一世時結束。

藏傳佛教中，此四個主要時期、或歷程，都算是中陰，亦即中間、過渡的階段，這是因爲每個時期，都處於其他的兩個時期之間。因此，活著的時候一此生，也稱爲中陰（此生中陰），這可能聽起來奇怪，但它指的就從出生到死亡的過渡時期。但也有許多人將中陰一詞，只用來指稱從死亡到來世之間的時期，而這段短暫的期間，充滿了許多鮮活的經驗，以及決定我們來世的關鍵機會。此書中，我將中陰定義爲介於瞥見究竟本質和來世之間，也就是這裡所說的第四個時期。

中陰一瞥

爲了說明死後的遭遇，我中譯並重述了藏傳佛教文獻中，修行人離開自己的肉體數天，周遊不可見的世界的一些非凡故事。這些藏文稱爲「得洛」（delogs），意思是「還陽者」的修行人，在返回自己的身體後，將他們不尋常的旅程記錄下來，上至莊嚴的淨土，下至最底層的地獄。

淨土具有言語表達不出的平靜和快樂，它是諸佛菩薩的大悲所化現的樂園，以便讓虔誠的信徒，不需要有高度的證悟，就可以投生到淨土。雖然出生於淨土不等同於獲得證悟，但在投生淨土後，我們便能夠在邁向證悟的大道上，持續進步。

有些還陽者描述的，是他們在淨土聽佛說法的經歷；有些人描述的，則是較多中陰的經驗，內容包括中陰的審判庭，以及一般人會投生的不同境域，例如餓鬼道或天人道。

還陽者的故事令人深深動容。多數的還陽者是極為虔敬的教徒，證悟者將他們送回我們的世界，以便告訴我們將會發生的事情和如何預做準備。每一則故事都是一個禮物，它為我們打開一扇窗，超越此生，看見未來的廣袤，因而開闊了我們的視野，啟發我們提升自己的生命。

透過還陽者的眼睛，我們學習到了這些不為人知，但對我們的來世具有決定性影響的事情。它讓我們見識到，修行清除惡行、惡念的力量。它讓我們瞭解到，修法可以幫助亡者獲得更好的來世。它讓我們觀察到虔敬心——實際上是打開自心的善巧方法，如何幫助中陰的眾生，讓上師和諸佛居中為他們協調，並帶領他們前往淨土。

多數的還陽者，會代亡者轉達訊息給他們的親友。這些個人的請求再度加強了一個基本的觀念：當我們還活著，還具有人身和機會時，就應當改變我們的生活。

在西方，從臨床判定的死亡中起死回生的人當中，有些人具備瀕臨死亡經驗（臨死經驗）。雖然臨死經驗與還陽經驗有許多類似之處[4]，但臨死經驗可能只有數分鐘，還陽經驗通常達數天之久，而且還陽經驗似乎更能深入死後的世界。

許多還陽者的文獻資料，因緣際會地來到我的手上。但限於篇幅的關係，我只能在書中介紹一小部份。您將在第二、三、五章讀到的故事，多數發生在十九世紀到二十世紀中期（並非所有文獻都有日期記錄）。但還陽者並不是近代才出現，他們也不是西藏人特有的專利，佛陀在他的教法中便已有所討論[5]。

各位在閱讀這些故事時，有些人可能會想，爲什麼這些故事，會帶著西藏與藏傳佛法的文化和傳統圖像的色彩？爲什麼還陽者總會遇到西藏舊識？爲什麼審判者的長相，類似於佛教的傳統圖像？

這些問題的主要答案是：中陰時，展現在我們眼前的景象，是我們習氣與情緒的反射。過去，我們的文化和信仰系統，是如何塑造我們思維形式，那麼死後，任何我們見到或經驗到的一切，便會符合這樣的形式。我們所有人——無論童稚或成人、虔誠或無神論、共產主義者或資本主義者，都沉浸在既成的感知習慣中。同樣的，由於這些還陽者都是藏傳佛教的信仰者，或是熟悉佛法的人，因此，他們便會從那樣的角度來感知事物。

我們的習慣，雖然在細節上，會因不同的文化而有所差異，但是無論我們出生在什麼地方，我們卻會以一個共同的態度來看待世界：對者得賞、錯者受罰。我們想像有某個比自己更高的權威或判官，在他們能見一切的法眼的監視下，我們經常輾轉於希望與恐懼之間。而我們的感知，便是沉浸在這種審判性的態度中。這就是爲什麼造惡時，我們會擔心受罰，而死後，我們會經歷判官嚴酷的宣判。

事實上，並沒有一個外在的判官，也沒有宣判。我們死後的經歷，只是自身心理和情緒的投資所產生的股息。這就是印度的大成就者寂天菩薩在描述地獄時所說的：

> 誰製燒鐵地？妖女從何出？
> 佛說彼一切，皆由惡心造。[6]

在中陰時，我們所有人都可能見到某些更高層次的力量，它們出現的形式與我們的習氣相應。藏文經典描述一個由閻羅王和其助手閻羅坐鎮的審判庭。其他宗教和文化見到的是由一位聖者坐在上面的判官席，由天使記錄善惡行爲的本子，或是一個衡量行爲的天秤。西方臨死經驗者通常會提到「人生回顧」（life review），其中他們被鼓勵對自己的一生進行評判。無論如何，它們之間的共同點，便是這個宇宙共通的準則：善業善行帶來快樂，惡業惡行招致痛苦。

投生

脫離中陰後，我們便投胎到下一世，得到一個不同的身體和身份。正如我們的中陰經驗，取決於我們的業力、心理和情緒的習氣，以及修行上的證悟。同樣的，這些因素也會對我們的來世具有決定性的影響。

中陰時，我們可能會認出自己的眞正本質——本具的覺性。事實上，在生命的四個階段中，都有這樣的可能。如果我們能夠保持住這樣的了悟，那麼我們便能完全證悟，永遠脫離輪迴虛妄的循環。但並不是參加幾個週末的課程，或是連續幾年，每天做個幾分鐘的禪修就能獲得證悟，證悟需要的是許多年完全的投入。完全證悟的修行人——高證量的大師，他們在獲得證悟後，可以按照自己的意願選擇投生，而不是受業力的牽引而投生。他們已經斷除、超越業力習氣的鎖鏈，因此，對他們來說，現象上的存在——亦即現象世界的萬事萬物，不過是自心本質的投射。

如果我們志取證悟的心意不變、繼續行於善道，那麼我們也會有證悟的一天。但就目前而言，完全證悟的成就者的修行方法，並不適用於我們這類沒有高證量的普通人。普通人根據自身過去的因果業力，註定會投生於輪迴的六道之一（詳細內容，請見第六章「投生」）。

雖然如此，曾經修行並具有大福德的人，將會投生於善道，享受健全的來世。如果我們一直是平靜、慈愛、睿智並樂於助人，並且在言行上也是如此，在那麼我們就會投生於平靜、快樂、順遂的世界。如果此生我們曾經觀想、思維、感受並相信淨土的存在，那麼基於如此培養成的習氣，我們便會投生於淨土。但這裡的淨土，並不是成佛後的究竟淨土

（報身淨土）❸，而是化現出來的大樂和平淨土（化身淨土）。我們不僅能享受此歡樂世界的種種好處，同時還可以把淨土的加持，無限量地散播給所有對之打開心胸的人。雖然我們仍然受制於業力的定律，但它將會是個因果的快樂循環。對許多人來說，遵循這樣一條人生的道路，既實際又可行，因此我們必須將它列爲主要的優先。

那些充滿負面情緒的人，他們的人生又會如何呢？如果我們內心充滿貪、瞋、癡，那麼我們的遭遇，必定是如地獄般的環境。在經歷生命這四個過渡階段時，負面的心所帶來的嚴重後果，會讓我們像是戴著有色的眼鏡一樣，將我們見到的一切，變得黯淡無光。死後，我們生前熟悉的環境不復存在，周遭所有的一切，都是恐懼和悲慘的景象、聲音和經歷——這些覺性中生起的顯相的始作俑者，便是我們生前養成的主要心理狀態。

無論承認與否，我們當中的許多人，日以繼夜地沉溺於或呵護著這樣的心態。它通常是一種無意識的過程。雖然外表上，我們可能不覺得自己是「壞人」，但私底下卻沉浸於有毒的情緒、自私，以及現代文化所鼓動的欲求。現在我們仍然幸運地保有人身，而且還有某種程度的選擇能力時，就必須停止對自我的欺騙，從今天開始改變我們的行爲。否則，一旦死後，我們便不再有改變的能力，因爲這個時候業力將會掌權，迫使我們再度去投生。而我們可能投生到非人的世界，在那裡，我們無法獲得靈性的成長。我們將徘徊於生、死、再生的無盡流轉當中，生命充滿痛苦和亢奮。

轉化我們的未來

我們死後可能經歷的地獄或淨土，並不是存在於外在世界的某處——重

❸ 中譯註：關於淨土的分類，詳細見書後「詞彙」中的「淨土」和「極樂淨土」條。

複申述這點很重要。死後，我們在不同世界經歷的快樂和痛苦，只是我們自身習氣的反射，就像自身慣常的心理印記，捏造出的夢中經歷一樣。任何情況下，當我們讀到因果報應時，都應該將這點牢牢記住。死後，心所經歷到的苦樂，是自己多生累積、強化的習氣所導致的。這些經驗由心所造，在心中發生，更無他處。

與這點同樣重要的是，只要還活著，我們就有可能改變、改善我們的未來。當然了，對於生理與環境的定律，我們還是無法避免受到它們的限制，但死後，我們的心，比較不受外在力量的限制，而會被過去根深蒂固的習氣所驅策。這正是爲什麼改善生死和來生品質的最佳方式，便是將心理和情緒的習氣，由負面轉化爲正面。

因此，當我們還活著時，可以有三種選擇：

1. 我們可以根據過去的習慣，繼續承受此生的痛苦，放棄進步的機會，讓迷惑、煩惱和外在情境的業力，繼續掌控我們未來。那麼，真正快樂的機會，將永遠不會生起。
2. 我們可以試著在輪迴中，獲得最快樂、最健康的狀態。如果我們保持一個平靜、快樂、樂於助人、慈愛的人生，我們便會得到一個更快樂、更健康的未來——起碼有一段時間會如此。
3. 我們可以超越生命的輪迴——瞬息變化週而復始的存在，獲得永恆究竟的平靜和快樂，而這就是涅槃。這樣的成就，唯有透過對絕對真理的證悟才能獲得；而對絕對真理的證悟，必須藉由禪修、正確的思維和感受，以及服務他人來達成。

如果心朝著正確的方向，那麼我們所邁出的任何步伐，都會讓我們更接近目標。

本書的禪修和修持方法，主要根據阿彌陀佛（又稱無量光佛，梵文：Amitabha）與極樂淨土（梵文：Sukhavati）的儀軌。任何跟其他的佛和淨土有關的儀軌，我們也可以運用，甚至是非佛教但性質類似的祈願文，也可以達到同樣的效果。重點是要事先做好準備，定期修持一部與某個加持源有關的儀軌。

本書中，「加持源」指的是任何我們禮拜、尊崇的對象，以及能夠保護和加持我們的皈依處。它可以是任何更高的、內在的、或眞實的根源，例如佛、菩薩、聖者、賢哲、或大成就者。任何具有正向特質，而且我們的心將它認知爲正向的心理意象，都可以是強大的加持源。臨終者和亡者及他們的助手，在祈請、禪修和修法時，必須依賴著加持源。究竟的加持源在我們的自內，因爲我們都具有證悟的本質，但在我們證悟自身的潛能之前，必須依止一個外在的加持源，以喚醒我們自身的佛性本質與功德。

藏傳佛教中，重複唸誦對某一個加持源的祈請文，例如持誦阿彌陀佛的名號，是連繫與取得佛的加持最常見的方式之一。阿彌陀佛曾經發願，凡是以虔敬心稱誦他名號的眾生，他必定救度，一如母親聽到孩子哭喊「媽咪！」，便即刻飛奔到孩子的身邊。

有次，我的一位同事向大成就者宇和‧恰察瓦（Yukhog Chatralwa）請法，求授一些大圓滿的口訣（藏傳佛教寧瑪派主要的法教和修法）。恰察瓦大師回答他時，隻字不提大圓滿：

> 首先，你應該試著每天以大虔敬心，持誦一百遍阿彌陀佛的名號。然後，將次數增加到兩百遍、三百遍等等。如果你能夠持續增加持誦的次數，那麼總有一天，無論你在做什麼，阿彌陀佛的名號總在你的氣息中，而阿彌陀佛總是在你的心中。如此，臨終時，你便會在阿彌陀佛的名號聲中，在阿彌陀佛的面前而死。這樣的話，你因為這樣的功德、阿彌陀佛的加持，加上自己虔敬的習氣，一旦死後，你的一切感知都會是阿彌陀佛的極樂淨土，你的未來將是平靜和快樂的，你將成為利益許多眾生的泉源，這不是很棒嗎！

當時雖不明白，但多年後，我開始瞭解他的這席話多麼有深義。

如果我們曾經以正念做過這樣的修持：將一切視爲是佛及其淨土，那麼即使在中陰遭遇負面的影像、聲音、或感受時，它們將無法傷害我們，而一切都會轉化爲正面的現象。這就像是在夢中，如果我們能夠認出它是夢和幻景，那麼當下它便束手無策，那些恐怖的攻擊者，即刻變成消散在日光下的雲霧。同樣地，如果我們能夠將中陰可怖的景象，認出是幻相或淨土，那麼它將不再有作用，或是會轉化爲正面的景象，例如青面獠牙的閻羅王，會變成爲已經開悟的天使，具備慈悲和智慧。關於這點，我們會在後面讀到。

但是在死亡來臨前，我們當下就得展開訓練。如果我們每天練習，或是一天練習好幾回，我們在面臨死亡的關鍵時刻，就不至於感到迷茫。

為亡者和臨終做的法事

在幫助自己成功地渡過死亡上，我們已經瞭解自己可以做些什麼。那麼其他人——包括事先沒有機會修持任何法教的人，該怎麼辦呢？我們這些生者可以幫助他們嗎？

每個宗教都有協助臨終者及亡者的儀式、修法和神聖的經文，而這些也是對生者的慰藉。例如傳統的耆那教中，臨終者應該要唸誦懺悔文，若是臨終者力不從心，那麼其他人就應該從旁協助。猶太教中，亡者的家屬，必須定期唸誦頌禱詞（Kaddish）——讚美神的名字的希伯來祈禱文。伊斯蘭教中，人們會聚集在一起共修祈禱，爲亡者祈求上蒼的寬恕。天主教會爲臨終者舉行抹油的宗教儀式，爲亡者的靈魂祈禱，並舉行葬禮彌撒。藏傳佛教中，也有與死亡有關的豐富宗教儀式。

在我命運多舛的漫漫人生中，我有許多面對偉大上師、摯友和陌生人死亡的經驗。有些人德高望重，死後許多人爲之哀悼；有些人貧困失怙，沒沒無聞。

五歲起，我便住在藏東一所修學並重的著名學院一多竹千寺 。在那裡，我和其他的僧眾及沙彌一起成長，將我的一生用於學習佛教、誦經和禪修。在完成基本的訓練後，我們接著學習並禪修進階的法教，同時展開對社區的服務。根據藏傳佛教詳盡的死亡照護手冊，我們學會如何以虔誠的祈願文、法會儀軌、傳統的法教和禪修，來幫助亡者和倖存者面對死亡。

爲亡者舉行法事，可以是我們人生中最悲傷，但又最平靜、眞誠的時刻。當亡者進入未知的世界的關鍵旅程時，我們盡所有的力量，從自身深處召喚一切支援來協助，心中沒有任何其他的想望。在亡者或臨終者的身邊，我們投注全副的身心，發自內心深處唸誦祈願文。人生的眞理和脆弱，赤裸裸地展現在眼前。此刻，對亡者來說，一切的尊嚴、職業生涯、收入等建樹，都意外地崩潰了，就連自己最愛惜的身體，也卑屈、變冷、僵硬、靜止、呼吸停止一死亡了。

爲臨終者或亡者做法事，是我們最重要的社區服務之一。我通常扮演資深僧人的助手，但有時則是自己帶著一群僧人進行。某些情況下，我帶領的繁複修法持續數週（詳見第九章），但多數時間，我們提供的簡單修法，大約持續一、兩個小時（詳見附錄 B）。

進行度亡儀式時，修法者坐在臨終者或亡者的遺體旁邊，而所有的儀式都有類似的基本架構：一開始，我們要將自己的心，虔誠地向加持源敞開，例如阿彌陀佛。接著，我們從內心深處，帶著強烈的悲心和無條件的慈心，將我們的意念集中在臨終者或亡者的身上。懷抱著這樣的虔敬和慈悲，我們展開正行：唸誦祈願文、爲自身和亡者領受加持源的加持。最後，修持自己所見、感知、思維的一切，都與大平靜合而爲一。結行時，將我們所有的功德迴向給亡者及一切如母眾生（一切眾生過去都曾是我們的母親），並且發願亡者投生極樂淨土，或出生爲一個快樂的人。

我不敢在讀者心中留下絲毫不實的印象，以爲我有改變他人命運的能力，或具有知曉臨終者或亡者將往何處去的神通。但由於我對佛法的信心，在以強烈的恭敬和慈心完成度亡儀式後，至少我自己經常能感受到巨大的平靜，而我也非常感恩：「在這個人需要幫助的重要時刻，我能夠在他身邊，盡我最大的力量來幫助他。有這樣的機會，我是多麼幸運啊！」同時，我向來也非常小心，避免踰越自己心理、生理以及精神上的極限。

許多度亡法會是極爲歡樂的集會，洋溢著幾近慶祝的氣氛。人們追憶亡者生前，爲自己和他人所帶來的一切快樂和平靜。但其中也穿插著許多極度無助、悲傷的鬱悶時刻，因爲就算我們可以觸摸到亡者的遺體，但生死的間隔是如此巨大，以至於沒有人能夠與亡者連繫。亡者的心識陷入深沉的黑暗，進入一個未知、孤獨的世界。坐在亡者的床邊，直視生命脆弱的面目，怎麼也找不到一個角落，可以讓我們安全地藏匿。這樣的經驗向來是猛烈的當頭棒喝。

一位偉大的上師之死

我第一次接觸到的死亡，是大樂與歡慶的泉源。

有一位名爲索南・察巴（Sonam Tragpa）的偉大上師，住在藏東果洛（Golok）的旺柔部族（Wangrol tribe）中，而我的母親便是這個部族的人。當地的族人稱他爲普蘇喇嘛（Pushul Lama）。他住在一所小型的寺院閉關中心，並且在那兒授課，距離我們的寺院有兩天的馬程。他是一位偉大的教師和學者，著作許多釋論，精通密續禪修和大圓滿，但他主修的祈請文和禪修，卻是阿彌陀佛的極樂淨土。

普蘇喇嘛六十歲左右過世，當時我還是個少年。信差來我們的寺院通報這個消息，我跟著老師喀拉堪布和其他人，立刻快馬飛奔而去。當天很晚我們才抵達他的關房，見到他哭成一團的僧尼和信眾。

我和普蘇喇嘛有著非比尋常的關係。他是認證我的上師之一。在我出生不久，他便認出我是他主要上師的轉世祖古。同時，他是我母親的部族中最重要的大師。因此，我有特別義務爲他料理後事。

喀拉堪布吩咐我獨自進入他的房間。他的法體以睡獅臥的禪修姿勢躺在床上。我當時還小，因此沒有多想，只是覺得整個地方和房間，都處於一種絕對的平靜。我探觸他的心臟部位，雖然他往生已經超過 48 小時，但我卻能感覺一絲暖意。這是他的心識仍然停留在體內的禪定徵兆。我向堪布回報，堪布答道：「在他結束禪定之前，任何人都不准進他的房間，房子內也不准有任何噪音。」

各式各樣的唱誦和修法都在進行，但設在距離他的寺院關房遙遠的帳棚內。傳統上，偉大上師圓寂的消息，需要保密幾天才宣佈，但是這次卻完全不可能做到，因爲普蘇喇嘛的圓寂，早已如野火燎原地傳遍整個部落。

翌日早晨，我再度查看普蘇喇嘛的狀況，發現他心臟部位的暖度已經消失，於是我便叫來四位事先選好的僧人。他們用加持過的藏紅花水爲他洗身，然後用嶄新的白布將他擦乾，完成所有通常需要的準備工作，讓法體能夠保存上幾天。接著，他們將他持蓮花坐姿的法體，安放在一個小型的法座上，爲他穿上法袍、戴上禮帽。他的雙手交叉於心間，分別拿著鈴與金剛杵。他面前有幾個矮桌，上面排放著鮮花、燈燭、食物以及其他供品。我相當確信，普蘇喇嘛想要的是最簡單的葬禮，但在僧團和信眾的盛情下，法會變得繁複而盛大。

雖然平日住在閉關中心的僧人大概只有 30 位，但是此時來自偏遠牧區各個階層的人潮川流不息，泣聲和祈禱聲日夜不停。

在這同時，我們發現一張小紙，上面有普蘇喇嘛的親筆字：

「一旦往生後，我將會投生極樂淨土。此生我已經完成 15 卷《大般若經》108 遍的唸誦，並禪修其深意。因此，我的名字將是雪樂．寧波（Sherab Nyingpo，意思爲「智慧心」）菩薩。凡以虔敬心向我祈請的人，當其生時，我將保護他們免於任何危險；他們死後，我將帶領他們前往極樂淨土。」

文末，他留下這五句祈請文，做爲弟子向他祈請的所依：

> 極樂淨土您為雪樂．寧波，
> 雪域〔西藏〕之中您是索南．察巴，
> 未來您將以無量壽佛而聞名，❹
> 我的根本上師——我向您祈請，
> 請加持我們往生極樂淨土。

這封信太令人驚奇了，因爲普蘇喇嘛以極度謙卑和誠實而聞名，從來不會說任何不符本意的話。令我們驚奇的並不是他寫的內容，因爲我們都對他最爲敬重，讓我們驚訝的是，他竟然將它寫了下來。

第八天的黎明，他的法體在剛建好、形狀爲半個佛塔的結構中火化。僧眾和尼眾忙於毗荼大典的修法，而密密麻麻的在家弟子佔據了整個山頭，他們以繞行火化區來表達內心的虔敬，口中唸著往生極樂淨土的祈願。在祈請和法樂的迴盪聲中，整個會場的氣氛轉化爲一場全然虔敬的慶祝。會場如此多顆的心，發射出深沉的悲傷如此巨大的能量，以及由衷的虔敬如此多種的音聲，匯聚爲一場盛大的慶典，這是我從來沒有經歷過的。

普蘇喇嘛的圓寂示現了偉大的成就。少年時期的他極爲焦躁，家人必須將他綁起來，以避免他殘害自己和別人。透過祈請和禪修，他將自己轉化，獲得往生淨土的無懼自信，不僅自己可以做到，還能帶領所有信眾

❹ 雖然無量光佛和無量壽佛有不同的名字、形象和作用，但為同一位佛的兩個面向。

前往極樂淨土。一直到今天，我還沒有見過任何比他更博學、更歡喜、更慈悲的人。

追隨普蘇喇嘛的模範，我們同樣可以轉化自身，同樣可以在生前和死時，獲得喜樂和無畏的自信。

伊麗莎白．古樂—羅斯博士（Elisabeth Kübler-Ross）是一位已經過世的心理學家，她革命性地改變了美國人對死亡和臨終關懷的態度。她的這段話有著類似的見解：「我的工作最無可置疑的事實，便是生命的重要性。我常說死亡可以是最偉大的經驗之一。如果我們正確地活過每一天，那麼就沒有什麼值得恐懼的。」[7]

| 第一章 |

人生：我們的黃金時日

人生寶貴，具有極大的潛力；但卻又無常，
充滿不如意的事。
所以，現在就必須以靈性的修持，
來完全善用我們的人生。

人的一生，從生到死，經常充滿享樂和成就，是我們大利樂的來源。但是，人生卻又無法避免身心無數的各種痛苦。快樂的人生，往往留下一些遺憾，而痛苦的人生，也消逝地太快。人生在似乎無法控制的苦樂間搖擺，稍縱即逝，得不到究竟的滿足。

人生從受胎開始，就會因爲一場致命的疾病，或是任何的死因結束。只要我們還在呼吸，還能保持得住體溫，我們的身和心便能和諧共處。一旦呼吸停止，體溫冷卻，身心分離時，人命便結束了❶。

我們的真正本質為何？

身體不是一個人眞正的身份。身體只是一間客房，供我們的心識暫時居住。身體與心識分離後，身體融入五大元素，很快便永久地消失了。但是，我們的心識還沒有終結，它會根據我們過去習氣── 亦即因果業力持續投生，獲得一個新的身體和身份。我們未來的命運是苦是樂，取決於我們的習氣、念頭、根深蒂固的情緒，以及在這些習氣的驅策下，我們所展現的言語和行爲。

心，就其本質而言，開闊而清淨。它本具的功德是平靜、喜樂、遍知和良善，而這個功德便被稱爲證悟的本質，或是佛性。梵文中，「佛」（Buddha）意思是「覺醒」、「覺醒者」。我們每一個人都具備此證悟的本質，它是免於二元思維的智慧，其中沒有自我受限的制約，沒有主體和客體、自我和他人的分別。心的眞正本質是遍知，它能夠不

---

❶ 在西方，死亡被定義為心跳和呼吸的停止。但隨著科技時代的來臨，現代醫學能夠重新啟動停止的心跳和呼吸，因此將死亡的定義，改由「腦死」來判定，亦即腦內電子活動的停止。腦部活動的停止，被認為是心識的終結。腦死後，在某些情況下，雖然身體可能繼續運作，但現代醫學仍然將之宣判為「臨床死亡」(clinical death)。

根據佛教，「內呼吸」(inner breathing)的停止即是死亡，而脈搏的停止和心臟部位溫度的消失，為臨終和死亡的徵兆。光是脈搏的停止，還不能算是死亡，如果臨終者的心臟部位仍然有暖度，那麼這個人就還沒有死，可能處於禪定的狀態中。

落二元地同時通曉萬法，徹見萬法一體沒有界限。在我們究竟共通的本質中，不只我們的心是遍知的，就連空間都是無邊際的，時間都是超越時間的❷。

爲什麼我們大多數的人，對於這個埋藏在自心的殊勝功德，毫不知情呢？原因是，我們自心純正的內在功德，受到我們習以爲常的二元思維的覆蓋；二元思維是一種揀擇分別的心態，經常強化二元對立、煩惱及欲望。所以，我們對自身的眞正本質，感到渾然不覺與陌生。但無論我們助長的是何種愛厭的煩惱，我們本具的智慧仍然沒有污染，不受打擾。

爲了展露自心的眞正本質，我們必須全心積極地實修。我們必須認出正確的知見、思維、感受、信念和生活行止，並對它們進行實修。就算我們只是注意到這樣的觀念，知道我們的內在具備清淨、正向的本質，光就這一點就足以建立我們的信心、提升我們的修行，激勵我們邁向正確的目標。

我們當中有些人可能會覺得，心的特點就是過於僵化、堅實，所以不可能接受新的靈性訓練。我們可能相信，自己深陷在負面的習氣中，已經無法再接受新的思維、見解和感受。事實上，每一刻都是我們開始的機會，每一刻我們都可以重新開始，而每一刻我們都可以改變生命的方向和品質。

與表面相反的是，我們的心不是單一、堅實的續流。它不是像鐵棍般的單一，而是一連串斷開的時刻，分分秒秒都在變化，如同我們手上轉動的的念珠，時時刻刻都在轉變。每個事件都是一連串生與死的流動，它是在前一個事件的死亡後，緊接著下一個事件又出生的經驗。我們會認

❷ 在佛教密宗中，時間有四種：過去、現在、未來、超越時間。前三種是相對的時間，亦即世俗諦的時間，它們總是在改變。超越時(藏文：tu-me, Dus med)的時間，是絕對的時間，亦即勝義諦的時間，它超越相對時間的變化。

爲，壽命是單一堅實而不間斷的持續，但這不過是一種幻覺，如同在黑暗中，小孩迴旋手電筒或火炬所產生的堅實光環的幻覺。

如果我們感到氣餒，或是覺得自己陷在溝壑中，通常是因爲對於生命瞬息變化的如是特點，我們沒有眞正的瞭解。我們將事件執持爲心理的對境，並且將它概念化爲眞實存在的實體。事實上，甚至在我們想到它時，事件早已有所改變，而我們所思維的，是已經過去的事件的影子、反射。

每個事件、每個時刻，都如嬰孩出生般地嶄新而清新。我們能夠被塑造、被教育，我們可以如訓練初生的嬰兒般地訓練自己。在每一刻的每一個關口，我們能夠透過禪修來提升自己，因而展露出我們證悟的本質。

為什麼禪修？

有些人會質疑我們對禪修的重視。他們認爲禪修是自我沉溺，甚至是自私，他們會問：「如果你只是坐著享受自心的平靜和快樂，那麼對社會的貢獻在哪裡？你又怎麼能說自己關心別人呢？」

對禪修有這樣的誤解，實在是太遺憾了。但或許這不令人驚訝，因爲我們大多數的人，不太容易感受到禪修的利益。

事實上，我們的每個念頭和情緒，都會在我們的心識中，留下正面、或負面的印記。無私、平靜和喜樂的念頭所播下的種子，能夠成長爲最美麗的形相、聲音和感受。反之，負面的念頭所播下的種子，會發展爲怪物和駭人的聲音。但唯有在離開自己粗重的身體並進入中陰後，我們才會看到、或聽到許多的這些內容，一如我們會在下章讀到的。

禪修是一項強大的工具，它可以創造出莊嚴的形相、聲音和感受，不僅能夠幫助我們自己，同時也會利益無數對之開放的人。尤其中陰的眾生正處於一個意念的世界，所以對禪修和祈願文的受用度很高。他們沒有一個可以安住的身體，在業力條件的許可下，他們只要一想「紐約」，便能馬上去到紐約，之後轉念一想「倫敦」，人又馬上到了倫敦，他們就這樣地四處飄盪，所以經常感到疲憊、恐懼又孤獨。

我們透過禪修而產生的平靜、喜樂和慈悲，提供中陰的眾生一個平安的港灣，讓他們可以在當中休息，獲得信心、平靜和喜樂。比起我們平常散亂的念頭和情緒，禪修是幫助這些眾生更爲有力的方式，因爲禪修來自我們內心更深、更平靜的層面。一顆安穩的心，有如一個磁鐵，它能夠吸引飄浮的心識，並將之安定下來。我們愈是能夠久住在禪定當中，能安定這些眾生的時間就愈長，就會有愈大的機會改善他們的未來。

透過禪修，我們也能夠給予生者極大的幫助。只要我們的心仍然充滿負面的情緒，我們將無法幫助他人，甚至想透過身體上的行爲去幫助別人時，還會不小心把自己的疾病傳染給他人。

禪修是一種方法，它可以將我們的不清淨轉變爲清淨，它可以強化我們的功德特質，喚醒我們的眞正本質。禪修可以是對於功德特質的體驗，例如透過由衷的念頭和感受，我們可以體驗到它所產生的虔敬、平靜、愛和力量。這便是概念性的禪修。此外，禪修可以是對心的覺醒狀態的一種體驗；這即是非概念性的禪修。

此二種禪修都是一種體驗、一種覺證，它能夠清淨我們，令我們充滿永無竭盡的愛、平靜、喜樂和虔敬的寶藏。因此，它能夠提升我們的生活，更進一步地提升我們服務他人的能力。當心充滿了這些功德時，我們的一切言行，都會自動流露出這樣的功德，我們便會成爲所有周遭人的愛、平靜和喜樂的來源。只要有我們在場，便能夠令人感到慰藉。一如想要享有樹木的果實和花朵，我們就不能忽視樹木的根；同樣地，如果我們要利益他人，便不能忽視我們的心。

我們當中的許多人，至少在知性上，都知道禪修的重要。但我們卻延宕禪修的修持，或沒有全心地禪修。通常原因在於我們還沒有將知性上的理解，帶進感覺的層次。如果我們能夠引入自己的感覺，世上沒有任何事情可以阻止我們禪修。那麼我們要如何做到這點呢？

我們進行修持的動機基本有兩類：一種是基於啓發，另一種是基於恐懼或震驚。人生中這兩者都有，例如遇到一位令人讚嘆的老師，可以是啓發我們的一個轉捩點。或者，我們生病、親愛的人突然過世，甚至是大規模的悲劇，例如南亞和東南亞的海嘯，將我們從日常生活的昏睡中喚醒。

佛教敦促我們深思人生的五個層面，爲的是讓我們獲得啓發，也讓我們感到恐懼或震驚：

- 良善的人生極為稀有難得
- 人生無常多變化
- 人生的一切遭遇都是業力的果報
- 人生充滿痛苦
- 人生具有獲得最高目標的潛力

這些不是爲了刺激我們修行而捏造出來的，而是關於我們人生的赤裸裸眞理。但是，我們必須刻意地將注意力放在這上面，否則我們會視之爲稀鬆平常，或者對這些感到不安，甚至連想都無法去想。

我在西藏的寺院，每天上午禪修前的功課，便是這五點的思維。但我們不一定要端坐著，一心專注地去思維它，任何時間地點，我們都可以去思維它。如果這麼做，我們就會發現它如何教導我們人生的眞義，將我們安置在正確的修行之道上，激發我們堅持下去的熱忱和誓願。

人身難得

寶貴的人身提供我們一個基礎，讓我們能夠不僅改善此生，並且提升我們一切的來世。它提供我們證悟的機會，了悟眞正的平靜和喜樂，讓我們自然散射出這些功德，利益無數的眾生。當我們了悟自身的證悟本質時，整個宇宙都會成爲我們平靜和喜樂的來源，而我們也會是整個宇宙平靜和喜樂的來源。

在認識到自己擁有多麼珍貴的機會，並且瞭解到自身存在的價值時，我們會為自己所享有的生命的祝福，當下生起珍惜和感恩的心。而我們的感恩之情，會轉化為一種強烈的決心，誓願絕對不浪費此生的分分秒秒，盡我們最大的力量完全奉獻我們的一生。

讓我們好好想想，世上有多少眾生有這樣殊勝的機會。這麼做，能夠幫助我們瞭解自己有多麼幸運。環顧四周，我們可以看到世界上有無數的眾生。如果翻開一塊岩石，在上面爬行的昆蟲，可能就有數百隻。如果用一台顯微鏡來觀察，就會看見數億億更多的眾生。有人告訴我，光是我們的腸內的細菌，就有數十億之多。根據佛法，這每條細菌都具有心識，也都在尋求快樂。

更有甚者，我們能夠看見的眾生，不過是冰山的一角。正如世界有些地方的文化傳統，相信存在著看不見的眾生，如天使、神、妖魔、鬼怪等，而佛教徒也相信無數種無形眾生的存在。許多這些眾生就在我們當中，正是我們當下坐著、呼吸著的地方。我們之所以彼此看不見、無法干涉彼此的生活的唯一理由，便是我們缺乏共同業力的連結，因而無法感知到彼此。

在此廣大奇妙的、可見與不可見的生靈中，人類最具有證悟的潛力。這是因為我們具有智力、動機和耐力，能夠找尋一條修行之道，並且堅持到底。拿動物和地獄眾生這兩個例子來說，這些眾生受到恐懼、痛苦和愚癡是如此巨大，就連獲取一丁點證悟功德的力量也沒有。

再拿長壽的天人來講，他們可能看上去比我們幸運，他們具有妙光身（body of light）以及各種一切的享樂。但事實上，天人不像人類，人類同時有痛苦和快樂的感受，因此人類具有尋求證悟的動機和能力，而天人過度沉溺於感官的欲樂，缺乏能夠激勵他們修行的任何痛苦經驗。

即使在人類當中，我們進一步去觀察的話，我們會發現，事實上很少人傾向於修行，並且能夠把握修行證悟的機會。當今很多人不相信精神修持，許多人對自心的潛力一點概念都沒有，甚至某些受過教育的人也是如此。有位知識分子曾經告訴我：「心不過是腦中的菌類罷了。」

有些人在深陷在貧困或疾病的掙扎，或是過於沉溺於放縱和欲樂，而沒有時間開發靈性。其他人則將自己每一分精力，全力貫注在追求物質上的成功和名望。另外還有些人，雖然具備修行的傾向，但墮入錯誤的人群中，持有錯誤的價值觀。因此，經過這樣層層的分析和剔除後，人類當中，只有很小一部份的百分比，眞正有機緣把握靈性成長的機會。

佛教列出靈性成長的理想條件，這些條件被稱之爲八有暇和十圓滿。具有八有暇的眾生，不會出生在這些地方 (1) 地獄，(2) 餓鬼，(3) 動物，(4) 長壽天神，因爲這些地方，無法提供如人道般有利於靈性成長的機會（關於各個輪迴道的詳情，請見第六章「投生」）。同時我們還必須免於 (5) 邪見，(6) 野蠻的行爲，(7) 斷滅見，或是 (8) 出生的地方沒有證悟的上師。

十圓滿包括具備 (1) 人身，並且 (2) 諸根具足，(3) 有正當的職業，或正命。同時我們還必須出生在 (4) 有佛法的地方，(5) 證悟的上師出現的地方，(6) 這個證悟的上師傳授如甘露般的佛法（佛教的正法），(7) 佛法依然興盛。最後，我們還必須有 (8) 對佛法的信心，(9) 遵循法教，以及 (10) 仍駐世的正宗上師的指導。

如我們所看到的，具備全部 18 項理想條件的人極爲稀少，而這些人，便是佛教徒所說的，具備了珍貴的人身。無論多少，我們都應該隨喜自身已有的任何理想條件，認識到它們是對我們的加持，將它們發揮的淋漓盡致，同時，也要努力獲得我們缺乏的條件。如果認識到了自己具備的珍貴加持，我們就絕對不敢浪費這個黃金機會，那麼，我們遲早會了悟到，寶貴人身的意義，是眞正的平靜、喜樂及開闊。

如果我們不把握機會，讓我們的人生具有意義，將它變成名符其實的爲寶貴人身的話，未來我們不一定還有機會。畢竟，在所有眾生中，人類的智力最敏銳，但我們的情緒也最強烈。我們太容易受到貪欲的驅動，犯下投生惡道的悲劇性錯誤。所以，正如寂天菩薩所說的：

暇滿人身極難得，既得能辦人生利，
倘若今生利未辦，後世怎得此圓滿？[1]

人生無常

思維死亡，能夠令心專注。它的實效，沒有其他的修持能夠比擬。當我們想到自己的死和人生的無常時，很難不生起一種迫切感，覺得應該要善用珍貴人生。明白無常的定律，讓我們正視人生的眞正特點，啓發我們改善人生，一刻也不浪費。

我們都知道，自己會有死亡的一天，但不知道死亡會在何時、以何種方式降臨。我們只是理所當然地認爲，自己會長久地活下去。事實上，唯有心還住在體內時，我們才能活著。身和心的脆弱結合，輕而易舉地就會被拆散。許多事情可以讓我們致命，不只是疾病和意外，甚至醫藥、食物、房子、娛樂和友伴都可以變成死亡的原因。

雖然人生看似一種持續的存在，而事實上，它是時時刻刻變化的一連串事件。生和死不停的交替，像是舞者旋轉的臉龐和身體。一個接著一個，剎那接著剎那，人生的變化接連不斷，就像我們的指間撥弄的念珠，從一個念珠到下一個念珠。

不只是我們的人生，其他所有的一切——大自然、友誼、財富和權位都一直在改變。佛陀曾說：

三界❸無常如秋日浮雲，
眾生生死如觀看戲舞。
人生疾速如空中閃電，
生命驟逝如崖間急流。[2]

袞唐·天培·卓美（Gungthang Tenpe Drome）說過一個發人深省的故事。一天有個人在外嬉遊時，不慎從懸崖上墜落。掉到一半時，他因為抓到幾根草而沒有繼續往下掉。為了避免跌死，他用盡全部的力氣緊緊抓著草。

不久，來了一隻白鼠，牠開始將這些草吃去一些。接著，來了一隻黑鼠，咬去了更多的草。這兩隻老鼠輪流將草一點一點地吃掉，最後，當老鼠把最後一片草葉也吞掉時，這個人從山岩上滑落，重重墜死。

故事中的白鼠代表白天，黑鼠代表黑夜。一點一滴地，我們的人生每天每夜流逝，將我們一步一步推向人生的終點。幸運的是，我們還能活上一段時間，但不幸的是，我們一直都在邁向死亡。佛陀曾說：

積聚終耗散，升高終墜落，
相聚終分離，生者終必死。
生既於死結，眾生終會死。[3]

我們當中的許多人，至少在知性上，都明白這點。我們也知道結束經常在沒有任何的預警下來臨，但我們仍然覺得，假裝人生會永遠這樣下去，像鴕鳥一樣，把頭埋在沙中比較舒服，我們不去為死亡做準備，臨死前，才感到後悔，但卻為時已晚。

因此，我們必須從內心深處，了悟人生無常的本質，感受它不斷改變的特性。這種了悟迫使我們不敢再浪費任何的時間，精進地行於平靜和喜

---

❸ 指欲界、色界、無色界。

樂之道上，邁向平靜和喜樂的目的地。

以無常化解煩惱

打從內心深處對無常的瞭解，會帶給我們廣大的利益。除了能夠幫助我們修行，思維無常還能夠化解煩惱，帶領我們邁向更高的證悟。

瞋恨的無常

對無常的眞實了悟，能增長我們的忍辱。例如對某個傷害我們的人，我們的憤怒即將要爆發，這時，如果我們能夠看見仇恨的無常本質，我們便會瞭解到，這個今天看似是我們的敵人的人，可能在過去世曾經是我們的孩子，而明天這個人，可能變成我們最好的朋友。這樣的思維，能夠將忿恨的情緒，由胸臆中發洩出來。此外，我們可能會發現，跟任何人爭鬥的毫無意義與空性，因爲眾生的面目總是在改變。我們甚至會對自己所謂的「敵人」生起慈悲，因爲在面對因果的報應時，他們對我們的傷害，最終害到的是他們自己。

貪欲的無常

當我們對某人或某物起貪欲時，我們必須思維他們無常的特質。年輕、吸引人的人，在我們的眼前變老、變醜。藉由失去或改變，今天帶給我們歡樂的東西，明天卻變成我們痛苦的根源。物質上的財富和社會地位，只會奴役我們。擁抱這些東西，無異於用雙手掐死自己的脖子。

我們追求人生稍縱即逝的表相，便是在欺瞞自己。對於這個讓我們蠢動的心理意象，藉由再三思維它的無常，我們將會了悟它的不可靠和短暫的本質，然後慢慢失去對它的欲求。當我們緊迫的欲求鬆弛後，我們或許能夠對自己和自己有的一切，生起眞正的滿足和喜樂。貪欲會強化自心對心理意象的執著，而免於貪欲，是喜樂的最大來源。佛陀曾說：

世間一切感官欲樂，

以及人天所有歡樂，
都難比十六分之一免於貪欲的快樂。[4]

憂鬱的無常

我們的心因為失去心愛的東西而低落時，我們應當思維並感受悲傷和其來源的無常。我們的悲傷，是因為將不眞實、不可靠的事物，執著為眞實、可靠的事物，而對事物的無常感，能夠根除悲傷的因，進而解除我們的悲傷。或許，我們的悲傷，是因為必須面對自己不想要的事情。同樣地，對這些事情的無常感，能夠化解、消融悲傷的力量。

亢奮的無常

思維無常，也能夠幫助我們避免過於亢奮。例如在聽到自己受到幸運之神的眷顧時，我們不應讓自我因此而膨脹，反而應該記得情況的短暫性。美國有項追蹤樂透獲獎者的研究，數十年的結果報告非常明顯：贏得數百萬的樂透獎，通常不會讓得主更快樂。事實上，還可能因為家庭的衝突、官司和不明智的花費，帶來更多的痛苦。另一項研究結果，也有類似的結論：一夜成為百萬富翁的人，不會比剛遭遇意外事故的受害者快樂。[5]

死後，我們唯一能夠帶走的，只有我們的業力和修行上的證悟，而業力是我們仍活著時，在心識中播下的習氣種子。無論我們曾經享受過財富、名譽、美麗、長壽和感官欲樂，或是忍受過貧窮、困頓、醜陋、早夭和痛苦，死後，這些都無關緊要。正如寂天菩薩所寫的：

一人百年美夢醒，
一人綺夢只剎那，
兩人夢醒樂俱消。
死亡之時亦如是，
長壽命短生俱盡。[6]

通往較高的證悟之道

如果我們是熟練的禪修者，思維無常，能夠讓我們進入最深的證悟狀態——亦即宇宙的眞諦、證悟的本質。密勒日巴尊者講述自己的經歷：

> 因為畏懼死亡，我跑到山裡。
> 藉由禪修死亡的未知，
> 我證悟到本性無死的境地。
> 現在，我已經完全沒有對死亡的恐懼。[7]

如果我們了悟死亡的必定，以及心理意象的無常本質，那麼我們所有跟它有關的心理習氣便會止息。我們的心就會變得開放而非執著、放鬆而非緊繃、平靜而非躁動、平靜和諧而非衝突混亂、覺知而非無明、明智而非困惑。我們的整個人生——受自身過去的行爲習氣所驅動的人生，將會由不健康、不健全的循環，變成一個健康、健全的循環。布托瓦大師（Putowa）建言：

> 讓我們思維死期的不定，
> 內心便會生起對死亡的確信。
> 那麼我們將能毫無困難地斷除惡行、致力行善。[8]

如果我們瞭解無常，並且內心對無常有所感受，那麼對我們就沒有任何過於高大的目標，而我們修行的力量就會強大，帶領我們抵達修行眞正的目的。我們的煩惱便會遠離，而我們的愛和智慧——我們眞正本質的清淨功德便會光大，照耀萬物。

我們眞的要感恩無常！感謝無常的恩典，如果我們具備正確的努力，人生的悲戚將會終結，加持便能夠有機會，將我們的人生轉化爲一個珍貴的人生。

人生因業力而有

修行的最大動力之一，便是瞭解到，我們必定會受到自身任何思維和行爲的果報。這即是因果業力的原則。[9]

業力在西方已是普及的觀念，但許多人似乎認爲，業力指的是宿命，或是某種他們必須接受的懲罰。遭遇不幸時，有時人們會嘆氣：「哦，這一定是我的業力。」

這其實是誤解。首先，業力並不只是壞的，而是指一切有意的行爲——包括善行和惡行，它能夠導致快樂，也可以形成痛苦。

再者，業力不是命定，也不是某種外在的代理人，強加在我們身上的懲罰。我們創造業力。業力是每天的每一秒鐘中，我們抉擇下的結果。正如瓦波拉．羅侯羅（Walpola Rahula）所寫的：「業力的理論是因果論、是行爲和反應論。它是自然的規律，無關正義、獎勵或懲罰。每一個由意志所決定的行爲，都會產生其效應或結果。」[10] 業力的果報是：我們以自身的行爲和反應，在心識中播種的結果。

我們以爲過去行爲的後果，我們只能坐視它降臨到自己的身上——這是錯誤的觀念。現在做好事——無論是藉著念頭、言語或行爲，我們不僅可以創造善業，還能抵消過去的惡業，重新塑造我們的未來。另一方面來說，如果沉溺於惡行，我們便會摧毀或縮減自己過去的善業。知道我們握有主控權，這是多麼令人振奮的一件事！

一旦踏入死亡的大門，我們唯一能夠帶走的，便是我們的業力，我們今生享有的其他任何東西都會留下。正如佛陀所言：

> 死神來臨時，就連國王也會死，
> 他的財富親友不會跟他走。
> 無論他去哪裡，或是留在哪裡，

業力將會如影隨形。[11]

我們的業力，是唯一決定我們投生的因素，因爲我們的來世，不過是我們的業力習氣所形成的感知對境。佛陀說：

我們因為善行而感受到快樂，
我們因為惡行而感受到痛苦。
所以，這些經驗都是我們善惡行為的業力果報。[12]

如果瞭解並相信業力，我們就會爲了將來的多生多世而把握當下。由於動機在先，行爲和言語在後，所以，我們必須先從心態下功夫，確保我們的心態是平靜喜樂的。在任何負面的念頭還沒有遊蕩太遠時，我們便會將它止息。如果眞正相信業力，我們就絕對不敢沉溺在任何負面的事物中，因爲沒有人會刻意傷害自己。如果我們反其道而行，其唯一的理由，便是我們不瞭解也不相信因果的報應。

改善自身的業力，同時也會讓我們有機會，改善和我們因緣交織的世界。我們可能會覺得，自身的業力只跟自己有關。事實上，業力分共同業力（共業）和個人業力（不共業）。個人業力決定個人身心上的經驗，而共同業力，是我們跟那些與自己相關的人共享的業力。愈是與我們親近的人，我們與之共享的業力愈多。許多眾生由於共同的業力，而享有類似的經驗和感受。因此，藉由產生正面的行爲，我們可以提升共同的業力，而我們禪修的力量愈大，對這方面的幫助就愈大。

因此，爲了自身和他人的利益，明白業力運作的細節非常重要。

業力的根源在我執

業力，是起於心理動機的有意行爲。因此，心在業力中扮演顯著的角色，具有產生、或成熟（梵文：vipaka）果報（梵文：phala）的能力。

在沒有證得證悟之心，還無法以遍知來進行感知之前，業力是生命的事實。在我們將心理意象，執持爲眞實存在的當下，我們便造作了業力。在進行感知時，如果我們將對境，認爲是與自心分離的眞實存在，我們稱它爲帶著「自我」去感知對境。如我們之前討論過的，這種感知的方式，便被稱爲「我執」，因爲我們先是執著「自我」的身體和心爲「我」，然後將其他人或事的「自我」執著爲「這個」、「那個」、「桌子」、「朋友」等等。

當我們感知到蘊體──個體的虛妄元素❹，並將它認知爲「我」時，這即是對「人我」的執著。當我們將對境──身體、感受、覺受和現象視爲眞實、堅實的存在時，這即是「法我」。[13] 執著於「自我」，即是業力的根源。

人生當中出現的任何事物，都是業力的果報，而我們的心對心理意象的感知和互動的方式，創造了業力。心理意象是念頭、情緒、感覺以及我們的覺知中顯現的一切現象（覺性的對境）。我們感知到的物質上的物體，並不一定是個人的業力製造的。但由於我們個人的業力，這些物體成爲影響我們人生的來源，例如讓我們感到快樂或痛苦。

業力如何形成？

當我們執著的心態，對所執著的對境，激起一種渴求時（梵文：trishna，爲「渴」之意），業力便開始發展了。渴求不只是對對境的一種欲望、或受吸引，也可以指它的反面──厭惡或瞋恨。喜歡或不喜歡，都會令我們的心理執著更加緊繃，接著，便會觸發迷惑（或無明）、貪欲和瞋恨（或仇恨（此三種煩惱或三毒。之後，我們便透過身、語、意三門[14] 造作業力。我們以「門」來形容身、語、意，這是因爲我們必須

❹ 這些元素在梵文中稱為「斯剛達」(skandhas)，字面的意思是「蘊體」、「集結體」，它們一共有五種：(1)色(物質)，(2)受(感受)，(3)想(感知)，(4)行(心理活動的產生，包括意志的衝動等力量)，(5)識(心識)。這五者共同形成「自我」存在的幻覺。

透過它們，才能做任何的事情。這一連串的事件的演進，源於我們自身的心理感知，並且是一切我們身體、心理和社會問題之所在。正如岡波巴大師所說的：「一切過失和痛苦的根源在於執著於自我。」[15]《阿毘達磨俱舍論》（Abhidharmakosha）中說：

> 念頭是心的業，而念頭引起身體和言語［上行為］的業。[16]

雖然無法避免造業，但我們可以在苦樂之間做選擇，因爲我們可以在它們的因——善行或惡行之間做選擇。佛經列出我們透過身、語、意而造業的十善行和十不善行。

身體上的三種不善行爲 (1) 殺生、(2) 偷竊以及 (3) 邪淫。言語上的四種不善行是 (4) 妄語、(5) 兩舌、(6) 惡口、(7) 綺語。心理上的三種不善行是 (8) 貪心、(9) 惡心、(10) 邪見。

十善行與捨棄十不善行有關。它們包括在身體上 (1) 保護他人的生命、(2) 慈善布施、(3) 持守清淨的戒律；在言語上 (4) 說實話、(5) 讓他人和好、(6) 說令人安慰的話、(7) 以有意義的話來取悅他人；在心裡上修持 (8) 慷慨、(9) 慈悲、(10) 正見。[17]

決定我們的業力是否良善，最重要的一項因素，便是我們的動機、或意圖。宗喀巴大師說：「如同磁鐵自然能令一塊鐵移動，我們的動機——心理活動會啓發我們的心，並讓它受到善、惡、或中性（無記性）念頭的吸引。」[18]

如果我們的動機，受到貪、瞋、癡三毒的控制，那麼不管我們做什麼、說什麼、或思考什麼，都是在造作惡業，必定會有不幸的後果。龍樹菩薩說：「貪、瞋、癡所造的業力都是惡業。惡業造成一切的不幸和投生於惡道。」[19]

另一方面來說，如果我們受到慈悲、無私的布施和智慧的驅策——恰好爲三毒的相反，那麼我們的任何所做、所言、或所思，便都會是善業，一定會獲得幸福的果報。龍樹菩薩說：「不帶貪、瞋、癡所造的業力都是善業。善業讓我們投生善道，讓我們獲得來世的一切的快樂。」[20]

如果我們的動機善惡交雜，那麼業力也會如此。如果我們的動機是中性的，那麼業力便是中性，產生的果報便是非苦非樂，讓我們投生在非善非惡的輪迴道。[21]

有些人會想，爲什麼我們有時看到的是，好人遭殃而壞人得意呢？答案是，這跟不同業果的成熟時間有關。在無始的生世中，我們每個人造作有無窮的業力，我們的每個行爲，都在心續的遍基（universal ground）中留下印記。[22]遍基（梵文：alayavijnana；藏文：kunzhi）是心的一種中性、不活躍、無分辨的狀態，它是輪迴經驗的基礎。業力在自心的遍基中，留下的各種習氣印記，會成爲一種正確無誤的驅策力，讓我們在來世承受果報。這些果報——無論是善報、惡報還是中性的果報，都是我們過去在遍基——因果定律的自然田地中，播下的業力種子成熟後的結果。佛陀說：

> 遍基如大海，業力的特徵如海浪。[23]

因此，現在享受著成功的壞人，正在收成過去某個善行的結果，而遭遇不幸的好人，剛好受到過去某個惡行的報應。當這些特定的業力現前時，存在他們心續的遍基中，其他業力種子的印記，將來也會展現出來。

業力成熟的順序爲何呢？一般的原則是：最嚴重、最強烈的業力會先成熟。接著成熟的，是我們在死亡的關鍵時刻所造的業力。第三順位成熟的， 是我們花的時間最長、最熟悉的行爲所造的業力。之後，業力成熟的時間，是根據業力造作的先後順序，先造的業力會先成熟[24]。因此，我們會在今生經歷某些果報，下一輩子受到某些果報，而在其他的來世，遭遇其他的果報。

雖然我們有無量的業力，但卻感受不到它們的存在，因爲它們大部份是潛伏、或尚未成熟的業力。但是，當某種業力成熟的時機來臨時，它便會開顯，我們便會在生命中，經驗到它的效應。佛經將此，比喻爲被某種毒老鼠咬到的人[25]。如果被咬傷的時間是冬天，毒性便不會發作。如果沒有服用解藥，那麼一旦春雷乍響時（季節改變的先兆），毒性便會發作。因此，如果我們沒有刻意對治業力，那麼當時機成熟時，我們絕對會受到自身業力的果報。正如佛陀所言：

有形體的眾生造的業力，
就算一百劫也不會消失。
當時機因緣具足時，
果報絕對會成熟。[26]

如果我們對治或清淨自身的惡業，我們便可以改變、減少或完全去除惡業。一個非常強的善業，能夠去除許多惡業。我們的動機愈是強烈、清淨，我們的善業愈會有力量，因此，我們絕對不能低估清淨的動機所產生的果報。佛陀說：

甚至一個微小的善行，
也會在來世帶來巨大的快樂，
成辦巨大的目的，
猶如從種子生出豐盛的收成。[27]

但是它的反面也是如此：一個強大的惡行，能夠消滅、或抵消許多的善業。

雖然動機最爲關鍵，但某個業力的效力，也取決於它是否完備，亦即它是否經過下面的這四個階段。拿布施的行爲來說明：首先我們必須具備布施的東西，或稱爲此業力的所授之物（或基礎）。接下來，我們需要有最爲關鍵的動機。第三則是實際給予的行動，或稱之爲「執行」。當所授之物被對方接受後，這即是「完成」。任何包括這四個階段的行爲，便是完備的業力，並且會在未來產生完備的果報。

因果業力的鎖鏈擴展延伸，無窮無盡。單個業力可以產生多個果報，單個果報可以是多個因緣條件的結果。在經歷一個業力的果報時，我們又會滋養許多新的業因。我們人生的每一個層面和每一個時刻，都是在緣起的網絡下產生、維繫的；緣起的意思是，一切萬法都是相互連結，藉由彼此的依賴而產生並發生運作。

超越因果業力

目前，業力是生命的事實，而我們究竟的目標，是超越業力。當我們獲得完全的證悟，完全不再執著「自我」時，就能夠達到這個目的。當我們將自己從因果業力中解脫出來後，就能自由地以無數的方式來幫助無數的眾生，因爲這時我們具有遍知的能力，能夠確實地知道每個眾生的需求，並且具有化現的能力，能夠產生任何對眾生最有益的形相和音聲。

超越業力的方法，是透過善業之道。我們造的善業愈多，我們愈是平靜喜樂。我們愈是平靜喜樂，我們便能夠創造出更多的平靜喜樂，而執著於「自我」的緊綳，便能夠逐漸地鬆弛。最後，我們得以一瞥自心眞正的光明本質。圓滿通達這樣的了悟後，我們便能將我執連根拔起，獲得完全的證悟。如此，善業之道帶領我們前往的，不是某個「在外面」的境地，而是回歸我們所有的人，內在一直都具有的究竟平靜和喜樂。

人生是幻覺？

有些法教主張人生是幻覺；其他法教則說，人生是業力所製造的。對超越因果律控制的證悟者來說，世界就像海市蜃樓，並不堅實、或眞實。對他們而言，每樣事物都是一種幻相，哪裡能夠引起瞋恨或貪欲呢？

但對我們大多數的人來說，人生的種種現象和作用，都是堅固而眞實的，而只要我們通過因果業力而運作，我們就必須精準地遵循因果的定律。由於自身的業力習氣，現象看似存在並且持續。這就像是一場夢，因爲我們在沉睡中，所以對它信以爲眞。

佛法指出，世界由心造。但我們可能問，我們的心如何能夠造出我們面前堅實的山呢？沒有人說是心造出山，心造出的，是山的這個概念。如果沒有心，那麼無論是否有山，甚至山存在或不存在的這個概念、名詞、或念頭都不會生起。所以說，「山」的這個概念和名相的安立，是心的造作。佛陀在《百業經》（Karmashataka Sutra）中說：

> 種種業力造種種世界。[28]

佛陀在《悲華經》（Mahakarunapundarika Sutra）中說：

> 世界因業力而產生，而有顯現。
> 眾生因業力而產生。
> 他們因業力而有，因業力而個體化。[29]

《阿毘達磨俱舍論》（Abhidharmakosha）中提到：

> 世界的形形色色由業力而來。[30]

有些人可能認爲：如果人生是幻覺，那改善我們的情況有何意義呢？我們的人生，是基於自身心理習氣的反應和反射，而這些心理習氣事實上沒有實質性，但無論如何，我們必須試著改善自己虛幻的人生，否則，我們會不斷受到虛幻的事情的迫害。雖然它們是幻覺，但因爲不知道這個事實，我們感受到痛苦，一如它們是眞實的。

瞭解業力的重要性

眞正瞭解業力後，我們甚至不會甘於沉溺在最微小的惡行。與其坐視心續中染垢的浮現，而摧毀我們的人生，我們現在就要將它清淨。

在我出生之前，我們在西藏的寺院裡面，住著一位大成就者堪布當確

（Khenpo Damcho）。他在小時候，常常記不住上課的內容。一天，他的老師坐在他面前，叫他跟著老師唸誦一個句子一百次，老師唸一次，換他唸一次。當一百次的唸誦結束後，老師讓他自己重複這個句子，但他就是完全不記得了。於是，這個老師便讓他唸誦十萬遍佛陀清淨業障的短咒。他唸完後，馬上記憶力完全改變。他的學習開始變得很好，後來成為當時最偉大的學者之一。為什麼呢？唸咒所產生的善業，淨除了障礙他記憶力的惡業。

藉由正確的努力，我們同樣也可以改變自身的業力。要點是訓練我們的自心，從惡業走向善業，從善業走向圓滿——亦即完全由業力網絡的虛幻中解脫出來。一旦我們品嚐到自身努力的果實後，便能夠在自心的核心當中，穩固地建立起對業力和禪修的信任。

人生充滿痛苦

我們都渴求快樂。但只要我們大部份時間，還是忙於輪迴世俗的活動的話，我們將無法找到快樂，因為這個世界究竟無法令人滿足，而且充滿痛苦。為了真正瞭解這點，就是要受到撞擊或啓發，才能讓我們朝正確的方向啓程，一如飛向目的地的火箭。

人們有時會譴責佛教消極，因為佛教說人生是苦。但正如世界著名的學者瓦波拉．羅侯羅博士所指出的：「佛教不消極，也不積極。如果真要說佛教是什麼，它是現實。它客觀地看待事情。」[31]

當我們真正看到從虛妄的世界中，嘗試萃取快樂的無意義時，我們便不會再為沒有獲得夢想的美好生活而譴責自己，而是會遵循通往涅槃——痛苦的止息的道路。這即是道和果的智慧。

同時，正視世間的痛苦，還有一項重要的理由。如果我們要抵達目的地，我們必須從自己腳下的立足點開始，而不是從一個我們想像自己應該在的地方開始。這就是爲什麼佛陀的首項教誡是苦諦——佛陀教法精髓的四聖諦中的第一諦❺。這也是我們必須客觀地檢驗自己的生活的原因。如果自己的生活，多半處於困惑和苦悶當中，我們就應該承認並瞭解，這即是我們的發射台——我們正是從這裡展開正道。

苦：第一聖諦

對於我們所承受的痛苦，讓我們進一步探討它的本質。我們都很熟悉周遭看到的痛苦：憂鬱、心碎、悲傷和疾病。這種普遍被認知的痛苦，佛教稱之爲「痛苦之苦」（苦苦）。

如果觀察得更仔細一點，我們會看到另一種痛苦，它輕染在我們一切的快樂和滿足中：對一切好事終會結束或改變的擔憂——而這無可避免地一定會發生。我們的孩子會長大離家；我們所愛的人會死；我們會失去容光和精力。一切的好事不只是會結束，它們還有可能轉變爲相反的事物，成爲我們痛苦的來源，例如我們的投資可能最後帶給我們潰瘍；我們的香煙帶給我們肺癌。這類痛苦稱爲「變化產生的痛苦」（壞苦）。

更深一層的痛苦，是「遍佈的痛苦」（行苦）。這種痛苦本具於五蘊之中（色、受、想、行、識），而在五蘊中，不會有眞正的滿足。根據佛陀的名言：「一切有爲法都會毀壞。」有爲法是因緣條件合和的事物，它們是由苦因——二元概念的不良業力和煩惱所產生的，而且它們受到制約，註定會痛苦。

另一方面來說，遍佈的痛苦是如此透徹地遍佈我們的世界，以至於我們已經對它痲木。我們無法認出它的部份原因，在於我們不知道任何其他的生命形式，因而缺乏一個可以和自己的生命相比較的指標。

因此，讓我們從天人的角度，來審視我們的處境。我在《證悟之旅》

❺ 四聖諦為苦諦、集諦、滅諦、道諦。

（Enlightened Journey）[32] 一書中，講過這個簡單的例子：想像我們具有如彩虹般的「妙光身」，一如天人具備的身體一般。由於妙光身並不是物質上的身體，因此在移動、或遊歷的任何時候，我們可以從空中飛行。我們的周圍沒有黑暗，也不需要月光或日光，因爲自己的妙光身就可以照亮四周。我們不會有身體上的疼痛或壓迫，因爲我們的身體不是物質的，也沒有實體，並且無法被摧毀。

多年來我們一直享受著它，直至有一天，這個妙光身突然轉變爲一個血肉之軀，裹在一個皮囊中，裡面塞滿各種的糞穢。我們無法移動，除非是以兩根骨頭組成的腿，如測量大地般地，一步一步地走。如果沒有從他處來的光，我們什麼都看不見。如果我們沒有一直小心翼翼地注意、避免、協調每一件事，我們就會很容易地就會被壓碎、擠扁、刺穿、分肢、切碎，再也無法癒合或行走，這將是一種無法忍受的痛苦。

當然了，天人的快樂比不上究竟的快樂。天人仍在輪迴當中，所以也無法避免痛苦。當善業耗盡，他們便死於可怕的驚懼之中，因爲他們能夠感知得到，自己即將投生於惡道的痛苦未來。

我們必須謹記佛法的教導，在眞正的本質上，一切眾生都有佛性。而佛性——此證悟的本質，便是我們通過禪修等各種訓練，以便了悟的目標。但對我們多數的人來說，佛性被業力的紛亂所覆蓋，而業力的紛亂，根植於對「自我」的執著，並且因爲煩惱而加劇。最後的結果便是，我們掉進困惑和痛苦的虛幻夢魘，在六道輪迴中永無止境地流轉，一如製陶工匠的旋轉輪，轉個不停。佛陀說：

> 因為愚癡、貪欲和受生，
> 在人界、天界和下三道❻此五道❼中，
> 眾生猶如製陶工匠的轉輪一般，

---

❻ 地獄道、餓鬼道、畜生道。

❼ 有些經文講五道而非六道，因為是將天人道和阿修羅道合為一道。

愚昧地流轉。[33]

就像是密室中嗡嗡的蜜蜂，我們會不斷投生在各種的輪迴道。至於每次投生的地方，則取決於我們當時最強的習氣業力的特徵：

1. 如果我們的心沉浸在忿怒和瞋恨當中，並且我們曾經傷害過他人，那麼死時，我們的感知將生起地獄道的投生。炙熱和冰凍、痛苦和悲傷、壓迫和瞋恨──這些地獄道的特徵，會變成我們的一生。
2. 如果我們向慳吝妥協，那麼死後，我們會感知自己投生於貧困的環境，日夜受到飢渴和艱困──這些餓鬼道特徵的折磨。
3. 如果我們的心和行為，瀰漫著無知和愚癡，我們會感知投生為動物或昆蟲。我們將受到困惑、折磨、奴役和殺戮──這些動物道經驗到的痛苦。
4. 如果我們受到嫉妒的駕馭，我們會感知到投生到好戰的世界──阿修羅道。在恐懼和嫉妒的驅使下，我們將被迫捲無情的戰爭和計謀。
5. 如果我們的思想行為，顯然帶著傲慢，那麼死時我們的感知，會生起為如天人所在的天界，在那裡，我們會將一生的光陰，虛耗在享樂的散逸上，並且在死後墮入惡道。
6. 如果貪欲和執著，是我們思想和行為的特徵的話，我們將投生為人。雖然人道提供提升靈性的最佳機會，但即使生而為人，我們仍然會有突然偏離正途，或墮入惡道的巨大危險。我們並不知道在人生的起起伏伏中，自己是否會在嫉妒和瞋恨的威迫下，做出可怕的事情。再者，人的一生充滿如此多的掙扎，難保我們會有精力從事精神上的修持。

想想我們從生到死經歷的掙扎。首先，我們必須經歷出生和嬰兒期。之後，我們把人生的黃金時期，用在建立家庭，把大部份清醒的時間，用在爲生活而打拚。在我們還沒意識到之前，退休和老年已迎面而來。不用太久，我們就會不良於行、無法安睡、無法自理。我們受到百病的折磨，日夜充滿擔憂、痛苦和渴望，還可能將自己黃金歲月積攢的財富，完全消耗殆盡。

最後，死亡等在我們的門口，我們的生命即將結束。當我們身體的元素融入地球時，我們的身體將從地球上永遠消失。最後，甚至我們的名字，都會從地球的記憶中消失。只有我們的心，還在輪迴中遷徙，除非我們獲得解脫、或是投生淨土。淨土中，我們絕對不會退轉，而且必定會有解脫的一天。

除了所有的這些掙扎外，人的一生中還必須忍受四種痛苦：不欲臨苦、愛別離苦、求不得苦、怨憎會苦。

我們唯一的合理選擇，便是藉由下列三個階段的訓練，讓自己脫離這樣的痛苦：

1. 認出自身負面的態度、情緒和行為；
2. 從負面走向正面；
3. 從正面轉為圓滿。

企圖心，可以是一項美好的特質。西方世界尤其幸運，具備「萬事能成」（can do）的殊勝心態。但我們必須明智地駕馭它，讓它能夠爲自己帶來利益。例如在參加馬拉松比賽時，如果因爲太想抵達終點，而未經從起點開始、或沒有跑完全程，就直接跳到終點的話，我們是不可能贏得獎項的。因此，在盯著佛果的這個究竟獎項時，我們還必須先從第一件事情下手：知道我們現在的位置。我們必須認出，我們的人生，十之八九是負面和痛苦。接著，我們必須生起迫切感，急欲將自己從自造的牢獄中解脫出來。然後，我們必須藉由修持平靜、喜樂、愛和積極的道路，讓自己從負面走向正面。最後，我們必須藉由喚醒自身的證悟本質，讓自己獲得圓滿，並且從恐懼痛苦和希求快樂的桎梏中，將自己解脫出來。

佛教提供一條道路，讓我們從痛苦的根源中解脫，並且藉由循序漸進的訓練，一步步地，帶領我們直接邁向完全證悟的終點站。因此，佛教主張的是一種開放而具革命性的見解，不流於悲觀或樂觀的兩個極端。龍樹菩薩說：

> 認為空性❽可能的人，
> 一切都可能。[34]

生命巨大的潛力

許多人生來就是平靜、喜樂和明智的。只要有他們在，便能帶給周遭的人平靜和快樂。我們當中的每一個人，都可以喚醒自己心中的這種功德，只要我們打開心胸，接受這個可能，並且下功夫。我們每一個人都有證悟的本質。我們眞正的特質是平靜、喜樂和明智。我們的負面情緒和不良的行爲表現，不過是煩惱——某種染污罷了，並不是我們眞正的面目。

這就是爲什麼佛法教導我們：「人生極度珍貴」，「我們可以利用無常來改善人生」、「我們可以利用因果律，以確保平靜的死亡和喜樂的來生」、「我們所有的人，都可以獲得完全的證悟」，因爲這不過就是了悟自身內具的本質。我們覺得可以獲得平靜、喜樂和證悟，不只是在此生，來生也會如此，而且這麼做的目的，不只爲自己，也爲無數的別人。

這樣的選擇在於自己。如果我們培養對平靜和喜樂的覺知、具備正面的態度，在自身的心續中，強化這些好的習氣，那麼這樣的覺知，便會轉化我們的人生和心理特質。令人不悅的情境，便不會對我們有什麼影響，而平靜和喜樂的力量將會得勝。但如果我們現在不好好利用人生，

❽ 空性(梵文：shunyata)指的是萬法在究竟本質上的不存在。

那麼未來我們便會墮入困惑、恐懼和痛苦的悲慘當中。

爲達證悟的目標，我們必須遵循一條修行的道路。任何能夠生起對平靜和喜樂的覺知、鬆解我們心理的執著、淨化煩惱、精煉我們的言語和行爲的修持，都可以是我們修行的道路。修行——是能夠改變我們負面習氣爲善業，並且證悟內在智慧的唯一方法。

我們修行的道路可能涉及下面任何、或所有的修持：

1. 為了安定自心並喚醒洞悉的智慧，我們以觀察呼吸來進行禪修，時時刻刻保持對呼吸的覺知。
2. 對他人培養慈悲的念頭和感覺，藉由無私地承事他人的需求來實踐慈悲。
3. 對神聖對境的虔敬，能夠無量地將自心和心胸打開，粉碎我們所有內心的悲傷和情緒上的局限。
4. 將一切心理意象視為是清淨的，並將之轉化為利益的正面來源。
5. 帶著空性的心，禪修對主體和客體為一的覺知。
6. 試著將人生中的一切視為是不真實的，好比是由我們的心理習氣所產生並強化的夢境。

上列的最後一項，是西藏傳統特有的修持方法，用於睡夢瑜伽和其他的禪修中。視人生如夢的修心方法，有助於鬆綁對此生的執著和欲望。接著，當我們經歷死亡和死後的經驗時，我們便能將它視爲無實質性的夢境，並且輕鬆自在地面對它們。

有些人能夠自動覺察到自己在做夢，知道自己正經歷的，不過是夢境。有一種稱爲「清明夢」（lucid dreaming）的方法，可以訓練這樣的覺知。我們能夠學習「證得」自己的夢魘，認出它是夢境，讓恐懼和威脅失去力量，把它轉化爲正面的經驗。同樣地，死後處於中陰時，如果我們能夠認出中陰的經驗是虛幻的，那麼一切可怕的經歷就不會影響我們，甚至還能轉化爲正面的效應。

據說如果修持睡夢瑜伽，我們便可以如是地認出死後的狀態（這裡指的是究竟本質和中陰）——亦即無實和虛妄的。而且，如果能夠七次認出夢境是爲夢境，我們就能夠認出中陰。[35]事實上，有些人甚至說，中陰經驗比夢中經驗更容易轉化。[36]策雷（Tsele）在他著作中指出，在修持如何面對夢境和中陰時，我們的心念最爲重要。[37]我們應該養成一個習慣，提醒自己，我們一切的所做、所見，都是夢境、都是中陰。如果我們深入思維這項眞理，死後絕對能夠成功地面對中陰。

爲了成功地爲對死亡和死後做準備，大乘佛法告訴我們，首先必須找到一位可靠、有智慧的上師。接著，我們必須修持上師給予的教導。我們必須充分地分析所學到的內容，並且透過禪修來強化對法教的智慧的體驗。我們必須對一切眾生打開心胸，感覺他們就像自己的母親一樣，賜給我們生命，在我們年幼無助時，母親爲照顧我們而犧牲自己。我們應該以平等、慈悲、喜樂的態度，來面對一切眾生。我們應該修持六度波羅蜜（梵文：paramita）：布施、持戒、忍辱、精進、禪定、智慧。吉美·林巴（Jigme Lingpa）如此祈願：

> 願我此生過著修行的生活，
> 取悅善知識，仰賴聞、思、修的智慧，
> 修持出離心、菩提心以及六度波羅蜜。[38]

大圓滿法教告訴我們，在死後的究竟本質時期（法性中陰），當遇到「光明本質」（luminous nature）和自發現前的「光明境相」（luminous visions）時，我們應該知道如何面對它，這點極爲關鍵。如果想要知道該怎麼做，我們必須此生就精進地禪修。首先，我們必須瞭解關於自心本質的法教，而且我們必須藉由禪修來持守並強化這個見解。接著，在證悟自心本質後，我們便會將任何的顯現——無論生時或死後，任何在我們的覺知中生起的顯相，視爲是此相同本質的現前和表達。因此，龍千·冉江（Longchen Rabjam）忠告我們：

> 在此生中陰、此生的當下，

我們必須證得，自身本具覺性的智慧即是法身。
接著，在覺性自明(self-clarity)的狀態下，
保持自然的禪修力量。
那麼，一切現象會生起為自然現前之智慧的能量。[39]

我們此生便具有這樣殊勝的機會，如果我們能夠追尋正確的修行之道，獲得崇高的成就，並且證悟自身的眞正本質——佛果。

同時，我們具有將我們的心識，遷移到淨土的殊勝機會，如果我們對佛和淨土有虔敬心，例如阿彌陀佛和極樂淨土[40]，藉由破瓦法——亦即遷識法的修持，我們就可以直接投生淨土，不需要經過臨終的各個階段。此外，當我們活著、臨終、或處於中陰時，其他修行人也可以爲我們修持破瓦法。

如果我們沒有任何高深的證悟，那麼即使累積再大的福德，我們仍然會經歷臨終的種種過程——而這即是下章的主題。

| 第二章 |

臨終——人生的關鍵時刻

每個人都會死，死亡是自然的。
死亡是通往我們未來的十字路口。
我們必須以禪修的力量來面對死亡。

在這個章節中，我們將探討死亡的過程，以及面臨死亡時該如何處理，其中包括臨終後轉死回生的還陽者的體驗和洞見。

從「致命的症候」——疾病、受傷、或其他能致命的事件發生開始，我們便進入了臨終期。在臨終的過程當中，形成身體、感官以及心理感知活動的元素都會消融。對於有證悟經驗的修行者而言，臨終期在究竟本質生起時結束。對一般人來說，臨終是生命在呼吸停止、墮入死亡的無意識狀態中告終。

大多數人所經歷的臨終過程，多多少少類似於下面的內容，但對完全證悟的修行者來說，他們的經歷便不需要是如此。當我們即將死亡時，我們可以藉助禪修的力量，將自身本具的覺性與佛果相融合；我們的本具覺性，即是自心的眞正本質，而佛果是法界與智慧的雙融。如果我們能夠證悟並持守此融合，我們便證得了佛果。如果我們做不到，那麼藉由破瓦法的修持，我們可以將心識遷移到佛的淨土而投生在那裡。

臨終的過程

在我們進入臨終期後，當形成身體的元素開始消融，心識便逐漸和身體分離。首先身體的生命能量開始變得紊亂，接著我們經歷身體元素和心理感知❶的消融。

人體的元素和能量

爲了理解下面消融過程的描述，瞭解佛教密宗如何看待人體的一些細

❶ 不同的文獻使用不同的名相和分類來描述臨終過程的消融(對究竟本質的描述亦是如此)。雖然它們要意相同，但除非在註腳中寫明，我主要按照的，是十七世紀時的西藏大成就者策雷・那索・讓籌(Tsele Natsog Rangtrol)的著作《正念之鏡》(藏文：Dran Pa'i Me Long)中的定義。中譯註：這裡的「分離」不一定是心識就離開了身體，而是指心識失去了和身體的聯繫。

節，將會有所幫助。人體的每個粒子都是由地、水、火、風四大元素，或它們的組合而形成：地形成身體的固體部份，如骨頭、肌肉。水組成身體的液體，如血、淋巴液、尿液。火與身體的溫熱和新陳代謝有關。風是呼吸，以及體內物質和能量的運動。其實，還有第五個元素——空：「空」容載其他四個元素。生理上，它對應到的是我們身體的空間和孔竅。

人體除了生理層面外，還有一個內在的微妙能量系統，而組成此微妙系統的三個主要元素是：氣、脈、明點。

脈（藏文：tsa；梵文：nadi）：無數脈絡和血管形成的網絡。這些脈絡和血管是人體生命能量的通道。其中主要的三條脈爲中脈、左脈、右脈❷。

氣（藏文：lung；梵文：prana）：生命能量的力量，體現在脈中的運動。有時，它們因不同的活動而被稱之爲不同的「風」。風有五種，代表生命能量的五種不同活動：

(1) 持命風 (life-force air)：促成呼吸。
(2) 遍行風 (pervasive air)：身體肌肉的運動。
(3) 上行風 (upward-moving air)：涉及説話、發聲以及吞嚥。
(4) 火隨風 (fire-accompanying air)：產生消化食物的熱。
(5) 下行風 (downward-moving air)：導致排尿、排便、射精、月經。

明點（藏文：thigle；梵文：bindu）：在氣的推動下，在身體的脈路中運行的白色和紅色的精髓液體。它們是具生命力的創造性能量的明點、或球體，在受精時得自於我們的父母。白色的明點是來自父親的男性能量；紅色的明點是來自母親的女性能量。在臨終過程中，這兩種能量開

❷ 有些作者認為此三條脈並不是生理上的，而是觀想中的脈。高度證悟者的身體為妙光身和聖化身，而普通人的身體是血肉之軀。同樣地，對普通人而言，所有的脈都是普通的脈。但對高度證悟者而言，它們是微妙的光，或稱為清淨的脈。

始匯聚於心臟，而此聚合即是死亡的時刻。

許多密宗教法運用這些身體上的特性爲重要的修行方法。例如策雷指示弟子做這樣的修持：「脈爲住所，氣爲運動，明點爲莊嚴。」[1] 在對明點的無際大樂的體驗中，禪修者將自身的心識和氣導經各個脈絡，令大樂的明點遍佈全身。最後，將心識和氣注入中脈，並且將之無動搖地安定在中脈內。因此，中脈變得比生理上的血脈還殊勝，它同時是修持的方法（道）與成就的目標（果）；而成就的目標即是法界，它遠離概念、安立和大小維度的局限。

元素的消融

當死亡的過程開始後，氣或是生命能量首先變得紊亂，接著開始消散，而我們會經歷兩個消融的階段：第一階段是外消融：身體四大元素的力量開始消融，接著感官停止作用。第二階段是內消融：心理概念和情緒的止息。這裡的每一個階段，都伴隨著某些內在的經驗。

臨終時發生的內在經驗，它們的本質是什麼呢？重要的是，我們必須要瞭解，在死亡的過程中，我們外放的感知會向內收攝，我們所有的注意力，會完全放在體內發生的變化，而我們的世界完全變成這個正在發生的特定事件。因此，對我們而言，整個世界就是我們體內當下的轉變。這就是爲什麼甚至一滴血的變化，會讓我們覺得大地震動；一根頭頂上的頭髮，我們覺得像是一棵大樹。我們恐懼的習氣、其他的傾向和情緒，會以各種形相的眾生、世界、聲音、感覺等出現。這些經驗會在此章後面還陽者的故事中講到。

首先，我們身體的地元素融入水元素。 這個時候，我們感到喪失了身體的地元素的能量，或是感覺與身體的地元素失去聯繫。身體的地元素的特質是堅固、強健、穩固、穩重。當地元素的能量從身體流失時，我們的臉色開始發白，我們可能感到下墜、或下沉，覺得腳下的地不見了。我們無法起身、也無法站立，感覺失去了平衡，彷彿身體承受著沉重的壓力。這就是爲什麼臨終的人經常說：「請拉我一把。我覺得自己在往下沉。」我們還可能會覺得煙霧迷濛，看見如海市蜃樓的景象。

第二，我們身體的水元素融入火元素。[2] 這個時候，我們感到喪失水元素的能量，或是與水元素的聯繫。水元素的特點是濕潤、流動性以及滋養。我們可能會覺得非常口渴，口水下滴，眼淚下流後乾竭，這就是爲什麼臨終者經常會說：「請給我些水，我口渴。」我們可能會覺得窒息、或容易惱怒，還可能看見煙霧般的顯相。

第三，我們身體的火元素融入風元素。這個時候，我們感到喪失火元素的能量，或是與火元素的聯繫。火元素的特點是溫熱、成熟以及燃燒。如果臨終者是虔誠的修行者，並且一生仁慈行善，那麼這時身體溫度的散失，會從下半身開始往上到心臟。如果臨終者的一生負面、具破壞性、自私，體溫的消散便由上半身開始往下至心臟。[3] 但無論是那種情況，體溫最後都是從心臟消散。這時，臨終者再也看不見東西，眼前一片滿佈在黑色背景上的紅色火花。

第四，我們身體的風元素融入心識。這個時候，我們感到喪失風元素的能量，或是與風元素的聯繫。風元素的特點是輕巧、機動。我們開始呼吸困難，吸氣變得短促，而吐氣開始拉長。接著「外呼吸」（outer breathing）停止，[4]眼睛翻轉朝向顱內。這時，惡人可能看見各種恐怖的幻相，好人可能看見愉快的景象。我們還可能看見如燈火般的顯相。

第五，心識（藏文：nam-she；梵文：vijnana）消融入空（藏文：namkha；梵文：akasha）。這時「內呼吸」（inner breathing）開始止息。

對於內呼吸和外呼吸停止的時間，不同的來源有些不同的說法。由於每個人的特質不同，它們停止的時間因人而異。基本上，肺在三次長呼吸後停止作用時，這即是外呼吸的停止。當心識完全與身體分離（或根據某些經文，當我們失去意識）時，便是內呼吸的停止。

如果我們的死亡是由於業力的債務（業債），那麼將很難有挽救的機會。但如果我們的死亡不是因爲業債，而是某些意外因素，那麼透過醫療或修法可能可以起死回生。正常來講，一旦死亡的過程越過了這第五個階段，人死就無法復生了。但是，也有如還陽者這樣極爲特殊的例子，在死亡的歷程遠遠超過了這個階段後，他們卻又重獲生命。

三種內消融

現在我們的內呼吸停止了，[5] 而我們的心失去了對身體元素的聯繫。接著，我們粗重的身體的氣、脈、明點也將消散。我們的呼吸消融入空，這個時候的結果便是，微、極微、最微三種階段的消融或隱沒即將開始：

1. 心識融入「明相」：[6] 這時，我們受之於父親的白色明點，從頭頂經由中脈下降。我們見到的一切，都是朦朧「泛白」的光。這種白不像白天的陽光般的亮白，而是如無雲晴空中月光的淡白。一切忿怒與瞋恨的念頭都會止息。

2.「明相」融入「增相」：這時，我們受之於母親的紅色明點，從中脈的底端臍部，經由中脈開始上升。我們見到的一切，都是模糊「泛紅」的光，[7] 有如晴空落日的暮光。一切欲望與貪婪的念頭都會止息。但有些人會先經驗到泛紅的景象，之後才是泛白的景象。[8] 根據策雷，現在是修破瓦法的最佳時機。[9]

3.「增相」融入「得相」：這時，我們的本具覺性，在氣的推動下，被包裹在這兩個來自父母的明點中央，每一樣東西都變得「黑暗」，猶如晴空無月的秋夜。我們困惑的念頭在這時止息。

現在氣、明點、心匯聚在心間，被稱爲「空融入光明」。接下來，「基光明」（luminosity of the basis）便會生起，爲進入下一個階段—究竟本質（法性）的先聲，而這是我們下章討論的主題。

在空融入光明後，一般人會墮入無意識的狀態，而當基光明生起時，會發生什麼事情則有不同的說法。根據噶瑪・林巴（Karma Lingpa），在外呼吸和內呼吸停止的中間，如果是高證量的修行者，就會在身體的氣注入中脈時[0]看見法性的光明，但這時一般人會變得無意識。吉美・林巴寫的是，當風元素融入心識時，我們變得無意識，而內呼吸停止；[11]接著，究竟本質的光明生起。吉美・林巴同時也這麼寫：

> 當黑暗生起時，你將在遍基(universal ground)中墮入無意識。
> 接著八種持命風❸再度生起，而無意識褪散，
> 這時，本初狀態原本的光明生起——
> 清明而無止息，如秋日朗空。
> 你安住於空性與明性之中，遠離障礙和遮蓋。[12]

當風元素融入心識時，怙主敦珠仁波切（Dudjom Rinpoche）說：「心進入一段長時間的無意識狀態。但對那些大成就者或有經驗的禪修者來說，大約在兩分鐘後，心識融入空，而空融入光明。」[13]

非常重要而需要知道的是，並非所有的臨終者都會有相同的經驗，或是按照同樣的消融順序。策雷寫道：關於消融的解說「只是人們如何經歷這些經驗的籠統說法，並不一定〔所有的人都會有類似的經驗〕。每個人身體的氣、脈、明點都不同，並且〔臨終時〕面臨的是不同的疾病、負面力量或意外。因此，對於不同的人，消融的順序不同，或可能多項消融同時發生。」[14]

消融的經驗持續的時間有多長呢？策雷寫道，內消融和外消融的時間不同。[15]對多數人來說，每個消融的經驗可能只有一瞬間，特別是三種內消融的時間不會超過瞬間。

臨終時，我們該做什麼？

在經歷這些消融階段時，一般人該如何面對呢？首先，我們必須試著認

---

❸ 指的是持命風的八個層面；持命風是五風之一。

出自己在死亡的過程中。我們應該試著以盡可能平靜的態度來面對消融的經驗，而不要慌張驚嚇。我們應該試著記得，一切短暫的顯相和經驗就像是夢，它們都是我們的心和情緒的反射。我們不應該對它們執著、對它們惱火、或害怕它們。反之，我們應該將每件事物視爲、感受爲我們旅途中的修行機會。我們在穩定沉著中，平靜地任情境來來去去。

我們要記得運用生前便熟悉的任何修行方法或經驗。因爲自己所熟悉的修行方法會比較有效，也比較容易爲我們所依賴。

我們要記住自身的加持源，例如諸佛、成就者、正面的意象、法教和禪修體驗等，利用這些經驗和記憶做爲我們修行時的依靠。努力憶起自己的修行法門和一切的修行經驗和能量，並且將自己跟它們融爲一體；跟它們融爲一體的意思是，我們要感覺諸佛、上師和本尊無時無刻都和我們在一起，他們一直都在保護、指引著我們。從他們的身上，發射出平靜、自在、大力、喜樂的光芒，照耀著我們，充滿我們的全身，將我們的身體轉化爲彩虹般的妙光身，讓我們也散發出平靜、喜樂和力量。接著，試著在此妙光身的觀想中放鬆，一次又一次地，在整個臨終過程中，持續這樣觀修。

我們必須不斷提醒自己：「我必須持守我的修行經驗。」這樣的訊息會對我們有巨大的影響；事實上，甚至在艱困的臨終旅途中，它會幫助我們記得修行的經驗。如果我們能夠持守自身的修行經驗，那麼臨終的旅途將會更平順，最終帶領我們抵達淨土，或是獲得一個平靜、喜樂、健康的來世。

如果我們生時便經驗到自心的本質，那麼我們一定要記得持守在對此本質的覺知當中。無論發生什麼事情，我們要試著將一切視爲僅僅是此本質的表達，而不是帶著貪心或瞋恨，追逐著或執著於念頭和經驗。

如果是我們曾經被指出並修持過自心的究竟本質及光明境相，那麼現在便是安住在此經驗的時候。同時，現在也是有經驗的修行者，爲我們當下的經歷做提醒的時候。[16] 龍千・冉江忠告：

> 在死亡的過程中，生理元素會消融，
> 你會見到恍惚、朦朧、模糊的幻相，
> 接著〔你身體的〕地、水、火、風、空便會消融，
> 你的感覺器官會停止作用。
> 這個時候，你要提醒自己：
> 「我現在就要死了，但不需要擔心。」
> 然後只是思維：「什麼是死？」「誰正在死？」「死亡在哪裡？」
> 死亡不過是將你借用的四種無生命的元素歸還〔的徵兆〕。
> 〔自心〕本具的覺性無生亦無死。
> 在原本清淨的狀態中，
> 死亡是空性與內俱覺性〔的雙融〕——究竟身〔法身〕的自然模式。
> 然後只是思維：「什麼是死？」「誰正在死？」「死亡在哪裡？」
> 死亡哪裡都不存在，所以，它是絕對的不真實。
> 對此〔認識〕要生起勇氣和信心。[17]

吉美・林巴寫道，在死亡的過程中，能做的最好事情，便是在究竟本質中自然放鬆。[18] 次好的事情，則是將我們的心識遷往淨土。至少要做到的事情，是尋求三寶的庇佑：佛寶——證悟的化現、法寶——佛陀開示的眞理、僧寶——修持佛法的團體。向上師祈請，並將自心與上師的證悟之心相融合。

蓮花生大士建議我們要修持的祈求是：死亡時，沒有任何貪求和執著、記得法教、禪修自心的究竟本質與法界的雙融：

> 當臨終來到我面前時，
> 捨棄對任何東西的貪求和執著，
> 我將毫不動搖地專注在清晰的口訣上。
> 將我無生的本具覺性〔心的真正本質〕，
> 遷往法界當中。[19]

偉大成就者的這些臨終和死亡口訣，不只是臨終和死亡時必須謹記和運用的關鍵，在包括此生在內的生命所有的四個階段，這些也是我們要記住和運用的重點。

還陽者的臨終經驗

為了說明在越過死亡之門後的遭遇，我總結了 11 則還陽者的經驗。當然，這些故事是特定的個人經驗。要記住的是，每個人的臨終經驗不盡相同，這是因為每個人不同的生理和心理特質、業力、文化背景、習氣以及死亡的情境。

正如之前提到的，這些還陽者非常虔誠，許多是有證量的成就者。他們的復生是因為尚有未完成的任務。他們有的一些經驗，可能不同於你我死時的遭遇，但對於心理、情緒或文化背景跟他們相當的人，便會有許多類似的經驗。

在這裡，我們將焦點放在這些故事的臨終時期。在第三和第五章時，我們會繼續這裡大部份的故事，看他們如何進入究竟本質和中陰的死後經驗。

能量的消融——噶瑪．望津的經驗

噶瑪．望津（Karma Wangdzin）死了七天。[20]她出生在西藏南邊的洛察（Lhotrag），是個受過教育的虔誠教徒。她的丈夫是得帕宜仲（Depa'i Drung），為歐剎（Oktra）的首長。她去過察普閉關中心（Traphu Hermitage），跟隨喇嘛諾布．察西（Norbu Trashi）修學佛法，曾在淨觀中見到白度母和蓮花生大士。

噶瑪決定進行一年的祈請和禪修閉關。一天，她突然感到嚴重的不適，失去胃口，幾乎認不出自己的朋友。隔天，她的一個朋友哭著說：「姐姐，你的眼睛下陷、鼻樑歪斜〔死亡的徵兆〕。我是不是最好叫妳的丈夫——首長來啊？」

噶瑪自忖：「如果連這一點小病我都無法承受的話，做爲一個虔誠的信徒還有什麼意義呢？」於是，她對朋友說：「明天再說吧。」但當天下午，她開始感覺到冷。她感覺到非常渴，但喝下去的水卻從鼻子流出來。

她開始感到自己身體元素的能量正在消融的徵兆。她一直覺得身體往下沉，雖然她的朋友們一直把她往上拉。這是肌肉的能量消融入土元素的徵兆。她的口和鼻，因失水而乾燥，雖然極度口渴，她卻喝不了水。這是血液的能量消融入水元素的徵兆。即使是蓋著溫暖的毛毯，她還是冷得發抖。這是她身體的熱度消融入火元素的徵兆。她掙扎著呼吸，但難以吸氣、或保持住氣息。這是她的呼吸消融入風元素的徵兆。

當她視力中的光開始褪去，她無法看見、或認出周圍的人。當她的聽力開始褪去，她聽不見朋友試著對她講的話。當她失去對神經系統的控制時，她一個字也說不出口。她即將失去對這個世界的聯繫，快要看見她正要進入的國度。

即使經歷這一切，噶瑪的心是如清水中的魚般清明。她清晰的記得所有她愛的人，但她意識到，彼此再也沒有機會，能爲對方做些什麼。對她來說，獨自上路的時間到了。噶瑪並不自信有任何可靠的修持經驗；今生她所做的一切壞事，不斷地浮現在腦海，令她的心悲泣。

接著傳來震天乍響，她的呼吸隨之完全停止。她沉浸在完全的黑暗之中，猶如蠟燭突然被吹熄。她所有的心理能量回歸到心臟，她墜入無意識的狀態。她持續在無意識中一陣子，對於死亡的痛苦或求生的欲望，毫無覺知。

替我積福——林札・確吉的經驗

林札・確吉（Lingza Chokyi）生於藏東康區（Kham）。[21]她重病了16天，修法或吃藥都不見效。她想：「我可能現在就要死了。年輕時，我想出家爲尼，但家人不同意。我聽聞過一些佛法，但體驗卻是很少，因爲幾乎沒有做過什麼實修。我也沒有做過任何的布施。唉！我竟將如此珍貴、充滿潛力的寶貴人生完全浪費了。現在我將空手離開此具有巨大潛力的人間。眞是後悔莫及啊！」

她接著又想：「過去每年，我家都會宰殺20、30隻的犛牛和羊。」這不禁令確吉憂心，因爲奪取任何生靈的性命，是佛教所講的十項主要惡行之一，違犯者的惡業，會導致痛苦和投生地獄。她進一步憂心：「他們是不會爲我做法事。這意味著我即將面對的，唯有惡行的後果，而沒有任何善行、福德的利益。我的丈夫和孩子貪愛物質上的財富，信心微小又慳吝。但即使如此，我還是要問問看，他們會爲我做些什麼樣的法事。」

確吉將家人喚來床邊，對她的丈夫說：「這場病，我是過不了了。現在我有幾句遺言對你說。我一生沒有積聚什麼福德，反而處處造下許多的惡業。請將家裡財產的三分之一用來爲我做功德。」根據藏傳佛教的傳統，亡者在世的家屬會將很大一部份的家財用於做法事、唸經、修法、食物濟貧、放生（例如買下家畜、鳥、魚後，放它們自由）、建造宗教碑銘、或供養僧尼。他們相信，這些行爲可以製造福德善業，能夠爲亡者創造平靜喜樂的旅途和投生的善緣。

「我一半的珠寶給我們的女兒。」她繼續說道：「剩下的一半用來做功德。你爲我做的任何法事，請務必確認它的清淨如法。如果可以，你們所有的人都必須做些佛法的修持。否則，你死時會悔恨交加。至少也要讓我的兩個兒子修學一些佛法。請不要續絃，而令我的三個孩子在別的女人手中受苦。一定要答應我這些事情！」

於此，她的丈夫回答：「如果花掉家裡三分之一的財產，那我們吃什麼？我們的女兒需要你的珠寶給她自己用。妳死後，爲了維持家務，我必須再婚。孩子們都太小，無法自己照顧自己。我會爲妳花些錢，但不能擔保有多少。」

確吉心想：「他是不會爲我做法事了。趁我還有機會和能力時，何不爲我自己做些功德呢？他會再婚，孩子們是要受苦的，可憐的孩子啊！」

這番對話讓確吉備感哀傷，傷感帶來一陣暈眩。接著，她感到被往下拉到地裡，開始經歷一連串恐怖的經驗：她感到被來自許多人的力量推倒，在巨大的空間中搖搖晃晃，徹骨的寒冷令她發抖。接著，她感到自己的身體在火葬場被燒灼的痛苦，她看見火花四濺、聽見火焰的怒號。當這樣的感覺褪去後，一陣強風將她捲去。她感覺自己的身體，被拿著各種工具的許多人剁成碎塊。這些種種經歷，都只是她身體的元素消融的結果。

在這之後，她經歷到紅色、白色以及黑暗的境相。接著，她失去記憶，變成無意識，而這就是大樂的穩定狀態。之後，在復生後，她並不記得這個經驗究竟持續了多久。

閻羅來抓我了嗎？——德瑪．桑傑．森給的經驗

桑傑出生於藏東康區靠近洽兜（Chabdo）的地方。[22]他曾經跟隨許多上師學習，其中包括第十四世噶瑪巴（1798-1868）。

在他 55 歲時，有一天，桑傑感到心臟一陣劇痛，猶如子彈穿心。他開始有驚人的幻覺。他失去胃口，有時覺得所有的臟器即將被擠出身體。他感到肢體的神經被拉向心臟。

桑傑擔心死亡即將到來，但又沒有辦法保住自己的性命。他開始對一切事情感到敏感，任何發生在他身上的事情，都讓他極爲焦慮。他的呼吸變得愈來愈短促。他受到痛苦的煎熬，不安的感覺就像是受擠壓的掌中鳥，或

是被丟到乾地上的魚。他眼中的亮光迅速地黯淡下來，接著一切都變得黑暗。

當他身體的元素開始消融，桑傑經歷一連串痛苦的經驗。有時他感到極度地口渴，猶如體內受到烈火的燒烤，渴望能夠喝到一滴水。在其他時候，他覺得好像有如巨山的重物，重重地壓在身上。接著的下一瞬間，他覺得被吹往四處，猶如狂風中的一根羽毛。時不時地，他感到太陽和月亮掉落在地上；他會聽見巨大的噪音，猶如數千雷聲同時轟然作響，並且重複看見數千閃電同時撞擊地球。接著，他覺得一間老屋——實際上是他的身體正在支解。但這些在他眼前生起的景象和感覺，沒多久便如海市蜃樓般消失。

接著桑傑看見各種閃光，猶如暗夜中的螢火蟲，有時清晰，有時模糊。

桑傑認出：「這些經驗一定是死亡過程中，我的身體元素的能量消融的經驗。」那時，如人之常情，他開始感到害怕，心中開始湧現許多問題：「我正在經歷的，是我的身體的四大元素能量的消融嗎？如同我無數的過去生一樣，死亡的瞬間再度降臨到我的身上了嗎？閻羅來抓我了嗎？我再也活不了嗎？」

現在所有的光都消失了，他覺得被困在一間非常暗的地方——事實上這是他自己的身體。他看見能夠讓他離開這個暗房的九個開口——口、兩耳、兩眼、兩鼻孔、肛門以及生殖器。他從可以直接往上走的開口看進去，並按照破瓦法的修法大喊三聲「嘻」（HIK）。這讓他得以從第十個開口——頭頂上方的顱穴出去。

根據佛教，死亡時，心識會從身體的十個「門戶」或開口之一出去（生殖器、肛門、口、兩耳、兩眼、兩鼻孔、顱穴）。如果心識由上半身的門戶出去的話，這便有助於投生上三道（善道）。修行者被教導藉由神聖的種子字「吽」（HUM）的觀想，將頂門以下的九個門戶封閉，尤其是閉塞最下面的幾個門戶。接著，以禪修的力量將心識從中脈往上遷移，最後從中脈上端的開口，亦即頭頂上方的顱穴出去。

如無雲晴空的光明──達波．察西．南嘉的經驗

達波．察西．南嘉（Dagpo Trashi Namgyal）來自西藏中部，他曾經死了五天。[23] 之前，他的頭和上半身疼痛過好一陣子，自覺死期將近，便想要求得破瓦法的教授。

當他身體的生理元素開始逐漸消融時，外放的感知開始向內收攝。他看見五色彩光，但這並非外在的光，而是透過心識的眼睛，在他自己體內看見的一團亮光。

首先，他失去了對五種感官對境──色、聲、香、味、觸的感知能力。當他的視力變得模糊，自己原本認識的人，現在卻無法認出。他的耳朵聽不到聲音，鼻子聞不到香味，嘴巴嚐不出任何味道，身體感覺不到任何的觸覺。

當他身體的地元素融入水元素時，他的身體變得沉重。當水元素融入火元素時，他感覺眼乾舌燥，開始口渴。他的動脈像是被捲成一團的毛線球。接著火元素融入風元素，他身體的溫熱被風吹散。

由於風元素是本具覺性的精髓，在他的外呼吸停止後，他的心識便融入光明本質。當他的外呼吸融入內呼吸時，三種內消融的經驗中的第一種生起。

首先，他經驗到「明相」。內徵兆是，他的感知變得清明。外顯相變得如月光般皎白。他的感知免於瞬間的變化，他感覺鮮活而清明。

接著是「明相」融入「增相」。內徵兆是，他見到如螢火蟲般的閃光。外徵兆是，他看見如旭日初生的紅色光輝。

接著「增相」融入「得相」。有一段短暫的時間，他保持在清明的感知中。

他看見火焰、或是如燈火的光。他再也沒有對實相本質的無明。接著生起的，是如無雲晴空的光明。換言之，他開始經驗光明的禪定；光明的禪定極爲清明，猶如秋天無雲的天空，是沒有粗重的感知、或主體（觀察者）和客體（被觀察者）二元對立的一種狀態。

臨終的感知——桑騰．秋州的經驗

十九歲那年，來自藏東康區的桑騰．秋州（Samten Chotso），有過七天的臨終還陽經驗。[24] 先是突然間她身體的元素受到擾動，她準備就死。幻相連續不斷地出現，她發現自己事實上正在死亡，而她開始有接下來的幻覺。

首先，她身體的生理元素和感知開始消融：當心臟的動脈不再運作時，她感覺猶如一座大山被上下反轉。接著，她眼睛的血管停止運作，她感覺猶如日月從空中墜落。當舌頭的微血管停止作用，她感到空中閃電交加。當她耳朵的微血管停止作用時，她聽見千雷齊吼。

絕無僅有的還陽者——達瓦．卓瑪的經驗

達瓦．卓瑪（1910-1941）生於藏東康區的瓦速榮達（Washul Thromtha）。她有一個兒子是前洽杜仁波切（Chagdud Rinpoche，1930-2002）；洽杜仁波切曾在美國和巴西居住並講學，前後達數十年之久。達瓦．卓瑪是絕無僅有的還陽者，因爲她事先知道自己將會有還陽的經驗[25]，因此還替自己和周遭的人做了準備。她的還陽旅程持續 5 天。

1924 年，達瓦大約 15、16 歲時，她時常進入深沉的禪定狀態。一天她親見白度母，並受到白度母的預示：「妳很快就會生病死亡。但是如果妳遵照某些的指示，五天後妳會復活爲還陽者而利益許多的人。」達瓦的上師秋突仁波切（Chogtul Rinpoche）勉強答應了達瓦的請求，爲她即將經歷的不尋常經驗做準備。他爲她加持並提醒：「記住，安住在心不造作的如是本質中，不要掉入幻境之中。持守妳對上師和怙主本尊的清淨知見和

虔敬心。保持對一切如母眾生的慈心和悲心。」

之後，達瓦・卓瑪病得非常嚴重。她請秋突仁波切和周遭的人執行下列的要求：「將我房間內所有的食物和水都拿出去。我死後，用加持過的藏紅花水清洗我的身體，這個時候一位叫做卓瑪的小女孩必須在場。爲了顯示我隸屬的佛部❹，應該以藍色的頭巾爲我包頭。我房子的大門用掛鎖鎖上，以藍色的布將鎖包起來，再用一個蠍子的圖像將它封上。請一個穿著藍色衣服的人，坐在外面看管房子。接著，在我死去的這五天，什麼人都不准進到我的房間，房子附近也不許吵鬧。我復生時，我需要穿著一件藍色的衣服，衣服的質材不能有動物的毛皮。我還需要有加持水來漱口。」她還請僧眾爲她持續各種修法，例如佛母（女性佛）[26]和長壽女神❺的薈供，並向蓮花生大士祈請。

藏曆25日那天，她和上師們舉行佛母薈供。她的上師們再度提醒她：「心要平靜，不受妄念而分心。讓自心與它的究竟本質相融，一如心在死亡時的自然狀態。」

死亡的時間來臨時，達瓦・卓瑪將心安住在它的自然狀態。她所經驗到的心，是大空和大樂之完全清明無垢的狀態。一切的思維已經止息，她既沒有在不具雜念的遍基當中昏睡，也沒有陷入樂、明、無念的感官欲網當中，更沒有耽遊於幻覺。反而，她處於本然心沒有止息的空間中的如是狀態。因此，她處於心識的一種不同狀態，但仍然能夠聽到身邊所有的聲音和響聲。

26日那天早晨，她清晰地見到她的怙主本尊白度母，在善妙的光芒的籠罩下出現在她面前。

接著，她看見一道五色平行的彩虹光束，從蓮花生大士的淨土照射到她

---

❹ 五佛部的完整定義，見書後的詞彙。

❺ 五位長壽女神是西藏的地方神祇。她們在蓮花生大士的面前改信佛教，蓮花生大士令她們成為佛教的護法。其後，她們也成為西藏最偉大的成就者之一——密勒日巴尊者的護持者。

的房間。光束中間有四位前來迎接她的空行母，她們化現爲年輕的女子，穿戴華美的衣服和飾物。她們將她請進一頂由彩色絲綢所覆蓋的轎子內。達瓦．卓瑪和四位空行母以大恭敬心，齊聲不停地唸誦金剛七句祈請文和蓮花生大士咒語。她在淨觀中見到所有的這些景象。

心無礙任行──嘉華．雲聰的經驗

嘉華．雲聰（Gylwa Yungtrung）來自藏東康區，信奉西藏的原始宗教苯教[27]。49 歲那年，他的母親過世。他請來許多僧人爲母親超度 49 天，因爲幾乎沒有亡靈會在中陰停留超過七週。這些法事耗盡了他所有的家產。對母親的慈悲的思念和失去母親的悲傷，日夜都沒有離開過他。然後，有一天在觀自心本質時，他看見心最初的無生和自發的顯現。

一天，他想：「世界和身體都是空性。我的心可以不受障礙地遊歷各處。無論母親去了哪裡，我一定要聯絡上她的心識。」突然間，他覺得離開了自己的身體。

嘉華許多的其他經歷，我們會在第五章還陽者的中陰經歷中讀到。在臨終的這個階段，他並沒有寫下自己是否經歷身體元素的消融，而他的故事，再度顯示出每個人的臨終經驗不盡相同。

本具的覺性──措普．多洛的經驗

措普．多洛（Tsophu Dorlo）是位大成就者。他眞實的姓名是來自洛如（Khrozur）的多傑．杜度（Dorje Duddul），但大家都稱他爲措普．多洛。他在藏東釀容（Nyag-rong）一個名爲貝瑪雪察（Pema Sheltrag）地方的關房中，經歷還陽的經驗。[28]

事情發生在 1923 年，當時 61 歲的多洛突然生病，大家都對他的康復不抱希望。爲了減輕弟子的悲傷，他對弟子開示並保證自己會轉世歸來。在一次淨觀中，他的主要上師行忠仁波切（Zhingkyong Rinpoche）加持他並說道：「現在還不是你投生淨土的時候。你必須到地獄去幫助那裡的眾生。」同時上師還給了他一個大的手持轉經輪。

到了第四天夜裡，他的死亡徵兆開始出現。一次又一次地，多洛在心中重溫上師們傳授給他的法教和口訣。尤其，他將自心保持在與上師的智慧之心的相融，無動搖地安住在此合一的狀態當中。有一段很長的時間，他安住在本具的覺性中。本具的覺性即是自心的清淨本質，它是心無造作的臨在，以及心明空雙融的無動搖的狀態。

很快地，他身體的元素開始消融。當肌肉融入地元素時，多洛感到身體下墜並沉入地裡。當血融入水元素時，他失去身體的能量，口鼻開始滴水，舌頭變得乾燥。當體熱融入火元素時，他的身體失去溫度，心的清明時有時無，他的眼睛上翻，完全認不出人。當他的呼吸融入風元素時，他的呼吸開始變得粗重，四肢開始抖動。他的心感到窒息，他看見像海市蜃樓般的模糊景象。

在粗重的元素消融之後，他開始感到細微能量的消融。當火元素的精髓——紅色明點往上移動，「明相」開始融入「增相」，見到的一切都是紅色。當水元素的精髓——白色明點往下移動，「增相」開始融入「得相」，見到的一切都是白色。接著，當最細微的生命能量止息時，「得相」融入「光明」，一切變成在黑暗之中。

智慧之心變得清明——蘇切．傑尊．洛千的經驗

蘇切．傑尊．洛千（Shugseb Jetsun Lochen，1865-1953）又稱為傑尊．日津．確尼．臧波（Jetsun Rigdzin Chonyi Zangmo），是二十世紀西藏最偉大的女性上師之一。[29] 她生於印度，但在西藏學習，之後移居蘇切（Shugseb），在那裡度過許多年，之後也在那裡圓寂。蘇切距離 14 世紀大圓滿的偉大成就者龍千．冉江在康瑞突卡（Kangri Thökar）的關房不遠。

當傑尊在西藏中部臧亞察（Zangyak Trag）的止貢（Drigung）峽谷進行單

獨閉關時，經歷許多天的還陽經驗。她獲得許多殊勝的證悟和體驗：她能夠不受任何障礙地穿牆過壁；她多次隱身讓周圍的人看不見她；有時，她只需動念便能抵達想到的地方；她能夠看見本尊，以及許多其他人看不見的生靈。

一天，傑尊持命風的能量進到她的中脈，導致她發出各種聲音，讓她不由自主地跳躍和舞動，不停地從她的禪修洞穴中跑進跑出。接著，她突然如岩石落地般地昏倒在地，一動也不動。

朋友們以為她死了，便哭著開始商討她的後事。但她的母親發現她顏面的容彩跟活人一樣，便堅持讓她的朋友再仔細檢查她的情況。結果，他們發現她的心臟有些溫熱，就像小鳥身體的溫度一樣。基於她一生所展現的非凡力量，她的朋友們斷定她可能還沒有死，於是，便開始為她舉行一場薈供。

對於傑尊來說，雖然身體動彈不得，她的智慧之心卻從未有過地清明許多倍，身邊的朋友和其他人所有的對話，她都聽得一清二楚。

黑魔離開了——達拉．孔秋．嘉岑的經驗

達拉．孔秋．嘉岑（Tagla Konchog Gyaltsen，1856-1946）生於瑪峽谷（Ma Valley），屬於藏東果洛（Golok）地區的阿瓊朋莫藏（Akyong Ponmotsang）部族。他是一位聞名的大成就者。88 歲那年，他經歷了許多天的還陽經驗。[30]

在 1932 年，達拉居住在令人歎為觀止的瑪峽谷，受到聖山阿尼瑪卿（Amnye Machen）山脈恆時慇懃的庇佑。一天，達拉生了一場重病，讓他半死不活。在面前的虛空中，他突然看見彩色的光雲，蓮花生大士處在其中，身邊圍繞眾多現忿怒相或寂靜相的證悟者，以及許多經教傳承的大成就者。他聽見慈悲的大悲佛觀音菩薩對他說：「兒啊！不要分心，注意上面這裡。虔敬地持誦六字大明咒『嗡瑪尼貝美吽』。你即將

見證中陰的經驗。」

不久，白色怙主（the White Guardian Deity匚從南方乘著白雲飄到達拉的面前。他的外貌年輕，有著白色的肌膚，身著白色絲袍，頭髮上束為頂髻，肩上扛著一個白色的絲質包袱，腰上懸掛著海螺做成的單個骰子（西藏占卜用的兩個骰子之一）。

接著，有著黑色身體的忿怒黑魔（Dark Demon）乘著旋風而至。他身著黑袍，頭髮鬆散飄浮，肩上扛著一個黑色包袱，腰上懸掛著黑炭做成的單個骰子。

白色怙主對達拉說：「我是專門保佑好人的白色怙主，我紀錄人們所做的善行。我從閻羅王的法庭來領你前去。你可有信心面對中陰？」

達拉自信滿滿地說出自己所有的禪修體驗和了悟，還有曾經唸誦過多少遍的祈請文和承侍他人的種種善行。對於踏上中陰的旅程和晉見閻羅王，他表示極度歡喜。接著，達拉祈請他的皈依處—諸佛和上師給予他加持。於此，所有的皈依處都出現在他的面前，充滿整個天空。他們以最優美的聲音和旋律，跟隨達拉一起唱誦神聖的六字大明咒，歌聲遍滿虛空。

達拉的主要上師貝瑪．德千．臧波（Pema Dechen Zangpo）為他傳授中陰的開示後，說道：「現在請上路吧。你自身本具的善良本質所化現的白色怙主會指引你。」達拉看見一條彩虹光束，直通阿彌陀佛的極樂淨土，但他的主要上師接著說：「你前往極樂淨土的時機還未到。」

這時，忿怒的黑魔走向達拉。他擯斥達拉的善行，猶如這些是不清淨的善行，並且指控他造作無數的惡行。他試著以數說中陰的恐怖經歷來嚇唬達拉。接著，閻羅王的眞正使者出現了，其中有牛頭阿瓦（Ox-Headed Awa）、蛇頭害者（Snake-Headed Harmful One）以及猴臉怯者（Monkey-Faced Coward）。

一開始，達拉眞的受到一些驚嚇，但他很快便恢復了自信，說道：「黑魔！聽我說！爲了維護善行的清譽，我必須反駁你的指控。」他列出所有自己生前做的善行，並下結論：「我問心無愧，沒有理由要害怕。你這個黑魔，給我閉嘴！」話一說完，黑魔便消失在暴風中。

接著，靈光一閃，他看見自己眞正的身體死在家中的床上，哭泣的親友圍繞在旁邊，他尋思：「看來我是復活無望了。」達拉的心陷入悲傷之中。這時，白色怙主向前說道：「你只會死一陣子，很快就會復活的。」接著，在白色怙主的陪伴下，達拉踏上了中陰的旅程。

不要恐慌——強秋・森給的經驗

強秋・森給（Changchub Seng-ge）生於一個叫做洛嘉華（Lho Gyalwa）的地方。[31] 他的父親來自康區，達拉稱呼他的父親爲釀楚（Nyagtrug），所以他可能是來自藏東康區的釀容（Nyag-rung）。

強秋病了，幾乎無法從床上爬起來喝口水。突然間，他覺得自己飄浮在空中。他的房子正在傾塌。他身體的每根毛髮的髮根都如利刃刺身。山和房子似乎都壓在他身上。一條大河的河水將他沖走。他受到如山大火的焚燒。一陣強烈的暴風將他吹走。數千個太陽升起並燒烤著他。他聽見迫人肝膽的如雷嚎叫。每一個經驗似乎持續有數千年之久，而這些都是他身體的元素和內呼吸消融的徵兆。

當他的內呼吸停止時，五色光生起。強秋的神智突然清晰起來，猶如半夜生起了太陽。他的覺知是如此清明，就像是一盞燈，但卻又不穩定，猶如暴風中飄搖的燈火。同時，他還能夠看見自己過去世和來世的一些片段。

接著，他的心中生起對意象的貪著，突然間，他感覺自己被壓碎在一塊巨岩的下面。他閃過一個念頭：「哦！我必須進去一個城堡。」突然，他便籠罩在紅光中。這令他感到恐懼，以爲自己的臉受傷了。這時，從紅光中出現兩道五彩的光束。上方的這道五彩光束非常清晰、閃爍、明亮且活躍，下方的五彩光束則黯淡。在這部份的敘述中，強秋如此告誡他人：「這個時候，不要懼怕上方的光束，這是五種本初智慧的光。下方的光是五毒煩惱的光。不要受到下方光束的引誘。」

強秋以提供這樣的指引而受到矚目。他的故事是臨終指引的寶藏，讓助手在協助臨終的修行者時，知道應該導引或提醒那些修持的內容。所以，當上述的光出現時，強秋建議：

> 這個時候是普通人修持破瓦法，大成就者修持導引的時機。
> 關於導引：如果〔臨終者的〕眼睛上翻，並且鼻孔沒有氣息，這便是外呼吸停止的徵兆。這個時候，〔助手應該〕叫著臨終者的名字，慢慢地將臨終者頭頂的頭髮向上拉起一點點。如果臨終者所關愛的人悲傷哭泣的話，就不能讓他們待在旁邊。

指示臨終者下述關於生理元素消融的徵兆：

> 「你可能覺得你的房子好像正在傾毀，但其實不是這樣，這是你的外呼吸停止的徵兆。不要讓心動搖！」

> 「你可能覺得利刃正刺過你身體的每個毛根，但其實不是這樣，這是你的動脈停止的徵兆。不要害怕！」

當亡者的膚色呈現黃色時，你要說：

> 「你可能覺得房子好像正傾壓在你的身上，但其實不是這樣，這是你肌肉的能量消融於外在的地元素的徵兆。不用擔心！」

當亡者的膚色呈現紅色時，你要說：

> 「你可能覺得受到如山大火的焚燒，但其實不是這樣，這是你內在的熱元素消融於外在的火元素的徵兆。」

當亡者的膚色呈現白色時，你要說：

> 「你可能覺得正被大水沖走，但其實不是這樣，這是你內在的血元素融於外在的水元素的徵兆。不用害怕！」

當亡者的膚色呈現綠色時，你要說：

> 「你可能覺得正被大風吹走，但其實不是這樣，這是你的內呼吸融於外在的風元素的徵兆。」

當亡者的膚色呈現藍色時，你要說：

> 「你可能覺得被大海淹沒，但其實不是這樣，這是你內在的元素融於空的徵兆。不用慌張！」

強秋的經驗的特點在於，他反覆地在消融階段的尾聲、究竟本質的生起以及中陰的開端遊走。通常在經歷消融的階段後，接著會經歷光明本質的一瞥，然後進入中陰。但在這裡，強秋甚至在瞥見光明本質後，他還有消融階段的經歷。所以，顯然有些臨終者在完全離開人世之前，會有一些反覆的經驗，這是因爲他們不同的生理、心理和業力的特質，或者是，他們還掙扎著要活下去吧。

做好準備，不要恐懼

讀完這章後，我們可能會感到憂心。有位藏人女士，她的上師是一位喇嘛，有次她對上師說：「聽到善行的果報時，我甚至覺得自己解脫有望。但在聽到惡行的報應時，就連是您，我都懷疑是否能夠解脫。」

因爲害怕死後的遭遇而絕望癱瘓，這無濟於事。但在爲時已晚之前，對死後的事情抱持關切和謹愼的態度，這則是非常好的。業力的好處在於，我們總是可以改善它。如果不是走在正道上，我們可以扭轉我們的生活；如果已經行於正道，那麼好上還可以加好。我們的未來，由自己掌控，有數百種不同的法教和慈悲的善知識，可以幫助我們自助。

第一步，便是在我們還有時間之前，明白並接受死亡的必然，以及正等著我們承受的果報。這樣，我們便能夠在還活著的時候，做好所有必須的準備。我們必須培養正面的態度，並且以善行來利益他人。如果不這樣做準備，死亡便會是一個悲傷的時刻，它不僅代表我們有生之日的結束，並且也是遭受痛苦的未來、甚至投生地獄的危險。

但是，如果好好把握自己的人生，那麼死亡肯定會是一個慶祝的時刻，它代表年老和疾病的結束，而快樂的黎明即將生起。我們當中的一些人，可能會看見具有無量悲心和遍知智慧的證悟者，帶領我們前往如阿彌陀佛的極樂淨土般的快樂天堂，一如我們在第七章和第九章的討論。再者，如果我們是高度證悟的密宗行者，死時甚至會在所謂究竟本質（法性）的階段證悟成佛，如同下章的說明。

但重點是現在我們就必須爲死亡和死後做準備，不能再拖延。如果我們在呼氣後，吸不進一口氣，死亡就來臨了——我們距離歡慶或是飲泣的日子，就是這麼接近。

｜第三章｜

究竟本質——瞥見光明

它是心的基礎，
是究竟平靜的智慧及其光明❶。
我們必須做好準備，以便死亡之際，
在看見的赤裸裸的它時，我們能夠將它認出。
即使我們無法持守它，
但僅就對此光明的記憶，
便能減輕許多的痛苦和困惑。

❶ 有些作者將「光明」(luminosity，藏文：osal) 中譯為「明光」。

在我們的呼吸停止後，心的眞正本質生起，而我們便經歷所謂的究竟本質的生起或階段。究竟本質（或譯爲「法性」，藏文：chonyi）階段，具有幾個重要的解脫機會，但要把握這些機會，我們必須對高階密法的禪修——如藏傳佛教的大圓滿修法具有相當的證悟。因此，本章描述的經驗，可能只適用於高度證悟的修行者。一般人在經歷究竟本質的部分階段時，是處於無意識的狀態，只有在生起粗重的概念和情緒後，才又清醒過來。讀者如果覺得此章內容過於複雜，可以安心地直接跳到第四章。

死時的究竟本質經驗

對高證量的修行者，究竟本質階段開始於遍基的光明本質——心的眞正本質如是地生起，結束於自發顯現的光明境相的消融。如策雷解釋的，某些傳統將遍基的光明本質，認爲是臨終過程的一部份，[1] 但大圓滿將它視爲是獨立的階段，而本書根據後者的看法。

根據佛教密宗，一切眾生本來就具有佛性。因此，死亡時，當念頭和情緒消融入本初的清淨，本具智慧的光明就會爲每位眾生閃耀。就連最小的昆蟲，它的心至少會在零點幾秒的瞬間，經驗到它本具的覺性——光明本質，及其自發的顯現——光明境相。

如果我們對自心的究竟本質具有相當的證量，並且是即將獲得證悟的禪修者，那麼在此一階段的任何時刻，我們便能夠如是地證悟並持守究竟本質和其境相。在眞正本質生起時，如果我們能夠認出它，通達或持守這種了悟的話，當下就能解脫成佛。同樣的道理，也可以用在之後生起的光明境相——各種光、聲音、忿怒或寂靜相，以及痛苦或快樂的世界。如果能夠將這些顯相，認證爲從明光本質中自發生起的自顯境相，而且還能持守這樣的認證，那麼我們便能夠證悟。在任何階段，我們要是能夠認出此眞理，並且持守這樣的認證，我們便得到了證悟，沒有必要繼續中陰的旅程。

雖然要在究竟本質階段成佛，需要高階的密宗禪修訓練，但就算只是對自心本質最粗淺的瞭解，都能夠在此階段幫助我們。我們對眞理的了悟可能時有時無，這雖然無法直接帶來證悟，但就算只有對眞正本質及其境相的短暫經驗，它所帶來的力量，會大大減輕我們在中陰的恐懼和痛苦，帶來平靜喜樂，創造善業，引領我們朝向更美好的來世。

但如果我們具備很少或根本沒有禪修的經驗，那麼當眞正本質生起時，我們可能會因爲對它太陌生、看不見它，或是它太短暫而沒有注意到它。就算我們注意到它，但也可能因爲我們的經驗，只持續了最短的刹那，在還來不及認出究竟本質時，它便一閃而過。況且，我們大部分的人，當時都已墮入深沉的無意識中，而當我們再度恢復意識時，我們開始經驗到各種的境相、顯現、聲音和感受；它們有些美麗而吸引人，其他則是醜陋而嚇人。由於沒有禪修的經驗，我們將這些境相，執著爲二元對立的主體和客體，認爲它們是眞實的，對它們產生恐懼或貪愛。如果這樣的話，我們註定會經歷中陰的完整週期，並且會再次投生，一如我們大多數人的命運。

對於有證量的禪修者，藏傳佛教詳細描述了究竟本質階段的經驗，以及它所具備的機會。如還陽者的故事所顯示的，這些經驗的順序和細節因人而異。策雷說明，這是因爲不同的人，具有不同的心理、情緒和生理結構。但總的來說，究竟本質階段具有兩個主要部分：(1) 遍基的清淨光明本質，以及 (2) 自發顯現的光明境相。

這些階段依序會有四個次階段：[2]

1. 空[3] 融入（合一）光明：亦稱為「得相」（或稱「暗境」（darkness）融入「光明」。[4] 這時，我們的內呼吸已經停止，身和心已然分離，而自心的覺性如射入虛空的一個火花，我們的心識離開了身體。此刻我們經驗到遍基的光明，這即是法身的光明，它是明性與空性的雙融，猶如秋日早晨清淨無雲的天空。西元十七世紀的大成就者恰美仁波切（Chagmei Rinpoche）曾說，當暗境消失時，遍基的光明便會生起。[5] 如果我們能夠如斯地認出遍基的光明，並且能夠安住在此認證之中，我們就會獲得證悟。

我們對外在世界的一切感知，如土地、岩石等都會褪去，究竟本質內在的光明境相將會生起，而一切的境相都會閃爍如五種本初智慧的光芒。

2. 光明融入雙融：此階段是空性與顯相的雙融，這即是報身的光明。我們會看到自發顯現的忿怒本尊，聽見如雷的自然音聲震天乍響。我們會看見由光芒、光束組成的武器如雨從天而降。這些光明顯相的光，是從我們自心的清淨和空性中生起的自然力量。這些聲音是我們自身的本然心的自然展現。但是，如果我們尚未證悟，我們可能會被這些現象和聲音嚇暈。

   再者，整個宇宙還可能顯現為散發著光芒的世界，寂靜本尊美麗的光體籠罩在無窮的五彩光環中。從我們自心發射出具有無窮光束的光鏈，進入本尊的心間。接著，所有的本尊都融入我們，因為實際上，他們都是我們自心證悟本質的不同層面。如果我們能夠不害怕也不貪愛他們，將他們認證為自顯相的話，我們便會獲得證悟。

3. 雙融融入智慧：從我們的心間延展出藍、白、黃、紅的四道光束，形成層層相疊的寬廣光道。在每種顏色的光束所形成的光道上，裝飾著一個同樣顏色的如鏡子❷大小的光環，而此光環上有著五個如豆子大小的光環。這些是法界體性智、大圓鏡智、平等性智、妙觀察智的光芒。在這之上，我們會看見一個由五色光、或五智的光所做成的傘蓋，猶如孔雀毛的傘蓋。

   這時，我們可能獲得三種解脫。當我們開解將身體視為是「自我」的執著時，我們安住在究竟本質的體性中，這即是解脫身

---

❷ 修法中手持的亞洲圓鏡。

體而進入光明。當我們遠離粗重和細微的元素時，我們的感知便解脫為大樂的光明。當我們同時免於粗重和細微的煩惱時，透過與本具覺性的雙融，我們便能認出解脫的自然面目。

4. 智慧融入自然現前的持明者（knowledge holder）：在這個階段，智慧所顯現的四束光道，融入上面由光形成的傘蓋。接著，如鏡中的映相般地出現下面的象徵性景像：我們覺得自己看見了法身——本初的清淨的顯現，其代表便是出現在上方的清淨無雲的天空。在它的下面，我們看見報身——自發成就的淨土，其代表便是寂靜和忿怒的本尊。在報身淨土的下面，我們看見化身淨土的形形色色。在所有這些的最下方，我們看見六道不清淨的世界。這一切都是自發地生起，平等地現前，都是從悲性、遍在的力量中生起的，因此並沒有輪迴和涅槃的分別。這個時候，我們還可能經歷到許多種的佛智，例如預知未來的智慧。最後，所有這些自發生成的境相，都消融、融入本具覺性的本質自身，猶如水晶的光芒融入水晶自己。

在這個階段，使用兩種關鍵的禪修技巧非常重要。首先，我們必須如是地認出我們本具的覺性——自心的本質，就像是和親密的老友重逢一般。如果這麼做，我們便能夠認出萬事萬物的眞正本質，我們便能夠超越「存在」與「不存在」的概念而獲得佛果——永恆解脫的狀態。

再來，在究竟本質時期的第二個部分——自發顯現的光明境相階段，我們必須認出各種景像和聲音的境相，都是我們自身的證悟之心自發顯現的能量，如此，這些境相便會生起爲自發顯現的五智和佛的壇城，與證悟之心本身無二無別。但如果我們將這些光的形相和聲音，視爲是有別於自心本身的事物的話，那麼我們這種執著於境相有「我」（法我）的二元思維，便會導致這些境相生起爲各種粗重的感知、煩惱，以及五種粗重元素的世界等現象。而且，我們還可能因恐懼或貪著它們而暈厥，然後，它們會助長更多輪迴的經驗。蓮花生大士忠告：

當究竟本質階段出現在我的面前時，
捨棄一切恐懼和怖畏，
我便能夠認出一切都是本具覺性自身的自顯，
並且認出這些都只是究竟本質的顯相。[6]

吉美．林巴大師忠告：

如果你去分析究竟本質的狀態，
會有許多層面需要分析。
但是，你若只是分析這個分析者本身，
你會發現分析者在任何地方都找不到。
接著，再從這個「不存在」的概念中解脫出來，
這即是永恆解脫的狀態。[7]

龍千．冉江大師忠告：

藉由本具覺性無止息的顯現❸之狀態，
地、水、火、風融入空，
空繼而融入光明。
這時，六種感官和遍基融入法界。
你的心將與你的身體分開，
你的本具覺性將遠離現象，
而免於一切概念的究竟身——
偉大本初的清淨將生起。
這時，如果能夠在你正在經歷的經驗當中，
認出你禪修過的〔證悟狀態〕，
那麼，毫無障礙地，你會直接在瞬間獲得解脫；
這即是成就具二清淨的究竟身。

---

❸ 無止息的顯現(藏文：tsal)，本具覺性的力量。

但是，如果你沒有認出〔究竟身〕的生起，
那麼，光明境相——遍基的力量將會生起。
空中充滿聲音、光芒、光束，以及
寂靜和忿怒本尊〔的顯相〕，
如果你認出它們是自心的顯現，
你便會解脫入本初的狀態——證悟的成就。
因此，瞭解一切顯相為自心明光的顯現是為關鍵。
藉由對它們本質的如是認證，
你便能成就佛果。[8]

龍千・冉江寫道：

今生將獲解脫的瑜伽士，
將地元素融入水，水元素融入火，
火元素融入風，風融入心識，
心識融入光明；
接著，與智慧和法界的雙融合一，
瑜伽士在本初狀態中永駐。
為了利益眾生，瑜伽士以智慧和二種佛身❹，
如夢幻地出現在眾生的面前，
藉由佛行事業來承侍眾生。[9]

如果我們是密宗的修行者，那麼協助我們度過究竟本質階段的助手，可以提醒我們記起自身的禪修經驗。恰美仁波切寫道：〔助手〕應該在你的耳邊輕聲喚你，重複說三次：

遍基的光明已經在你的內在生起，
所以，安住在這樣的思維⋯

❹ 二種佛身：無相身(法身)和有相身(報身與化身)。

諸佛的體現：
你的上師和你自心的究竟本質已經合而為一。
現在，內觀你的自心：
自心的空性是究竟身〔法身〕上師，
自心的明性是受用身〔報身〕上師，
自心的各種顯現是上師顯現身〔化身〕上師。[10]

助手也可以解釋究竟本質的境相。恰美仁波切寫道：

四方、中間、上下皆充滿
光芒、光束和光圈。
天空佈滿許多的寂靜本尊，
他們散發出清明、閃亮、榮耀和壯麗。
從〔本尊的〕心間發出的五智光道，
光明閃爍的光束觸及你的心間。
伴隨著這些〔光芒〕的，還有通往輪迴六道的光道，
〔它們同樣具有五彩光芒〕，只是沒有那麼明亮。
當你看見它們時，不要跟隨輪迴六道的〔暗淡〕光道，
應該跟隨五彩亮光的智慧光道。
虔敬地向五佛部祈請，
然後，你個人的本尊、空行以及護法便會出現，
他們穿戴著八屍陀林的裝束和九示現，
在音樂和震天的「吽」（HUNG）「呸」（PHAT）聲中，
他們晃動著而全世界為之震動。
他們來此歡迎你進入中陰，
不要懼怕他們，而應該視他們為你個人的本尊，
他們將帶領你前往清淨的天界。
在這之後，許多的飲血忿怒本尊
將會前來歡迎你進入中陰。
他們恐怖的形相令人難以直視，

如果我們是密宗的修行者，那麼協助我們度過究竟本質階段的助手，可以提醒我們記起自身的禪修經驗。恰美仁波切寫道：〔助手〕應該在你的耳邊輕聲喚你，重複說三次：

遍基的光明已經在你的內在生起，
所以，安住在這樣的思維…
諸佛的體現：
你的上師和你自心的究竟本質已經合而為一。
現在，內觀你的自心：
自心的空性是究竟身〔法身〕上師，
自心的明性是受用身〔報身〕上師，
自心的各種顯現是上師顯現身〔化身〕上師。[11]

助手也可以解釋究竟本質的境相。恰美仁波切寫道：

四方、中間、上下皆充滿
光芒、光束和光圈。
天空佈滿許多的寂靜本尊，
他們散發出清明、閃亮、榮耀和壯麗。
從〔本尊的〕心間發出的五智光道，
光明閃爍的光束觸及你的心間。
伴隨著這些〔光芒〕的，還有通往輪迴六道的光道，
〔它們同樣具有五彩光芒〕，只是沒有那麼明亮。
當你看見它們時，不要跟隨輪迴六道的〔暗淡〕光道，
應該跟隨五彩亮光的智慧光道。
虔敬地向五佛部祈請，
他們「吽」、「呸」的怒吼如千雷齊鳴。
忿怒本尊遍佈整個天空、空間和土地，
他們大喊著，殺、殺、打、打，
降下光束的武器，

將你如囚犯般地圍困起來，
讓你無處可逃。
但是他們並非來自其他的地方，
而是存在於你自己身上的眾多本尊。
不要懼怕他們，也不要恐慌，
而將歡迎你的力量誤認為敵人。
在這個緊要的關頭，
不要逃跑，應該對他們生起虔敬。[12]

在臨終和究竟本質生起的階段，我們會見到各種光和現象的顯現。證悟者將它們視爲一體、感知爲一體，而沒有主體和客體的二元分別。證悟者能夠同時看見並經驗數百件事物，但不一定是透過他們的眼睛或耳朵，而是在整體觀下，萬事萬物同時鮮活地出現在他們的覺性中。而所有的顯相，無論是寂靜或忿怒，都是平靜、喜樂、一體和空性，沒有好和壞的分別、此和彼的限制，以及愛和恨、苦和樂的衝突。證悟愈高愈是能夠同時見到萬法的全貌。對照之下，大部分的一般人在這些死亡的過渡期中，經驗到的是受限的、令人困惑、痛苦和恐懼的事物。

一般人見到究竟本質的各種境相的時間長短——如果他們眞能夠見到的話，完全取決於個人的習氣以及禪修經驗。策雷寫道：「《中陰聞教得度》（有時稱爲《西藏生死書》）與其他經文中提到：臨終者見到五佛部，例如第一晚〔或是死亡的第一週〕見到的是不動佛及其眷屬，第二晚〔或是死亡的第二週〕見到的是寶生佛，許多人認爲這是一般的日和夜的時間，但事實上，見到這些佛其實是禪定的一部分，因此，對於普通人來說，見到這些佛的時間只有一瞬間。」[13]

當讀到這些死後經驗中描述的光時，我們多數的人可能會想：「哦！是啊，這些現象一定是來自某處的光束、或像太陽的光。」但在眞正證悟時，我們是不會將這些光感知爲客體——眼識的對境，也不會將它感知爲是從特定的源頭產生的，或來自其他某處的現象。這裡的光是清明和光明，同時也是平靜、喜樂、大樂、空性、一體以及遍知的智慧。我們是此光，此光即是我們：一切都是一體。這是自發顯現的智慧的雙融，亦即究竟本質和智慧自發顯現的光明境相的光明。因此，此光亦稱爲智慧之光。我們能夠經驗到多少智慧之光的清明、平靜、空性和遍知，取決於我們過去所造的善業和證悟的程度。佛教密宗在講到下列概念時，根據的正是此原理：無二元對立、自然光、智慧之光、清明、自發生起、自生、自發顯現、自顯、佛和淨土，無生的狀態以及完全證悟的狀態。

在究竟本質階段時，我們就有潛力獲得證悟，只要我們能夠證悟、通達並持守本初清淨的眞正本質——空性和自發生起的顯相的雙融，亦即本具的明光。但除非我們在生前便透過禪修得到這樣的證悟，否則這是不可能達到的。所以，現在——當我們還活著的時候，就要爲我們浩大的路程做準備。

還陽者的究竟本質階段經驗

在描述他們個人的第一手臨終和死亡經驗時，許多還陽者並沒有提到他們對究竟本質的經驗。我們並不清楚這是因爲他們的證量仍不足以認出它，還是因爲這只跟高度的證悟者有關，所以他們選擇不提，但下面幾個還陽者的故事是例外：他們的確提到了對究竟本質的經驗，但是這些還陽者並沒有證取佛果，他們都繼續進到下一個階段——中陰。這也許是他們的證悟尚未圓滿，因而無法持守究竟本質，或者他們選擇進入中陰，以便幫助那裡的眾生。有趣的是，這些還陽者經驗到的細節不同，顯然他們並非只是重述書本上讀到的知識，而這也意味著，就算是修行者，他們也不一定能夠精準地看見或認出法教描述的每個細節。

自發顯現的明光——林札・確吉的經驗

在第二章確吉的故事中，我們講到她在經歷消融的經驗後，接著進入一個沒有思維記憶的狀態。不知經過多久，當她從這樣的狀態中甦醒過來後，看見自己頭上有個形狀如頭盔的五彩光。從五彩光的中心，向外發射出紅色的光束，每一個光束的尾端，都有一個人身獸面的生靈，而每個生靈的裝扮都不一樣，它們睜大的眼睛如日月一樣大，手中揮舞著各種武器和閃電，咆哮著：「打！打！殺！殺！」確吉完全嚇壞了。

這個時候，她記起一位喇嘛教過她的：「妳將看見的光是自發的光——妳自己自發顯現的光。光束是自發顯現的光束，影像是自發顯現的影像，聲音是自發顯現的聲音。一切都是妳的心自發顯現的光明。」她想：「所以，它們都不是眞的！」當下它們便都消失了，她所有的恐懼獲得了平息。

無形相的光體——達波・察西・南嘉的經驗

我們在第二章時讀到，達波見到光明狀態的生起，猶如無雲的天空般地清明。如果當時他能夠將它認出，那麼他早就已經成佛了。像天空般的免於造作❺，這即是法身，而清淨的光明即是報身。如果當時五種煩惱生起爲五智的話，達波便會經驗到無謬的大樂，大到整個天空也裝不下。

但是，達波的心卻糊塗了，他將這些光視爲客體。他看見各種白、黃、紅、綠的光。他的身體不再是以前的身體，而變成了沒有形相的光體。一切都變得歡愉而快速:他能隨心所欲地去到任何地方，只要想到哪裡，便能去到哪裡。而且，還有五種光伴隨著他：他的右邊是白色的光，左邊是黑色的光，前面是黃光。無論去到哪裡，這些光都跟隨著他。

接著，他看見一間屋子，便走進去坐在裡面。房子有九個出入口——七個門外加上下各一個出入口。在想到：「這一定是我的身體。」時，

---

❺ 真正的本質是究竟的單純和一體，任何多餘的東西都是造作(藏文：drotral)——亦即一種矯揉的做作和一種散亂。

他的心中生起恐懼。於是，他開始修持破瓦法，在大喊一聲「嘻！」（HIK）時，瞬間他便離開自己的身體，抵達天界的淨土。

究竟本質顯現的境相——措普・多洛的經驗

第二章講到措普・多洛的故事最後，他進入一種黑暗的狀態；接著他的心識融入光明，他經驗到本具的喜樂。接著，道光明和基光明——或一般所稱的母光明和子光明合而爲一。有很長一段時間，他安住在自生本具的本初智慧中。

這時，從他自身自發地生起究竟本質的境相。他所感知到的一切，都是佛的形相和光芒。

空間變成藍色的光芒，在它的中央和四方，多洛見到五佛部和五佛部的淨土，而這些佛的周圍，都伴隨著菩薩徒眾、門神和六佛❻，以及空行和大成就者們。他也看見了五佛部的忿怒尊和徒眾。最後，究竟本質顯現的境相消失了。

在光體的子宮中——桑騰・秋州的經驗

19 歲時，桑騰・秋州經驗到體內紅色和白色的明點聚集在她的心臟，而她的心識被包裹在其中，遠離感官欲樂的智慧瞬間生起。由於她能夠將它認出，並且能夠無所動搖地安住在其中，她的幻覺便消失了。

她覺得自己已達阿彌陀佛的境界。接著，她經驗到如無雲晴空般清淨的光明。她在故事中寫道：「如果眾生認出此光明，他們便能夠證悟。遺

❻ 門神和六佛：許多密宗的壇城具有守門的門神。東方的鴉頭門神代表慈，西方的豬頭門神代表悲，南方的狗頭門神代表喜，北方的梟頭門神代表捨。有些壇城中也會有六佛，他們是六道眾生的導師和救怙，分別為平息傲慢的佛，而傲慢是投生天人道的業因；平息阿修羅道嫉妒的佛、平息人道貪欲的佛、平息畜生道愚癡的佛、平息投生餓鬼道慳吝的佛、平息地獄道瞋恨的佛。

憾的是，由於不認識它，眾生困於輪迴的虛幻流轉當中。」

在那個當下，她的身體變成光的身體，顯相變成五彩的光團。她覺得自己處於一個光體的子宮中，裡面從上到下，一共有九個窗戶。

接著，她聽見蓮花生大士唱誦他的心咒的聲音。光束從上方的窗戶（顱穴）射進，主要的顏色是白色，她說：「在光芒當中，我看見蓮花生大士。」

給臨終助手的建言——強秋・森給的經驗

我們如何幫助那些經歷究竟本質階段的人呢？我們可以參考強秋的還陽記錄，他在當中提供步驟清晰的建言。他說道，臨終者的內呼吸停止後，開始看見遍基的光明本質和究竟本質的光明境相時，助手應該對臨終者做下面的提示：

對於有證量的修行者，你可以這麼說：「先生 / 女士〔或名字〕，請安住在你的禪修中，不要散逸。你的死時已到，請安住在禪修中，不要動搖。現在觀看你的心。你的心可有任何形相、形狀或顏色？沒有，你的心沒有任何形相、形狀或顏色。你的心沒有任何可以執著的東西。它的本質是清明和空性的雙融。請保持正念地安住在此雙融當中無所動搖。你聽到的一切聲音都是自顯的聲音；你看見一切的光芒都是自顯的光芒；你看見的一切光束都是自顯的光束。請不要被這些聲音、光芒和光束嚇倒或感到惱怒。持續安住在禪修中無所動搖。」

接著唸誦祈請文，迎請諸佛和傳承上師的加持。這樣的導引和這些祈請文，可以幫助臨終的高證量修行者獲得證悟。對於一般的修行者，你可以這麼說：

「喔，孩子〔或名字〕，你可能經驗到正在倒塌的房子，但其實不是這樣。這是你的內呼吸即將停止，你的心識正要離開你的身體的徵兆。一旦你的心識離開身體後，你將會看見五色彩光籠罩著你。不要害怕它們，也不用慌張。如果你能認出它們，它們便是五佛部的光芒。如果你沒有認出它們，它們便是閻羅的光芒。所以，請你不要害怕。」

「請仔細聽著。你將會看見五種不同的光。在藍色的光之中，你的無明將會以熊頭人身出現。不要怕他，而是要對他生起虔敬心。他是毗盧遮那佛。請如此地認證他。

「同樣地，在白色的光之中，你的瞋恨將會以蛇頭人身出現。不要對他生起仇恨或厭惡。他是金剛薩埵佛（Vajrasattva Buddha）。請如此地認證他。」

「類似地，在黃色的光之中，你的傲慢將會以虎頭人身出現。不要怕他。他是寶生佛。請對他培養虔敬心。」

「類似地，在紅色的光之中，你的貪欲將會以鷹頭人身出現。不要怕他。他是阿彌陀佛。請對他培養虔敬心。」

「類似地，在綠色的光之中，你的嫉妒將會以猴頭人身出現。他是不空成就佛。請如此地認證他。」

「這五種光是五佛的光。如果你對它們產生懼怕，它們就會變成通往惡道的道路。所以，請不要害怕或逃離它們。」

「哦，出生善門的孩子啊！你可能覺得自己必須走的是一條窄路[13]〔而不是光道〕，但請千萬不要走那條路啊，那條路是會讓你投生地獄。你可能還會發現一條炙熱灰燼之河，它將會讓你投生餓鬼道。你可能看見污穢的沼澤，它將會讓你投生畜生道。你可能看見一個入口，裡面是一條充滿食物味道的銅管般通道，它將會讓你投生人道。你可能會看見一條充滿閃亮武器的通道，它將會讓你投生阿修羅道。你可能會看見一條有許多門和輪刀利器❼的通道，它將會讓你投生天人道。請不要走上這

❼ 輪刀利器是一種古代的武器，外形是輪子，帶著銳利的輪輻。使用時，通常像扔鐵餅般地投擲而出。

些道路。」

「摒除這些道路，你應該從你身體的中脈向上走，中脈的頂端便是一個大的開口。你的頭頂上方有藍色的持金剛佛。」

身爲臨終助手，我們應該觀想自心與臨終者的心合而爲一。接著，大喊「呸」（PHAT）多次，將此合而爲一的心融入持金剛佛的智慧之心。之後，禪修與持金剛佛無二無別，並一而再、再而三地盡可能地久住在此禪定狀態中。最後，唸誦願文。

無上大樂的狀態——達瓦・卓瑪的經驗

達瓦・卓瑪以兩行話來描述她的究竟本質階段經驗：「結果，我的心敞開進入究竟本質之無上大樂的狀態，沒有思維造作，如天空一般。」換言之，正如天空免於染垢，究竟本質也免於思維和情緒的造作安立。這必定是對基光明的如是體驗了。接著，她說：「基光明無止息的力量，自發地生起爲完全清淨的顯相。」這必定是對光明境相的體驗了。

接著，達瓦・卓瑪感到自己好像一飛沖天的靈鷲，快速地愈升愈高，進入一個不知其然的空間。

一陣悲傷的感覺——噶瑪・望津的經驗

噶瑪死了七天。她的還陽故事比某些其他人的故事更具哲思。它說明了恐怖的境相和感受，不過是自己不安的心的反映罷了。我們將會在第五章「中陰」中讀到她的中陰經驗，她將詳細描述人們等著接受審判的地方。

噶瑪聽到一個女子叫她的聲音：「哦，噶瑪・望津！」雖然噶瑪・望津是一位上師給她的法名，但是大家都叫她母親爲她起的名字拉望・部赤（Lhawang Putr），沒想到在這個關鍵時刻，她卻以法名受到傳喚。這個聲音繼續說道：「哦，噶瑪・望津，現在你已經抵達另一世界。人生的無常──死亡已經發生在你的身上，妳難道不知道嗎？不要執著或貪戀妳虛幻的身體。提升妳的自心，證悟究竟本質。」

噶瑪一驚：「我死了！」她向上看，看見上方有個洞，有光線從洞口射進來，就像是在甕中看著頂端的甕口一樣。光是看著這個洞口，她馬上就從黑暗中穿過洞口出來了，甚至連想都不用去想，事情就這樣地發生了。當她出來後，感覺像是從一個洞穴中出來，周圍都是樹木。事實上，她是從自己頭頂的顱穴中出來，顱穴的周圍是她的頭髮，但是她自己並不知道。

在「洞穴」上方虛空約兩呎的地方，她看見一顆籠罩在彩光中的白色光球，像是孔雀羽毛中的眼睛一般。白色光球照耀著十方。她在看見它的當下，一陣孤獨悲傷的感覺流遍全身。

我們崇高偉大的潛力

究竟本質是我們生而就有的權利，它是我們每個人自心的基礎。但我們多數的人，幾乎無法想像它的殊勝偉大，更遑論死後跟它合而為一的可能。我希望，此章已經為各位提供對此自身的崇偉潛力的一瞥，讓我們瞭解到：如果致力於自心本質的禪修，那麼死時便有機會證悟眞理。這裡描述的那些成就者，剛開始也和我們一樣，是個普通人，但之後，他們將一生奉獻於對究竟本質的禪修和持守。

但無論如何，就算是只有少許的禪修，都會在我們死時有很大的助益。如果我們在生前或死時能夠一瞥究竟本質，那麼它所產生的巨大功德，將會把我們推向一個平靜喜樂的未來。

甚至簡單的禪修或祈請文，也都可以深入我們的自心。在我們死時或進入更深的心識狀態時，隨著覆障的層層剝落，我們禪修的成果便會顯露出來。

一位名爲貝瑪．歐瑟（Pema Ozer）的西方女士，有次住院接受重大的手術，當時她學佛只有幾年。在她小的時候，最快樂的時光，便是跟隨祖父坐著他的單驥馬車，在鄉間小路漫遊。祖父死後，她常想，當自己死時，祖父必定會坐著他的馬車來接她。不出所料，當她的心識開始從手術台上飄離時，她看見駕著馬車的祖父在十字路口等著她。當她正向祖父走去，以便坐上祖父的馬車時，佛陀出現了；佛陀在路間來回勸阻她，鼓勵她繼續呼吸。最後，她聽從了佛陀的話，到今天人還健在。這個故事的重點是，雖然當時她花在禪修上的時間相對而言較少，但仍然可以展現出禪修的效果。

因此，關鍵是，當我們在活著的時候，應該盡可能地禪修自心的本質。

|第四章|

中陰——瞬間的過渡期

這時，
再也沒有一個能夠控制我們的生理結構，
我們負面的心理習氣，
顯現為恐怖的妄想世界，正面的習氣，
生起為平靜喜樂的世界。
所以，千萬要記得培養並持守功德的特質。

對普通人而言，中陰始於我們再度恢復意識之後，在來世受胎後結束。對有證量的密宗修行者而言，中陰始於自發顯現的光明境相後，在來世受胎後結束。

在臨終階段，我們的心仍然和身體相連。而下個階段——究竟本質階段通常則過於短暫，一般人幾乎對它沒有體驗。因此，介於究竟本質階段和來世之間的中陰，是我們死後的主要經歷，也是人生最關鍵的時期，而在前三個過渡階段中，它的時間最長。

一般而言，通過中陰的時間最多不超過七個星期（49 天），但可以比這個短許多，在某些極少見的例子中，時間可能會更長。在中陰的前半段，我們可能會覺得自己具備前世的身體和情緒，而在中陰的後半段，我們可能會經驗到自己來世的身體和情緒。

中陰的經驗

中陰時，我們多數人會感覺自己走在一條狹窄的道路或隧道上，橫越沙漠、通過跨在急流上的路橋、接受閻羅的審判，然後可能被劊子手處決，或是被送往地獄，或是去到善道或如天堂的淨土。這些遭遇，都是我們過去養成的生理、心理、文化和情緒的習氣的反應。

我們的心識在離開臨終的身體時，我們可能會覺得自己被擠過一個狹小、黑暗的隧道。在隧道的盡頭，我們可能會看見一扇透射著光線的門或窗，這可能是顱穴，也可能是身體九個孔穴中的任何一個。除非我們能夠淨除自己養成的根深蒂固的習氣，並且找到通往完全解脫的出口，否則在這之前，我們在輪迴中的流轉將永無止境，猶如困在房內的蜜蜂。

在中陰，許多眾生會一起經驗到類似的世界，這是因爲他們曾經造作過類似的業因，而現在正同時承受此業因的果報。但在某些情況下，亡者的經驗純粹是個人主觀的感知，沒有其他人的實際參與，雖然亡者可能感覺有許多其他人的共同參與。例如，在第五章中，我們會讀到兜．欽哲（Do Khyentse）的還陽故事，他感覺自己在遊歷淨土時，他的姐妹和其他人的也一同陪伴，但事實上當時他的姐妹還活著，忙於在雅龍寺（Yarlung Monastery）的學習當中。

如前所言，如果我們是高證量的修行者，在生前或究竟本質階段便獲得了證悟，可能就沒有必要經歷中陰。

如果我們累積的功德廣大，並且有些禪修的成就，雖然仍然會經歷中陰，但不至於有太大的恐懼和痛苦。依靠著我們的福德和禪修證悟的力量，我們將能夠投生自發顯現的淨土，或者至少是世界上喜樂的善道之一。

如果我們的心續充滿了惡行的業力印記，我們不但無法見到究竟本質，而且還會受到自然的聲音，以及光芒、光束、影像等境相的驚嚇。甚至對於這些境相，我們連看都不敢看，更不會瞭解這些都是我們眞正本質的展現。我們掙扎著與這些心理意象進行角力，而這種衝突和掙扎的負面感知，可能導致我們投生到地獄。

在中陰，我們的心識完全與身體分離。我們的心識捨棄了自己珍愛的身體——現在變成一具冷冰冰的屍體，了無氣息，一動也不動。在沒有任何粗重的身體可安住的情況下，我們的心識四處飄蕩。在沒有日光或月光的地方，我們仍然看得見東西。我們將會得到一個中陰身（意念形成的身體），而這多半是根據自己過去的習氣所想像出來的，但有些經文將它描述爲一種淡光的微妙身。無論如何，是我們可能還一直認爲自己擁有以前的身體，而且以爲自己還活著。

我們可能會有下面的體驗：我們會沒有穩定感，因爲我們的感受和周遭的情況，會根據自己心念的變化和業力的影響，每分每秒都在改變。我們會發現自己可以見到浮現在心中的任何人、或到心中想去的任何地方，除非這些人和地超出我們業力的範疇。例如一想到紐約，我們便立刻抵達紐約，不需要花任何時間或力氣旅行，因爲我們的身體是意念上的，而不是生理上的。

隨心所欲的旅行不是問題，我們的問題在於穩定性。我們很難停留在一個地方、或是專注在任何的念頭上，因爲我們總是在移動、搖擺、飄浮，被驅遣到各處。我們總在跑動、飛舞或移動，如狂風中的飛絮，安定不下來。

我們的心會比生前更爲敏銳。我們會看到、聽到和自己一樣遊蕩在中陰的許多其他眾生。我們將會有某些程度的神通，能夠知道別人的念頭，但由於缺乏心理上的專注力，我們推理分析的能力會降低。我們的心會瞬息萬變，在眾多的經驗中搖擺：快樂和痛苦、希望和恐懼、平靜和不安。有時，我們會感覺受到自然元素的危害：好比是被埋在房子、洞穴或廢墟的下面；掉進或沉入水中；受到燃木或起火的房子的燒烤；被強大颶風四處吹趕。這些經驗看似臨終的消融經驗，但在這裡卻更爲赤裸並直接。

如果能夠看見自己的遺體的話，我們也許會清楚地看見它原本的樣子，還會想保護它；或者，我們會恨它，不想看見它。有時，我們會完全看不見或是完全認不出自己的遺體。但很奇怪的是，許多時候，我們可能會看見它呈現不同的形相，如狗的身體、蛇的身體。看見自己的遺體，可以幫助我們暫時認知到自己已經死亡，但很快地我們可能會完全將它忘記，因爲我們專注的力量是如此地微弱，以至於我們沒有記憶的能力。

這就是爲什麼我們要花上很長一段時間，才會眞正認識到自己已經死了。由於我們在中陰的推理能力薄弱，雖然這一刻我們意識到自己已死，但下一刻我們就將它忘記，而又恢復到感覺還活著的習氣。

我們可能總是在尋找吃的東西，但是除非是在精神上供養給我們的、或是迴向給我們的食物，否則我們是無法受用任何的食物。我們多數只能享受食物的氣味，而不是食物本身。這就是爲什麼許多經文中，將中陰的眾生稱爲「食香者」❶。而西藏傳統中，會爲亡者舉行好幾個星期的煙供（藏文：sur）修法，它的原因也正是在此。

我們可能會感到孤獨、缺乏安全感，一直在尋找住所和安定感。在業力、心理和情緒狂風的吹襲下，我們感到疲憊不堪；我們是如此地想要獲得一個身體來安定自己，而幾乎不顧自己會陷入一個怎麼樣的未來。

有些人死後——尤其是悲劇性的死亡，將會重新活過臨終的情境，就跟他們當初的經驗一模一樣，每七天重複一次，一次又一次。這就是爲什麼遺眷每七天會爲亡者舉行法事，唸經迴向。

我們可能去找自己的朋友，但令我們驚訝的是，他們完全忽視我們的存在。我們坐在餐桌旁，但沒有人爲我們拿張椅子，也沒有人給我們任何食物。我們提出問題，但是沒有人答覆。這讓我們感到難過，以爲大家都在對自己生氣，沒有人在乎我們。我們可能會看見別人在翻看我們的私人物品，而且還把任何他們想要的東西拿走，於是，我們會氣憤地斷定他們在搶劫自己。在這個關鍵的時刻，我們對自己所做的最糟糕的事情，便是屈服於如憤怒的負面情緒。因此，在生前，我們就應該學會認識死亡的徵兆，提醒自己，一次一次地不斷思維：「我在死時，絕對不要墮入負面的情緒。」

審判庭以及判決

過一段時間後，我們許多人會看見前來捉拿我們的閻羅（藏文：shinje），他們是閻羅王（藏文：shinje chokyi gyalpo）的使者，而閻羅王是亡者審判

❶ 食香者（藏文：driza；梵文：gandharva）：一種精靈，為天界的樂師，食用如燃香的氣味為生。

庭中最高也是最終的權威。閻羅會因爲不同的角色而展現出不同的形相。我們可能會看到他們來傳喚自己出庭、監督執行對自己的判決、執行法王的御令等。

在此生死交替的關口，我們會遠離舊的地方，踏上漫長而艱辛的旅程。我們可能感覺自己在山嶽間的小徑和窄道上跋涉，接著橫越永無止境的炎熱沙漠，之後跨過急流上危險的長橋，最後抵達閻羅王的審判庭。[1] 所有的這些「旅途」，來自我們在心理、情緒、文化的影響下，留在心續中的印記，而現在這些印記展現出外在的聲音和影像、感覺和恐懼，以及法律和秩序、懲罰和獎賞等各種的經驗。

受到有智慧、有力量的人的審判、被敵人起訴、受到擁護者的辯護等經驗，這些都是我們生前醞釀的習氣。這正是爲什麼如果我們能夠培養清淨的感知，將一切眾生視爲是佛的話，所有的人就會對我們展示佛的化現，因爲在眞正的本質上，所有的人確實都是佛。

對虔誠的亡者來說，怙主本尊會出現在面前，並且在旅程中一路相伴。怙主本尊是證悟者，通常以男性、女性本尊，或是大成就者的形相出現。

閻羅王的審判庭是決定我們投生的地方，而這個裁決根據的是我們過去善惡的行爲。我們會受到辯護者的檢驗，他們會提出我們行善的證據，爲我們辯護。起訴者會提出我們惡行的證據，對我們進行駁斥。在需要查證我們的行爲時，他們便觀察一面會出現我們過去行爲的鏡子、翻閱記錄我們行爲的文件、或是以代表我們行爲的卵石，在秤上權衡輕重。同樣地，這些經歷都只是深植在我們的心續中，審判、辯護以及起訴等文化習氣的反射。

閻羅的審判庭並不是一個耍伎倆、逢迎諂媚的地方，因爲它並不是一個專業律師的法庭，而是我們自身的實際展現。

我們將會在下章還陽者的故事中，讀到亡者遊歷天堂和地獄的事跡。這些還陽者不是一般的人，他們是爲了通報、或服務他人，而身負搜集資訊的任務。對比之下，像我們這樣的平凡人，是不需要遊歷不同的境域，因爲閻羅會直接將我們遣送，去到由我們的業力習氣所主宰的境域。

我們將投生的線索

中陰後期的幾個階段中，我們會開始看見不同顏色的光。這些光代表自身業力和煩惱的能量，顯示我們即將投生的境域。[2] 如果我們有過一些善行，那麼便會看見白光，而如果我們主要的煩惱是傲慢或貪欲，那麼便會分別驅使我們投生天人道或人道。如果我們主要的煩惱是嫉妒或愚癡，那麼我們便會看見淡黃色的光，分別讓我們投生阿修羅道或畜生道。此外，有些人會看見血紅色的光而投生畜生道，有些人會看見暴風雪或暴風雨的顏色的光而投生阿修羅道。如果我們做了惡事，便會看見煙濛濛的光，而如果我們主要的煩惱是吝嗇或貪婪，那麼我們便會被驅使投生餓鬼道。最後，如果我們的主要煩惱是瞋恨，那麼所看見的光便會像一塊木頭，或是飄浮在空中的黑毛，象徵著我們即將投生地獄。

但是，對於投生各種輪迴道的光，不同的經文有不同的記載。[3] 策雷寫道，代表輪迴道的色光，不見得在所有的情況下都一樣。[4] 東杜法王補充說明：

> 重點是跟隨明亮的光，相信它是諸佛的智慧之光、慈悲之光，而不要帶著恐懼和貪著，跟隨暗淡的光。關於這方面有許多的教法，在我遵循的某些教法中提到，要投生人道的話，就要跟隨白色的光。但是，一如策雷所說的，這也都不一定。

所以，明白並遵循這樣那樣的光或徵兆，這雖然重要，但又並非那麼重要，因爲重點仍然在於我們的心。如果我們將光視爲、想爲、相信爲佛陀的加持之光，而且具有平靜、喜樂、慈悲的功德特質，那麼我們中陰經歷的光就會是如此，因爲所有的這一切都空無一物，都只是我們自心的投射。所以，爲了匡正我們的心和心的見解，我們應該將這些光視爲、想爲、相信爲佛光，而且它們能夠清淨我們的不清淨，賜予我們平靜和喜樂的加持，讓我們從迷惑中覺醒。❷

而我們未來將投生的地方，也可能以象徵性的影像出現。如果我們即將投生天人道，我們可能會感覺自己處於豪宅的高樓。如果我們被逼往阿修羅道時，我們可能會覺得自己處於火輪之中。在即將投生人道時，我們可能會覺得自己處於人群之中，或者我們走近一個周圍有天鵝、馬或牛的湖，或者我們覺得自己進入一個房子、城鎮或人群當中。[5] 如果我們即將投生畜生道，我們可能會覺得自己處於一個空穴或空寮舍中。如果即將投生餓鬼道，我們可能會覺得自己處於一個乾燥的洞穴中。那些將投生地獄的人，如果犯下的是嚴重的惡行，他們可能會直接投生地獄，而不會在中陰看見特定的影像。

在我們快要投生時，例如我們將投生到人道，那麼我們會看見我們來世的父母交媾。如果我們將投生爲男性，我們可能會對來世的父親生起嫉妒，對母親生起貪欲。如果我們將投生爲女性，我們會對母親生起嫉妒，對父親生起貪欲。[6] 事實上，這樣的情緒感受是讓我們進入子宮受胎的觸發點。一般而言，投生的方式有四種，除了胎生，另外三種是卵生、濕生和化生。

如果我們是極樂淨土的信奉者，並且能夠將心專注在阿彌陀佛和他的住所的話，一旦離開自己的身體後，我們便可能如翱翔天際的雄鷹，直接高飛到極樂淨土。這個時候，我們可能會看見或聽見自己鍾愛的人或敵人呼喚我們回來，但他們並不眞的是我們鍾愛的人，而是自身的煩惱爲我們製造障礙的伎倆。因此，我們必須一心專注在淨土。洽美仁波切說：

> 在你從此地前往淨土的路上，
> 你可能會聽見自己的父母、親戚或朋友說：

---

❷ 中譯註：東杜法王後加的補充說明，原英文版中並無此段。

「是我啊！你不要走。來這裡啊！」
他們可能叫著你的名字，悲慟哭嗚。
但是他們是阻礙你解脫的負面力量。
完全不要回頭或是回答他們。
除了阿彌陀佛外，
任何人都不要去想，
只要想著極樂淨土的歡喜和快樂。
任何事都不去貪著，
那麼你絕對能夠抵達極樂淨土。[7]

第七章將會根據佛經——史上有記載的釋迦牟尼佛的開示，給予一些阿彌陀佛和其極樂淨土的描述。

在中陰時，我們該做些什麼？

我們該如何面對中陰呢？首先，我們必須確認自己是否真的已死。因此，我們必須檢驗某些徵兆：

- 照鏡子、或照水面，如果看不見反射回來的影像，這就表示我們已死亡。
- 走在沙、或雪上，如果沒有足印，這就代表我們已經死亡。
- 在陽光、或燈光下，如果身邊看不見影子，這就代表我們已經死亡。
- 如果其他人對我們沒有反應，甚至看都不看我們一眼，或者沒有拿如何東西給我們吃，這並非是他們的過失，也不是他們對我們生氣，而是因為我們已經死了。

如果我們發現自己已經死了，千萬不要感到悲傷或震驚，因爲這只會帶來害處，沒有好處。試著以下面的三種方式來回應死亡：

1. 瞭解到自己正處於人生最緊要的關頭。為了自己的未來，每分每秒都不能浪費。這正是提升自己千載難逢的最佳機會。
2. 記住自己生前追求過的任何修行之道，並為之感到歡喜。這將是我們的平靜、喜樂和力量的偉大來源。
3. 依自己的能力和經驗，記住下列三項修持中的任何一項，然後不散逸地持守它：

3.1 在看見男性或女性身形的眾生時，如《中陰聞教得度》[8] 中所說的，要將他們視爲是男性和女性的佛部和淨土。認出他們是自身的佛心的反映。如果試著以正向的感知來看待他們，我們便會發現他們是加持的源頭，因爲他們都只是心在中陰時的印象。

憶念對諸佛的虔敬心，憶念對上師、對自己的禪修的虔敬心。如果我們有過任何密宗的禪修經驗，在經歷每件發生的事情時，試著認出它們的一體性，因爲根據密宗修行道，一切發生的事情，在眞正的本質上都是同一的。我們必須試著將自己見到、感知到的一切寂靜尊和忿怒尊的形相和聲音，一切我們可能有的感受，都視爲只是此一體性的顯現力量。不要執著於它們、與它們抗爭，或者是帶著主體和客體的對立態度，而應該放開心胸，與它們合而爲一。安住在對此一體性的覺知當中，一次又一次地安住在其中。

3.2 如果自己不是一個有證量或有經驗的禪修者，而只是一個具有靈性情操的人，那麼我們首先便是平靜自心，保持穩定。接著，試著憶念我們靈性的支柱，它可以是神聖的臨在、一位上師、或是我們體驗過的一個正面的內在經驗。試著將我們的心理焦點一次又一次地專注在上面，而不是讓自心散逸四處。試著對他人具備悲心，而不是跟他們作對。試著將一切視爲是神聖的展現，而不是恐懼和痛苦的來源。試著唸誦祈請文並持咒，並且要將一切的聲音，視爲是虔敬和悲心的語言，而不是哀鳴。在整個中陰的旅程中，我們都必須試著處於這樣的精神氛圍。正面的記憶、虔敬的祈禱以及悲心的空性，這些都會是我們獲得有力的保護、慰藉和智慧之光的來源，而讓我們在中陰的旅途中，一路歡樂。

有經驗的具有靈性情操的人，能夠爲他人進行度亡法事。藉由祈請的力量、做功德、虔誠或思維，他們可以把我們的心安定在一個肖像（或是物件）上，然後，他們會爲我們開示，迎請本尊慈悲的加持，並且爲我們傳授灌頂，帶領我們的心成就佛果，或至少讓我們投生善道。如果我們過去有些善業，這就可以做爲善因，這些修法便是有效的助緣，讓法事發揮最大的效益。如此，這樣的法事會是我們中陰途中眞正的轉捩點。

任何我們能夠調度的正面記憶或經驗，都能產生平靜、喜樂、虔誠、愛、清淨的感知和智慧，並且強化它們的力量。此正面的力量將帶領我們獲得證悟，或是一個更好的投生——正如煩惱的負面力量會讓我們投生地獄。這樣的一個正面的力量，能夠扭轉投生地獄的命運。我們此生獲得的任何精神修持的經驗和力量，絕對會在適當的時機產生效果。無論如何，啓動我們善業的力量，不留機會給自己也具有的惡業，讓它們來控制我們的人生，這才是愼重之舉。龍千・冉江建言：

> 雖然〔究竟本質〕以那樣的方式生起❸，但如果你無法認出它，
> 如夢的中陰就會出現。
> 接著，藉由對諸佛淨土的憶念，
> 以及對自己的上師和怙主本尊的皈依，
> 你就可能投生淨土獲得解脫。
> 但是，許多人可能投生人道，成為具有七功德的人，
> 而且他們絕對會在下個生世獲得解脫。[9]

3.3 如果過去沒有太多修行或禪修的經驗，我們可能會在中陰經歷令人迷惑的幻覺。這時，我們必須試著提醒自己，不能憤怒、生氣或害怕，努力將一切的顯相視爲是如夢般的不眞實。沒有人好意爲我們安排這樣

---

❸ 以第三章「究竟本質」中所講的方式。

一齣暫時性的表演，這些不過都是我們過去的心理習氣，在煩惱的助長下所想像出來的幻相。試著讓我們的心開放、正面、穩定而平靜，而不要帶著貪、瞋、癡的煩惱，生起執著或負面的感知。對於同樣在此可怕的中陰旅途遭受打擊的其他眾生，試著生起悲心。如果我們能夠生起並持守如此正面的心態，那麼在虔敬或悲心的能量之風的淨化下，我們的心將會處於巨大的平靜，猶如無垢晴朗的天空，惡業能量的烏雲將無法現身製造迷惑、痛苦的陰影，如日月光般的平靜和喜樂，將會在無論生起任何顯相時，一路伴隨著我們，確保一個洋溢著快樂的旅程。

除了上述的三種修法外，我們也要記得，如果面臨投生任何惡道時，應該如何「逆轉」此過程。如果我們看到投生惡道的跡象，如微弱的光等徵兆，或是看見我們未來的出生地或父母時，最重要的是，不能墮入負面的念頭和情緒中，例如執著、貪求、瞋恨、嫉妒、恐懼或困惑。試著以修行的心態——平靜、一體、開放的心來看待它們。藉由認出它們是自心的揑造，我們可以試著以平靜、放鬆的心情來看待它們。或者，我們也可以將它們視爲女性和男性的本尊和其淨土，並向這些本尊和上師們祈請加持和指引。

我們未來的旅程

活著時，我們的心相對來說穩定，因爲它是安住在此粗重似土的生理結構中，比較容易藉由禪修以獲得修行的見解和習氣。但另一方面來說，要大幅改變或提升我們的心也比較困難，這也正是因爲我們這個僵化似土的身體，會形成它的桎梏和制約。

但在中陰的過渡之旅中，由於沒有任何生理結構的限制，心的改變非常迅速。所以，要改變或改善我們未來的旅程，比較容易。但另一方來說，這同時又更加困難，因爲沒有一個可供安住的身體，讓我們可以找到一條修持之道並專注在上面。我們失去了身體的心，帶著過去的習氣繼續活著，馬不停蹄地以高速飄往未來的目標。

今天，幸運地，我們還活著，還有一個堅實似土的身體可依賴，讓我們能夠爲中陰和來世最準備。如果在活著時，我們能夠享有平靜、喜樂、力量和智慧，那麼當死亡之日來臨時，我們便會眞心誠意地歡迎它，而且會這麼想：「我眞高興，因爲我爲這一刻做了充分的準備。我沒有浪費任何一個珍貴的機會。」

在中陰時，我們的心會比現在更加清晰有力量，它的經驗會更爲敏銳、更爲細微。如果我們生前便具有正面的經驗，那麼在中陰時，便會非常容易、清楚、有效地享受到這些正面經驗的效應。但是，另一方面而言，這時要培養一個新的心態和經驗就會非常困難，因爲我們需要穩定性才能養成新的習慣。

如果在生前，我們對平靜、喜樂、開闊的覺知，已經包括在我們的心理特徵中，那麼在中陰時，我們一切的心理狀態和周遭的現象，便會生起爲正面的顯相和經驗，就連自心的五毒，都會生起爲五智，而我們的五種生理元素，也會生起爲五種本具的光——智慧自發顯現的能量之光。

化現爲男女形相的眾多聖者，將會在旅途中引導我們。我們的中陰身將如高飛的隼鳥，越過無垠晴朗的藍天，空中充滿神奇的廣大供養、最甜美的音樂和歡樂的舞蹈。我們不但會受到最莊嚴、最平靜、最快樂的淨土或天堂的歡迎，也會歡喜地享有帶領許多人前往這些淨土的能力。而這所有的一切——唯有在生前就做好修行的準備才會發生。

｜第五章｜

中陰的故事——還陽者的死後經驗

就要向此生告別，而往事歷歷在目，
但一切只是心理習氣的反映

大部份的還陽文獻與中陰有關，因此我將這章完全取用中陰的實例❶，希望藉此描繪每個人都會面對的後果——無可避免的因果報應，啓發人們正確行事，改善未來。

經常有人問，這些還陽故事中，爲什麼只提到佛教的祈願文和禪修，以及佛教的本尊和上師？這些佛教的特徵，就某個角度而言，我覺得並不要緊。因爲，我認爲，平靜喜樂的念頭和感受，以及它們表現在言語和身體上的行爲，無論它們的傳達是通過佛教，還是其他的信仰系統，都會是利益和解脫的泉源。任何獲得究竟的平靜和喜樂之智慧的人，便具備度脫他人的能力，無論他展現的形相是否爲佛教的本尊。由於這些西藏的還陽者本身是佛教徒，他們的心理習氣和業力因緣，都和佛教的本尊和法教有關，因此他們所見證到的，便會是佛教的本尊和法教的力量。

如前面討論的，佛教徒相信，在我們面前的一切顯相，我們經歷的一切經驗，都只是我們心理習氣的反映。因此，無論我們遵循的是什麼樣的信仰系統，如果它具有究竟平靜和喜樂的智慧，就是我們生前或死後利益的眞正來源，而我們也會將它視爲並感知爲解脫的來源。不同宗教的名稱和形相，不是眞正的問題，它們只是方便和善巧，一種爲達目標的權宜之計，眞正要緊的，是它們所代表的特質。

在閱讀這些故事時，我們要記得，不同的人在中陰會經驗不同的影像、聲音和事件，因爲這些都是個人自己心理的幻覺或反映。例如，有些人見到閻羅王示現忿怒相，有些人看見的則是寂靜相；有些人看見做筆錄的是猴面者，但有些人卻看到他的工作，是觀看會出現我們行爲的鏡子。除卻這些個人經驗的差異，值得注意的是這些故事有極多類

❶ 兜．欽哲的還陽故事，只描述了他在淨土的經歷，而其他還陽者則有更多詳盡的說明，包括他們漫長又艱辛的過渡旅程、閻羅法庭的審判以及親眼見到的痛苦世界。大部份故事描述的內容，集中在地獄以及其他惡道的痛苦，因此，它們的細節多有雷同。為了避免重複，在此我只歸納林札．確吉對惡道的描述，而在描寫林札．確吉對八大灼熱地獄的經驗時，我還加入了措普．多洛的經驗。

似的地方。

讓她記住見到的一切——林札·確吉的經驗

每一則還陽故事，都有不同的智慧和特色。林札·確吉的故事，可能最接近多數普通人的臨終和死後經驗。

確吉發現自己正在看自己的床。她看見一條巨大的死蛇，裹在自己的衣服裡躺在床上，蛇身散發出腐爛的惡臭。腐爛的大蛇其實是她自己的身體，不過是她沒有認出來罷了。亡者通常無法看見自己原原本本的遺體——如果他們真能看到的話。

當確吉的孩子開始哭泣，抱著、親吻那條蛇時，確吉的整個感知世界瞬間大變：她開始聽見如萬雷齊鳴的巨大聲響。她看見如冰雹狂亂的血與如蛋大小的膿包錘打著她，痛苦之極。一旦她的孩子們停止哭泣，雷聲和雹石的錘打便瞬間消失，整個氣氛變得平靜，而她所有的痛苦和恐懼都消退了。她的感知暫時恢復正常。

藏傳佛教的信眾普遍相信，因亡者而悲慟哭泣，這對亡者有害。這便是密勒日巴尊者表達下列願望的原因之一：

> 我病無人問，
> 我死無人哭，
> 能死此山中，
> 瑜伽心願足。
> 門外無人跡，
> 室內無血跡，
> 能死此山中，
> 瑜伽心願足。[1]

確吉聽見她的兄弟對家人說：「哭泣無濟於事，我們最好還是安排喪事。我們必須找一個喇嘛來修破瓦法——遷識法。我們必須找突傑仁波切（Thugje Rinpoche）和二、三十位僧人來做法事。」（法事的時間長短取決於喪家的經濟能力，可能持續數週，或是完整的 49 天。）「我們也必須找恭倩（Gomchen「大禪修者」之意）喇嘛來主持法會，因爲她對恭倩喇嘛有信心。」

確吉能看見和聽見家人爲她準備喪事，但不知何故，她卻說服自己，他們只是在爲其他的事情而準備法事。

當一位喇嘛開始唸〈金剛經〉❷時，光聽聞唸誦此經的聲音，確吉便感到歡喜。恭倩喇嘛和大約 20 名僧人在下午時分抵達。確吉向恭倩喇嘛和其他人禮拜，並趨前以便領受他們的加持。但這些人對她的舉動沒有任何反應，確吉以爲他們在生她的氣，於是便問：「你們如果生氣的話，何必來這裡呢？」甚至沒有一個人說一個字來回答她。確吉不瞭解，爲什麼他們會看不見她。

確吉看見恭倩喇嘛將手放在「大蛇」的頭上，說道：「確吉，妳的死期已經到了。不要留戀妳的孩子、財富或食物，將妳的心識融入我的心識，我們將一起前往阿彌陀佛的淨土。我們會抵達那裡的！」

確吉想：「我沒有死，我的身體還在。」同時，她卻很想遵照喇嘛的指示，將心跟他融合在一起，但由於畏懼那條蛇，她退縮了。

這個時候，她聽見恭倩喇嘛大喊「呸！」（PHAT），這讓她感到愉悅和喜樂。接著，恭倩喇嘛對她的家人說：「現在修破瓦法太晚了。確吉的心識已經離開了她的身體。」

之後，便是招待大家吃晚飯。但是，卻沒有人給確吉任何食物。恭倩喇

❷ 經典的佛經之一。在經文中，佛陀開示，現象的顯現是心投射的幻相。

嘛告訴確吉的女兒：「爲妳的母親拿份食物。」她的女兒便在一個小盤子上放了點食物，夾了一片肉，連同茶水一起端到蛇的旁邊，她說：「媽，請用。」雖然又饑又渴，但礙於對蛇的厭惡，確吉無法下嚥。女兒將食物擺在蛇的旁邊，確吉對她極爲不諒解。

晚餐後，恭倩喇嘛一邊喃喃地唸誦著祈請文，一邊將給確吉的食物按照舉行火供（藏文：sur）的方式予以火化。只有在這個時候，確吉才感到飲用食物的滿足感。火供是藏傳佛教傳統的修法儀式，旨在將食物、飲料和財物，供養給亡者或其他無形的眾生。火供的供品經過唸經和觀想的加持後，藉由火化以產生氣味，然後將它迴向給特定的人或眾生，因爲靈界和中陰的眾生，他們比較容易受用的是食物的氣味❸。火供結束後，確吉不再感到饑餓或口渴。

僧眾在完成供桌的擺設後，立刻展開繁複的度亡法事，而恭倩喇嘛自己則保持在禪定當中。確吉繼續感到惆悵，因爲她認爲每個人都在生她的氣，而且也沒給她任何食物。確吉沒有一個可以安定自心的粗重身體，所以她缺乏穩定性，無法保持在一個地方，或維持一個平穩的感受。

接著，她突然想到：「我要帶著我的珠寶逃走。」正好她的孩子又開始哭了起來，膿血的雹暴開始打在她的身上，她什麼也看不見，而她的心開始變本加厲地四處亂蹦。

確吉想跑到主持修法的邦嘎仁波切（Bangar Rinpoche）身邊，但又想：「他是個出家人，可能不喜歡女人靠他太近。」所以，她便躲在他的身後。雖然修法令她感到慰藉，但她的恐懼仍然持續著。

接著，她奔向恭倩喇嘛。她見到的恭倩喇嘛，是通體剔透的大悲佛觀世音。恭倩喇嘛嘴裡一直唸著：「悲心啊！悲心！」確吉意識到恭倩喇嘛正在將她的心融入他的心，而恭倩喇嘛的心處於等持的禪定狀態中。這

❸ 火供儀式詳見第九章「臨終和度亡法事」中「死後的法事」一節，從第 255 頁到第 259 頁。

時她的恐懼獲得疏解，她不安的心融入不可思議的大樂中。

過了一會兒，她又回到自己慣有的漂動的念頭。她看見大家吃著飯，而恭倩喇嘛再次舉行火供，她受用了一頓以氣味的形式供養給她的飯菜。

又過了一會兒，她聽到外面傳來一個聲音：「確吉，過來！」出去後，她看見一個人，她覺得是自己的父親。這個人對她說：「出來，我要給妳看個東西，很快就會讓妳回去。」於是，她想：「我家裡有滿屋子的僧眾，但他們都對我生氣。就連我的孩子和丈夫，都沒有給我任何東西吃，所以我要跟著父親走。」

她在起了這個念頭的當下，便發現自己出現在一條灰色貧瘠的路上，連一片草葉或樹葉都沒有。從這兒她可以看見遠方的景緻。首先，她看見一片廣大平坦的沙地，沙地的中央有一條大河，但是很難看出它的流向。接著，她看見一座寬大的橋，橋這頭的山腳下，有一個大城市。

把確吉叫出來的這個人，把她帶進城中，說道：「首先，四處看看這裡有沒有任何妳認識的人。我要先去河的對岸，妳應該也要過來。」

這個城市密密麻麻的人如此眾多，她覺得就像是在看螞蟻窩一樣。有些人的衣著光鮮，氣色紅潤，其他人則穿著襤褸的衣服，污穢不堪，但所有的人都不約而同地哭喪著臉。「我可能會面臨跟這些人同樣的遭遇。」想到這點，確吉不禁全身顫慄。

人群當中，確吉認出了從前幫她照管牲口的卻貢（Chogon）。他看著確吉，小心翼翼地問道：「阿姐，妳來這裡了是嗎？」她答：「是的，我剛到。」接著她劈哩啪拉地問了一串問題：「你現在住這裡？這些人是誰啊？他們為什麼不快樂呀？有人叫我到橋的對岸，我想我可能會過去那裡。對岸是些什麼人呢？」

卻貢答道：「這裡是過渡城——陽界與陰間的交界。我們等在這裡，因為我們世間的陽壽未盡。那些穿著好衣服、有著好氣色的人，是過去積過福的人，他們在等著他們在人間的家屬，爲他們累積並迴向更多的功德。那些穿著髒衣服、氣色差的人，是過去沒有積過任何福德的人，也沒有人爲他們做功德。

一旦壽命殆盡後，我們每個人都會過去河的對岸。那裡是閻羅王及其執刑官駐紮的地方，他們會查閱每個人的業力紀錄，然後將有福德的人送往善道或解脫，將那些造了惡行的人送往地獄，讓他們在地獄中，遭受無法想像的燒烤和煎煮。日日夜夜，我都在擔心自己會是什麼樣的命運。我曾經到過對岸幾次，但他們都叫我回來等著，因爲我的陽壽未盡。阿姐，妳可以到對岸去聽聽閻羅怎麼說。如果妳必須在這邊等著，妳才再回來。」

閻羅的審判

很快地，確吉便被傳喚到對岸。那裡有一面大牆，牆的另一邊是一張巨大的金黃色寶座，閻羅王坐在上面。他的身體黃色，身穿僧人的法袍，法袍上有金黃色的圖案，雙手結禪定印，頭頂上有個凸起的肉髻。他的四周擺滿了各種裝飾和供品。確吉見到的閻羅王，顯現的是佛陀的形相。

閻羅王的右邊坐著牛頭人身的閻羅，手中拿著一面鏡子；閻羅王的左邊坐著的是猴頭閻羅，他的手裡拿著一個秤子；閻羅王的前面坐的是專司紀錄和查閱文獻的鹿頭閻羅。此外，還有各式各樣的閻羅，他們具有不同動物的頭，穿著駭人的服飾，露出尖銳的利齒，瞪著暴突的眼睛，手中揮舞著各種武器，漫天喊著:「殺！殺！打！打！哈！哈！吽！吽！」四處跑跳。光是看見這樣的景像，就足以讓人嚇破膽。約三百人的命運正在激辯中等候裁定。

這些人當中，有一位手裡拿著念珠的僧人。閻羅王正仔細地盤問他，生前在人間做了些什麼。他舉出自己許多的善行，至於惡行，他說唯有一件，那就是吃肉。

在閻羅王的命令下，牛頭阿瓦和猴頭閻羅查閱了他的紀錄，並向閻羅王回報，除了些微的出入外，他所說的果真屬實。

這時，白色怙主本尊出現了，他支持這位僧人：「此人做了不可思議的善事，從來沒有做過壞事。甚至都不應該將他送往人道或天人道，而是應該讓他去佛的淨土。」他還出示了一大袋的白色石子，代表這個僧人做過的善行。

這時，黑魔出現了，他駁斥道：「此人在他許多的過去生中，做過許多的壞事，所以應該把送他進地獄。」他拿出了滿滿一個杯子的黑色石子，代表這個僧人的惡行。

兩相比較之下，他們發現，這個僧人的善行遠遠超過他的惡行。閻羅王說道：「所有他的惡行似乎已經被他的善行抵消了。」

閻羅王接著宣佈他的判決：「你已經達成具備人身的目的。但投生人道比投生天人道還殊勝，所以我決定送你去一個富有的人家，出生爲他們的兒子，讓你可以修學佛法，繼續進步。」於是，這個僧人消失在一條斑斕的黃色路上。

閻羅接著盤問另一個人，這個人說：「我沒有什麼行善的細節可以告訴你。我既窮，又沒有什麼東西可以吃，我的老婆同樣沒有宗教信仰。所以，除了付些稅金外，我沒有做過什麼善事。我的身心都無法修學佛法。我殺過幾條魚、幾隻雞、山羊和綿羊，在惡友的唆使下，我搶劫了一些隱士。我眞是該死啊！」他邊顫抖邊揍自己。那些拿著武器的閻羅們樂得哈哈大笑，把確吉嚇壞了。

經過查證之後，閻羅回報閻羅王：「此人殺過的魚豈能盡數？他還殺了29隻雞、47隻豬、43隻羊、60隻牛。看看他放火燒山時殺掉的昆蟲啊！跟著四個同夥，他還毒打並搶劫朝聖的人。」

於此，閻羅王說：「你造了如此的惡行，眞是狼心狗肺啊。你難道一點都不為自己想想啊？搶劫和傷害修行人比殺害動物的罪行更嚴重。」閻羅王告訴閻羅：「現在讓他在各種不同的地獄受苦。既然他喜歡吃昧著良心搶來的食物，絕對要不停地灌他吃熔鐵。」

白色怙主本尊出現請求減刑，他拿出約 20 顆代表此人善行的石子。接著黑魔出現，拿出數量有如須彌山般的大量黑色石子，要求將這個人關入最底層的地獄。當下，閻羅將繩索套上他的脖子，用鉤子勾著他的心，把他拖進灼熱的鐵牢房。

接著出現一位教士，他的肩膀上背著一個藥袋。在受到盤問時，他列出所有他唸過的祈請文，還有所有他做過的供養；他絕對不會讓任何一位貧窮的瑜伽士空手而歸。他是位醫生，總是盡心盡力地為患者治病，從來沒有給錯藥。雖然治癒了許多人，卻從來不受取費用，病人供養他什麼，他就接受什麼。他本身從來沒有殺過任何家畜，但由於他是位有家室的人，難免會間接涉及這樣的殺業。

閻羅觀了鏡子之後，說道：「你所說的善行的確不假。但當你的兄弟瓊達（Chongthar）生病時，你為他醫治。但由於垂涎他的財富，你故意給他不對的藥物，讓他病情加重，病了 8 個月。最後你雖然將他治癒了，但卻取了一副上好的盔甲，做為你治病的代價。此外，你還殺了 173 頭家畜。」

在盤點石子的數量後，白色石子稍微多過黑色石子。但是，在以秤子衡量輕重時，惡行卻是比較重。

於此，閻羅王對教士說：「如果不是你故意給錯藥，你本來是可以投生人道或天人道的。」接著閻羅王命令閻羅：「拿他去沸騰的毒湖，讓他一直喝著滾燙的毒水。另外，在他的身上釘入一千個鐵刺。在他的惡業清淨之後，再讓他起來。」閻羅以鐵鉤勾住他的心臟，在一陣大混亂中，將他拖走。

接著，一位穿著藍色毛衣的男子懺悔道：「當我第一個老婆離開我時，我同時也失去了我的 200 頭家畜。爲了報復，我燒掉了她父母的兩間房子，燒死了 75 頭家畜，並且槍殺了試著逃跑的一男一女。

我後來再婚，還發了財。爲了清淨我的惡業，我在西藏四處朝聖了兩年，見了很多殊勝的上師，在他們每一個人的面前，流淚懺悔自己的惡行。我從一位大禪修者那裡領受了灌頂和口訣，禪修心的本質——明性和空性的雙融。我進行過許多次斷食，唸誦過許多經文和祈願文。」

這時，閻羅王開口了：「造惡業的人有許多，但是清淨惡業的卻很少。雖然惡行沒有功德，但如果你去清淨它，它是可以被清淨的。這便是它的功德。

如果你只做善事，沒有任何惡行，那麼你便能夠帶領所有跟你有緣的人獲得解脫。但以你現在的情況，你將會投生人道，修持金剛乘或密乘，你在四世之內，必定能夠成佛。所以，順著黃色的路走，它會帶你前往人道和天人道。」

一段時間過後，許多和林札・確吉一起來到閻羅王的審判庭的人，不是升上天界，便是墮入地獄。許多人在自己的上師的帶領下，升上善道。但持續不斷有新人湧進審判庭。

閻羅王突然從法座起身，說道：「在那兒，他來了。」在遠方的山間小路上，確吉看見一位壯碩的僧人，在約三百人的擁護下走來，而這群人的後面，還另外跟著三千人。所有的人都在邊跳邊唱「嗡瑪尼貝美吽」。這位僧人宣佈：「我的名字叫久沖（Jochung）——嗡瑪尼貝美吽的持誦者。這裡是中陰和地獄的世界。所有跟我有緣的人，跟我來！我帶你們去淨土。」突然間，地獄之門自動打開，閻羅暈了過去，手上的武器掉落一地。如潮水般的眾生跟隨著這個僧人，閻羅回過神來，起身向僧人致敬，接著下令：「你們當中有許多人可以走，但不是所有的人。」他們從人潮中捉出約三百名眾生，遣送他們回到地獄的牢房。

確吉與這位僧人非親非故，所以她並沒有跟隨他去。她問閻羅王：「在沒有受到任何的盤查下，這個僧人帶走了這麼多的男子和女子，從這個刑罰嚴厲的法庭中，將許多人解救出來。他究竟是何方神聖？」

閻羅王解釋：「他的名字叫做久沖．瑪微．森給（Jochung Ma-we Seng-ge），意思是『嗡瑪尼貝美吽的持誦者』。他自小便出家，對觀世音菩薩很有信心，總是唸誦『嗡瑪尼貝美吽』，對一切眾生也有悲心。他修持並提倡斷食儀軌。跟隨他來的這三百個人，便是培植過善業，同時跟著他修持斷食的人。那些他帶走的人，是對他有信心的人、接受過他教導的人，或是見過、聽過、接觸過、供養過他的人以及接受過他加持的人。那些被阻擋下來的人，是跟他沒有因緣的人，或是跟他結過惡緣的人。」

接著下面是位吸引人的尼師。審判庭在經過調查後，發現她此生只有享樂，沒有信心、沒做善事，還挑起許多惡行。她哀求著將她送回人間，讓她能夠修持佛法。結果，她還是被送往地獄。

下一位是位女子，她手裡拿著念珠走來，口中唱著嗡瑪尼貝美吽。她的名字叫瑪紮．曲準（Marza Chodron），曾經學過佛法，也領受過加持。她的信心從來沒有退失，曾經供養、侍奉瑜伽士，在 33 歲時往生。

她說：「我的上師教過我，外在世界生起的顯相和聲音，無論好壞，它們都是心的幻相，沒有實質性。所以，這裡，我看見的你們所有的人，都是我自心的自顯，實際上，沒有任何一物存在。我不認爲自己的身體存在，而任何出現在我心中的形相和顏色，都沒有什麼好執著的。因此，在地獄中，沒有什麼東西會受到烹煮或燒烤的。」

在鏡子中，他們觀到她做過的善事，比她列出來的還多。同時他們也發現，她曾經間接地涉及某些惡業，例如殺死如拳頭大小般多的昆蟲。爲了她的結婚喜宴，她還間接讓 7 頭家畜受到宰殺。宰殺家畜的惡果，四分之一算在新郎和新娘的父母身上，四分之一在她的身上，四分之一在她丈夫身上，四分之一在屠夫的身上。

總的來說，閻羅王仍然對她的業力紀錄表示讚揚：「妳藉由對自心本質的禪修，證悟了萬法的不存在，而完全是自心力量的顯現。妳曾安在了悟幻相不實的覺知中，妳修持過心和對境無二無別的涵意。這是絕對的功德。由於妳修行的時間不夠長，還沒有證得勝義諦，但妳已有的證悟卻很有力量，妳所有細微的惡業，都已經被它清淨了。在妳證悟自心如是的本質之前，淨土的清淨境相還不會生起。[2]

現在妳將投生鄔地雅那（Oddiyana）❹，並且修持密法 80 年。之後，妳會投生極樂淨土而成就佛果。」這時，她的上師恭倩．貢嘎．耶些（Gomchen Kunga Yeshe）來了，她隨著許多跟這位上師有緣的信眾，經由一條白色的道路離去。

接著，一位 70 歲左右的長者來了，手中拿著念珠和轉經輪，隨行的還有 60 位男眾和女眾，他們唱誦著嗡瑪尼貝美吽。這位長者宣告：「我是雪樂仁波切（Sharab Rinpoche）——專門在石頭上雕刻嗡瑪尼貝美吽的石雕者。我已受邀前往觀音菩薩的淨土，希望所有與我有緣的眾生一起來。」大約有四百個人跟隨他，但其中有 3 個人被閻羅扣下。

閻羅王說道：「他念了將近一億遍的嗡瑪尼貝美吽，也在許多石頭上雕刻嗡瑪尼貝美吽，還把這些石頭放在路邊讓人們禮拜。這些跟隨他的人，都是對他有信心的人。他有一妻三子，本來可以度脫更多的人，但西藏傳統上，認為一位上師不應該結婚，很多人因此沒有對他生起信心。」

地獄一瞥

現在，那些跟著確吉一起來審判庭的人，在經過盤查後，一一被送往善道或惡道，除了確吉外，先前來的人都走光了。但是不斷有許多新人抵達，等候受審。確吉想：「我沒有許多的善行可講，而且這裡也不是個

---

❹ 鄔地雅那位於古印度的西北部，是西藏傳統中著名的密法修持中心。人們相信，它位於現今巴 基斯坦和阿富汗的邊界，靠近巴基斯坦的斯瓦谷(Swat Valley)附近。

可以說謊的地方，那我該怎麼辦？」她開始恐懼地發抖。

這個時候，閻羅王閉上眼睛，開始進入沉思。接著，他命令閻羅：「帶她去見識一下陰間，讓她記住所見到的一切。之後，盡速將她帶回這裡。」

一位虎頭閻羅降下一個黑色的梯子，然後開始往下爬，叫她跟著去見識地獄。她爬到下面時，發現自己站在一塊冒著火焰的鐵地。這塊鐵地被一片巨大的灼熱鐵牆包圍起來，一共分爲八層。每一層中，確吉看見眾生遭受不同的折磨。

確吉、措普．多洛以及其他還陽者所遊歷的地獄，共有八個灼熱地獄、八個寒冷地獄以及次要的地獄。這些地獄道的眾生，過去生在瞋恨爲主的煩惱的驅使下，透過身、語、意造作不同程度的惡業，因而受到不同程度的折磨。

往下的第一層地獄中，許多眾生背部朝下地被扔在灼熱的地面，並且被各種行刑者切成碎塊。所有的這些眾生都視彼此爲敵人，抱著極大的瞋恨心彼此砍殺。每當有人暈死過去時，便會聽到一個聲音說：「願你復活。」便又馬上活了過來，再度經歷酷刑的折磨。投生於此的眾生，是那些帶著仇恨心傷害自己的父母和朋友的人。

往下的第二層地獄中，行刑者將許多眾生扔進灼熱的地面，並且在他們身上畫線，再沿著這些線條，以燒燙的鋸片將他們切成碎塊。投生於此的眾生是獵人、屠夫，或者是曾經對別人下過毒的人。

往下的第三層地獄中，許多眾生被丟進盛滿燒鐵的搗臼中，並被燒燙的鎚子壓碎。許多人還會被燒燙的山擠碎。投生在這裡的眾生是獵人、屠夫、宰殺家畜的人以及製造武器的人。

往下的第四層地獄中，許多眾生受到大火的燒烤，只能聽見他們的嚎叫聲。他們是販毒者，或者是殺死人、馬、狗的人，也包括侮辱修行人的人和武器製造者。

往下的第五層地獄中，在一個灼熱的大廳中，眾生受到內外的焚燒，所有的人都如雷吼般哭號。投生於此的眾生是誹謗三寶的人、持邪見的人、挑起紛爭的人、打劫修行者的人。

往下的第六層地獄中，眾生在巨大的烈火中受到焚燒。行刑者不時將他們抓出來，以灼熱的鎚子將他們打扁再丟回火中。投生於此的眾生，是不信善惡行為之因果律的人，以及藐視因果報應，並且以殘酷的手法殺死魚和蛇的人。

往下的第七層地獄中，許多眾生受到熔鐵的燉熬，熔鐵滾煮的聲音和他們的哀號猶如打雷。這些眾生是造作許多惡行的人，如因焚燒森林而燒死許多眾生的人，以及摧毀宗教紀念碑的人。

往下的第八層地獄中，眾生被釘在灼熱的地面上，身體被切碎並且受到各種器械的折磨。他們受到焚燒時，火焰從身體的孔竅迸竄而出。這些是從來沒有累積善業，造作五無間和其次等罪行，並且摧毀宗教的紀念碑和社群資源的人。他們還包括那些違犯密戒、持邪見、令他人退失對密宗的道和果的信心之人。

確吉遊歷了被稱為「四鄰近地獄」的次等地獄。在這些地獄中，眾生陷入充滿糞穢的沼澤，並且被昆蟲吞食。許多人的舌頭被拉出，受到燒燙的犁耙的碾輾。許多人不停地自殘，在佈滿灼熱利器的山林間爬上爬下，或是行走在佈滿利刃的大地。這些折磨是因為染污清淨和神聖的地方、侮蔑他人的清白、執著於愛欲的對境，以及不當地取用宗教的資財或是父母的財產。

接著，確吉遊歷了八個寒冷地獄。其中無數光著身體的眾生，受到刺骨寒風的吹襲，在冰地上凍得發抖。他們的身體凍裂成不同的花樣和顏色，發出各種的哀號。

給生者的訊息

最後，確吉回到了閻羅王的法庭。閻羅王對她說：「妳是那些因爲名字和種族受到混淆，而被誤傳來此的人之一。妳的身體還好好地在家中。雖然我觀了一下鏡子，看不出來有任何好事等著妳，但這次妳可以回家。善惡行爲的果報，妳已親眼看見，下次回來時，確保妳不會因爲沒有好好修行而感到焦慮。」接著，他將下面的訊息傳達給陽間的人：

> 許多人享有圓滿的人生，
> 但卻空手而歸，沒有任何修行上的成就。
> 對於這些沒有心肝的人，把這些訊息傳達給他們：
> 告訴他們，妳親自去過陰間。
> 告訴他們，妳的確見到了閻羅王。
> 告訴他們，妳見到了 16 所地獄。
> 告訴他們，輪迴之海極為廣大。
> 雖然男女眾生的數目無窮，
> 一旦受到業力的追捕，
> 沒有人有任何地方可以去，
> 可以去的唯有一個地方 [閻羅王的法庭]…
> 當惡業的果報降臨在你的身上，
> 一切顯相將生起為敵人，
> 沒有任何不是敵人的東西。
> 例如源於自身的火焰將會焚燒你。
> 這火焰不是來自任何別的地方。
> 你自身的感知生起的敵人
> 比任何其他的敵人更為強大。
> 是誰製造了這些可怕的武器？
> 它們是怎麼來的？
> 它們是誰製造的？又要交給誰？
> 閻羅這些恐怖的劊子手——

養育他們的父母又是誰？
地獄的景像如你的夢般的〔不實〕。
除非學會證悟一切顯相的空性，
否則你將無法證悟自心即是佛。
當你知道如何解脫自己的感知，
就算你刻意去找，也找不到任何的地獄。
就算你找到了，它將會是一個快樂的淨土。
沒有腦子的人——那些被自心製造的影像嚇壞的人
事實上是被自己的影子所驚嚇。
無一物存在，萬物卻能顯現；
萬物雖然顯現，實際上並不存在。
這即是顯空雙融的本質。
曾經被引介過此本質的人，
就應該只禪修他們被指出的這個本質。
確定一切都是自身的顯相，
一切是你，與你無別。
從而確定輪迴和涅槃都是你的自心。
精進持誦「嗡瑪尼貝美吽」。
你難道沒有在這裡，
見識到唸誦它的利益嗎？
不要忘記所有這些的訊息。
告訴每一個人，你在這裡看見的一切。

閻羅王指示確吉回家。確吉看著面前的雪山通道，對著這條來時路生起了回家的念頭，於是她開始起步。瞬間，她發現自己回到了家中。她的床被一條毛毯牆隔起來，在她的床上，她看見一條包裹在她衣服裡的蛇屍——正如自己之前所見到的。

確吉對家人感到生氣，她想：「他們明明知道我怕蛇，卻偏偏把一條蛇的屍體裹在我的衣服裡，放在我的床上。」但她最後決定：「不管怕不怕，現在我就要把這條蛇，從我的衣服裡拖出來，摔在地板上」她閉上眼睛，雙手抓著蛇身上的衣服，然後用力一拉，她感覺自己背部朝下地倒下，瞬間，她發現自己在她的身體裡，彷彿從睡夢中醒來。

確吉深吸一口氣，她年紀稍長兒子喊她：「阿媽！阿媽！」她回答：「啊。」兒子大叫：「阿媽活過來了。大家快點來！」所有親戚都跑向她。確吉告訴大家她所經歷的一切，每個人都哭了。想到地獄的痛苦，確吉自己也哭了。慢慢地，她恢復了健康。她的親戚在給僧眾一些供養後，就各自回家了。

秋天時，她贊助大型的集會，讓許多人共修十億遍「嗡瑪尼貝美吽」。此外，她還供養了許多寺院。

確吉給她的丈夫和兒子足夠的資糧，讓他們去可以修學佛法的地方。她和女兒則放下一切世間的俗事，出家為尼，朝拜聖地，完全獻身於佛法的修持。

林札．確吉在她還陽故事的結尾寫道：

> 我親身經歷過地獄。快樂或痛苦的選擇，在我們自己的手中。
> 當你的手中還有選擇的自由，請不要太擔心你今生要的是什麼，你必須試著為你的來世做最好的打算。
> 最好是捨棄此生的貪求。試著認出你自心的真正本質。它的力量強大驚人。
> 次之便是不要造惡，無論身、語、意都是如此，並且要全神投注於佛法的事業。
> 最少，也要將你的部分財富，供養上師和僧團，並且布施窮人。

等著我的判決？—噶瑪．望津的經驗

在對究竟本質的短暫一瞥後，如我們在第二章讀到的，噶瑪．望津如風中飄絮般地四處浮盪，因爲她已經沒有一個粗重的身體可以安定心識。現在她的心比生前還要清明許多倍。

一個念頭閃進噶瑪的心中：「我已經死了嗎？」她絕望地四處尋找她的朋友，但一個也沒找著。接著，她馬上忘了自己是否已死的問題。她感到孤獨，想著可能是自己在閉關房中待太久的關係，因此，她告訴自己：「只是剝奪自己享受好吃的食物、漂亮的衣服和有趣的閒聊，不一定就是修行。與其待在閉關房中自悲自憐，倒不如讓我回家去。」只是生起想回家的念頭，噶瑪發現自己便出現在家鄉歐剎（Orgtro），而不再是她一直待著的閉關房。

噶瑪的丈夫是家鄉的首長，他跟隨許多其他人去察普寺（Traphu Monastery），所以不在家。家中剩下的那些人，正在大哭大喊噶瑪家人爲她取的名字：「哦，拉望．部赤！哦，拉望．部赤！」

噶瑪扶著一些人的手臂，試著將他們拉起來，問道：「你們是被首長罵了嗎？」但沒有人回答她，甚至連看都沒看她一眼。接著她聽到屋外傳來大聲的哭號，街上人們奔相走告：「拉望．部赤死了！」許多悲慟震驚的人說：「她是這麼的謙虛慷慨。」其他人則耳語抱怨著：「她是硬骨窄肩。」意思是固執善嫉。

接著，她又回到家裡。她的家人仍在大聲地呼喊著：「我們的少奶奶死了！」「可憐的公主！」「可憐的老爺！」她看見自己心愛的人流著悲傷的眼淚，如雞蛋大小的膿血打在她的身上。這些淚雨伴隨著雷吼，不斷地刺穿她的皮膚，碾碎她的骨頭。大部份的時間，她感覺自己穿著平常的衣服，但是當她處於冰雹的暴風時，她便覺得自己是赤裸著身體，脆弱不堪。

從一個看不見的地方，傳來一個聲音：「去察普寺。」只要動念一想，她便到了察普寺。她的丈夫和其他人正忙著安排修法。兩個僧人很快佈置好供桌，掛上唐卡（宗教的畫卷），擺上許多供品。她想：「哦，他們在準備初七的供養法會。」初七的供養是察普寺的年度法會。一個接著一個，許多人開始從歐剎前來慰問她的丈夫，並且為他奉上傳統習俗的飲料。

接著，首長房產的總管來了。他還帶來噶瑪的首飾，並且把它放在供桌上。接著，他向首長致意，勸他：「首長，請不要哭了。這的確是個重大的悲劇，你的內心一定非常悲傷。但身為首長夫人，她沒有承擔起帕篝（Pagtro）官邸少奶奶的責任；她甚至還說，要幫助鄰近的許多女孩離家學佛。對我們普通老百姓來說，她的死還比不上我們一根食指裡的疼痛。現在我們必須專心安排喪事。」

臉上淌著一串長淚的首長回答：「太陽在正午殞落了。我們在一起生活只有很短的時間。我沒有父母，她是我唯一眞正的朋友，但是現在我卻連她也失去了。」

接著首長指示：「在 49 天的法事結束前，她的屍體最好保持原封不動，不要做防腐處理。她是那種可能會復活的人，就像還陽者。像林札．確吉不就活過來了，還講了許多死後的故事。」噶瑪邊哭邊想：「我眞的死了嗎？」

下一刻，噶瑪卻再度相信自己還活著。她握著自己丈夫的手，試著說服他自己還活著，關於她已死的無稽之談，他沒有必要感到悲傷。但無論是他，或是其他的人，對她的哀求都沒有反應。最後，她總結每一個人都在生她的氣。

接著，她的丈夫吩咐侍者，將一犛牛車的茶磚運送給某人。但是噶瑪卻看見侍者出去時，偷偷地拿了一些茶磚，放進他自己的袋中。侍者為了如此微薄的利益，造作不當的行為，噶瑪為他感到羞愧。

不久，侍者們爲首長端來飯菜。通常，噶瑪會與丈夫共餐，但這次卻沒有人招呼她，就連她的丈夫也懶得問她吃飯。她掉著眼淚想著：「我現在連分點飯來吃都不行。」她感到難過，唸著她的丈夫：「是你不讓我跟我慈愛的父母同住，也不讓我去追隨佛法，你說：『我會好好照顧妳。』結果，你現在的行爲卻跟你所有的侍者一樣。我連跟你分一點食物吃的權力也沒有。現在我要回去我的閉關房了。」

臨走之前，她又想到了自己的丈夫：「當我是自己父母的心肝寶貝，而且還有學習佛法的自由時，你以這樣那樣的承諾來引誘我。現在，卻連分給我一點飲食也不肯，還拿走了父母給我的珠寶。過去，你視爲我爲仙女；現在卻逼著我四處遊蕩，像隻人人不屑一顧的流浪狗。我的一切希望和你的承諾，如同畫在水上的圖案，我再也無法信任你了。我終於瞭解這句俗語的意思了：『在她們脖子上的套索還沒拉緊之前，女人是意識不到任何問題的。』現在我應該警告所有未婚的女孩，快快捨棄一切，出家修行。」

接著，她對所有人大吼：「首長和所有的侍者，你們給我聽著！我待在這裡已經讓你們所有的人感到厭煩。你們好好享受你們的財富和權勢吧！我會以佛法來讓自己滿足。首長，你可別後悔！」沒有人求她不要離開，他們只是繼續悲傷。於是，她離開了那個地方。

在山谷上，她看見一群從山谷頂端降下的幽靈。他們耳語著：「給曲（Gechu）山谷有法會，我們應該去那裡。」她便跟著他們到了貢嘎林寺（Kunga Ling Monastery）。過去對噶瑪友善的狗，現在卻都對她狂吠突擊，噶瑪只好躲起來，等在外面。接著，正在修持水和朵瑪（修法用的供品）供養儀軌的一位瑜伽士將供品扔出，各式各樣的眾生如糞穢上的黑蠅般地享用這些供品。主要的供品是由實際供養的對象吃掉，它們吃剩的，才被其他眾生所瓜分，而這些其他的眾生不一定是供養的對象。但是，許多弱小生病的幽靈什麼都沒得吃。極度失望中，它們顏面朝下倒在地上，因飢渴而大哭，其中有些幽靈還彼此抱頭痛哭。這讓噶瑪感到很羞愧，因爲她的情況比它們好多了。對於這些受苦的幽靈，噶瑪感到難忍的悲心，但是自己卻又是那麼無能爲力，因爲這就好比是以盲引盲。她爲它們大聲地哭泣著。這個時候，她聽見一個清楚的聲音說：

> 首先，它們過去沒有累積福德；
> 其次，它們的痛苦是自身惡行的報應；
> 第三，這還只是少數的眾生。
> 悲傷對誰都沒好處，所以放輕鬆點。

接著，噶瑪想去紮仁（Zagrum）探望父母，一瞬間，她便發現自己到了紮仁。噶瑪的母親正在繞行一所寺院，這是她表達恭敬和虔誠的修持。噶瑪很快地對母親說：「阿媽，給我些東西吃。」她的母親一言不發，繼續她的繞行。噶瑪想：「通常我是騎著馬並讓腳夫扛著禮物回來，母親每次都會喊：『哦，我的女兒回來了。』並且會非常歡喜地迎接我，給我迎賓的啤酒喝。現在，她也不理我了。她肯定是收到了首長抱怨我的信。比起自己的女兒，她一定比較關心我的丈夫——別人的孩子。」

抓著母親的衣服，噶瑪哀求：「自從我經父母的安排嫁給首長後，我就想：『無論我發生什麼事情，我都會認命。』當首長和一位來自夏地（Shar）的女子發生外遇時，挨打受罵的卻是我，我甚至不敢跟自己的父母講這件事。由於我無法生育，我甚至連食物和飲水也分不到。請給我一些東西吃。之後，我便會離開去學佛。」

她的母親甚至沒有看她一眼，一語不發地便回家去了。雖然母親沒有請她進去，她還是跟著母親進到家裡。在母親的家裡，全家人聚在一起享用午餐。噶瑪飢腸轆轆地坐在母親的身後，等著分到她那一份的食物，但再次地，沒有人想要給她任何東西。午餐後，大家出去了，噶瑪也跟著出去。確信所有的這些人都在生她的氣，噶瑪極度悲傷地哭著在地上翻滾。

接著，靈光一閃，她突然清楚地記起死亡徵象的法教，這是一位偉大的成就者諾布・察西教她的。首先，她檢查自己的影子。她沒有影子。接著，她檢查自己的腳步，她走路沒有聲音。她想：「唉呀呀！我一定是死了！的確，一定就是了。我的人生短暫，如閃電飛逝，我的見識狹隘，猶如從稻桿中窺天。我還沒有在我的禪修中獲得任何信心，就我所知，也還沒有做過任何布施。現在，我即將被閻羅的使者捉去。」懷著極大的悲傷和悔恨，她暈倒在地，失去意識。

來自怙主本尊白度母的指引

噶瑪恢復意識後，眼前站著一位穿著白色衣服的女子，她的頭髮束在背後，手中拿著一支手鼓。她是白度母——噶瑪的怙主本尊。白度母挽著噶瑪的手臂，安慰她：

> 哎呀呀！❺別難過了。起來！
> 當煩惱踐踏妳時，妳若沒有認出它們真正的本質，
> 聲稱具有佛法的體驗便是謊言又殘酷。
> 佛陀說：『生死是人生的果報。生生死死不斷地發生』
> 死亡不只是發生在妳身上。
> 這是一切眾生必經的唯一道路。
> 我會陪伴著妳，讓妳一路安心。

噶瑪中陰的旅程中，並不是一直能夠看見白度母，但在任何危急的時刻，白度母都會出現指引她。白度母是化現爲女性形相的佛，噶瑪跟她的因緣，是由於噶瑪向白度母祈請，並且將白度母觀修爲佛。雖然噶瑪能夠受到白度母的指引，但仍然必須面對自身過去行爲的果報。

在跟隨白度母離去之前，噶瑪對母親說：「當我在這裡時，妳甚至沒有給我任何食物。我走之後，請別後悔。」噶瑪的心對母親仍然非常執著，

---

❺ 藏文的原音為 Kyema，為一感嘆詞，意思為「哎呀」。

因此別離是如此地令人難以忍受。她希望母親能跟她走，但母親並沒有這麼做。

當噶瑪漸行漸遠，家鄉山谷的景像，被擋在一座大山後再也看不見。她悲傷地抽噎著來到一個三岔路口，她挑了中間的路走。這時，在西方一座尖聳的山頂上，她看見一個瑜伽士，她認出他是自己的叔伯。他有著灰白的頭髮，手中拿著黑色的念珠，雙手雙腳猶如跳舞般地擺動。他大聲地對噶瑪說，她走錯路了。

他教她關於在此中陰過渡期，她會遇到的道路和她將經歷的光。接著，她想要爬上山，但是突如其來的強風向她席捲而來，強風將她舉到空中後，接著將她摔下地面，一次又一次地重複這樣的過程。

最後，噶瑪發現自己處在一大群的人當中，他們的形相和臉孔都令人生畏。他們突出的眼睛瞪視著她，他們如冰柱的尖牙威脅著她。他們戴著骨飾，穿著虎皮、豹皮或人皮，正赤手拿起一堆的腸子，大快朵頤裝在顱杯中的燉腦。其他人在頭頂上高高地揮舞著各種武器。全部的人都在雷吼：「吽！吽！呸！呸！打！打！殺！殺！」噶瑪非常害怕，她甚至再也想不起家人或朋友。

不久，她發現自己在一個寬廣平原的邊緣，可怕的暴風現在已經止息。某處仍然傳來「殺！殺！」的喊聲，猶如遠方的雷鳴。但最大的痛苦和恐懼多少已經疏解，至少暫時是如此。

噶瑪再次想起自己的父母、家人和朋友，口裡喊著他們的名字。她在地上打滾，大聲哭號、悲慟著：「對於這樣的危險，你們所有人卻一句警告都沒有，怎麼可以就這樣把我一個人孤單地送走？」

這時，白度母再度出現在她的面前。抓著白度母的衣服，噶瑪哭著問：「姐姐，這個平原叫什麼名字？遠方的那個大城叫什麼？妳叫什麼名字，姐姐？我有父母、丈夫和許多的親戚，我還沒有跟任何人商量過這個旅程，突然間，就身不由己地來到這裡。請幫我保管我的這件首飾，幫助我回到自己的家。」

白度母回答：「妳受到自身迷惑的牽引，所以妳的認知以險惡的境相生起。這個平原非常廣大，猶如覆蓋天空的蓋子一般，它叫做利刃大漠（the Desert Field of Razors），這是惡業深重的眾生通往地獄的道路。那個大城叫亡者大城（the Great City of the Death）。如果妳沒認出我，我的祕密名字是金剛瑜伽女，我們向來是形影不離的朋友。妳有家人和朋友，但是妳必須離開他們所有的人，就連妳的身體也要捨棄。妳沒有選擇的餘地，必須離開自己的親友和財產。現在妳已經進入了所謂的中陰，只能將自己業力的包袱，扛在肩上一起走。如果妳想要恢復人身，那麼過去就應該修持佛法，就應該布施那些貧乏的人，就應該去到閉關的靜處和聖地，就應該捨棄一切世俗的野心，在自心本質中培養禪修的力量。」

噶瑪突然看見天空開始降下刀雨，地上開始長出劍林，整個大地滿是殘肢血肉，驚懼交加下，噶瑪倒地不省人事。當她恢復意識後，她想：「我真的死了嗎？」白度母再度出現，對她說明：「妳已經將妳的身體遺留在陽間。有些親友在妳的身體旁邊守著，有些人哭著、喊著妳的名字，有些忙著安排喪禮法事，另外還有些人說：『哦，她是位隱而不現的佛。』」

噶瑪終於瞭解了真相：「哎呀，我現在死了！」她感到非常震驚。由於沒有將一生完全用於修學佛法，巨大的悔恨讓她完全六神無主。當她開始想到自己生前的惡行時，每一件都歷歷出現在她赤裸裸的眼前，除了自己的惡行外，她什麼也看不見，心想：「我現在是不可能離開這裡了。」她悔恨不已：

> 我的眾生朋友們啊，當你還有自由時，
> 請將一生奉獻給神聖的佛法。
> 你認真積聚的財富沒有實質。
> 把它供養給三寶吧！

你這麼投入的活動沒有意義。
放棄所有這些的氣力，
努力祈請和禪修。
親友的團聚好比旅人的交會。
切斷對他們的貪愛，去獨居的靜處。
當你還享有人身時，
一定要將你的一生用於佛法。
由於你沒有其他東西可以信任，
放棄瞋恨、貪愛和嫉妒。
為了清淨自身的身、語、意，
就要禮拜並且唸誦六字大明咒。
願你的心安住禪定中！

噶瑪捶胸頓足，感到不可抑制的悔恨，她對白度母說：「姐姐，我雖然沒有做過太多佛法的修持，但也沒有做過太多的壞事。但是我卻受到強力暴風的襲擊，被困在各種顏色的閃電中，聽見『打！打！殺！殺！』如千雷齊鳴的吼聲。我遇到各式各樣無法想像的恐怖。這都是什麼？」

白度母回答：

暴風的顯現是陰間的使者對妳的歡迎。各種形相的眾生，是妳自身中寂靜和忿怒本尊的顯現。他們發出的是究竟的音聲，但由於妳自己的負面感知，妳將它聽成是「殺！殺！」聲。揮舞的各式各樣的武器，是妳的煩惱從根本上獲得解脫的徵兆，但是妳卻將它們視為是如雨而降的武器，這是因為妳的感知生起為自身的敵人。從現在開始，妳必須這麼想：我皈依這些顯相和聲音，視它們為佛的形相和聲音。

各種色光的顯現，是妳自心的寂靜和忿怒本尊的光芒。五種顏色的光，是五佛部的光。因此，妳要想著，我皈依它們。

一切的聲音是自然的聲音。它們不是獨立的個體，而是整體為一的表達。所有這些聲音、光芒、光束的生起，都是妳自心的自顯現。不要將自己的感知當成自己的敵人。

妳尚未造作許多惡行，但在此五濁惡世的許多人，卻面臨墮入地獄的危險，因為他們在具有人身時，積養的負面情緒和造作的惡行是如此眾多。

妳將會以陰間的使者身份，回到妳在陽間的身體。所以，妳要勇敢仔細地觀察這裡發生的一切。妳一定要記住妳所看到的一切，不能忘記妳所聽見的一切。現在讓我們過去那兒。

地獄一瞥和亡者的訊息

在這遼闊平原的西邊角落裡，噶瑪看見一個可怕的鹿頭人，他的手裡拿著一個黑色的套索。他睜著暴突的眼睛，正在追捕一位老婦，而這位老婦的頭上看似戴著珠寶。噶瑪問白度母：「啊！這個鹿頭人是誰？這個神秘的女人是誰？」

白度母答道：「不要害怕這個鹿頭人。他是我們自身頭顱❻宮殿中，眾多本尊的化現之一。本尊化現的顏色、聲音、大小，會根據我們自身的本性而異。這位老婦來自康區的成英鎮（Chenying），是鎮長夫人。她跟鎮長勾結，合夥搶劫、謀殺、獵殺動物。這境況就是她所感知到的中陰。之後，她會受到審判，而且一定會下地獄。」

接著，噶瑪遇到一座橫跨大河的大鐵橋，大河的名稱是「輪迴大河」（the Great River of Samsara）。在橋東邊的這一端，有一座匪夷所思的城市，裡面的居民過著天壤之別的生活。一部份的居民——包括僧人、尼師和居士，他們快樂、富有又貌美，住在美妙莊嚴的豪宅中。在他們當中，有些人快樂地唱歌跳舞，有些人一生都在祈禱和唸誦「嗡瑪尼貝美吽」，另外還有些人將永無竭盡的物資布施出去。似乎沒有一個人，有過任何

❻ 顱骨或腦，藏文：thopa。

的恐懼或痛苦。

但其餘的居民沒有地方住，也沒有東西吃，經常受到飢餓和口渴的折磨。有些人將手掌形成杯狀架在額前，看似在遠處尋找什麼東西。其實，他們絕望地在尋找任何可能的徵兆，看看自己的親友是否在喪禮中迴向一些功德給他們，改善他們未來的日子。閻羅會不時地出現，帶走他們當中的許多人。

許多亡者待在這個地方，等候被傳喚到閻羅王的審判庭中接受審判。

看著此地的眾生，一位閻羅向噶瑪解釋：「這些人裡面有許多快樂的人，這是因為他們生前，生活清淨，尊敬待人。許多人正唱著祈願文，自得其樂，這是因為他們過去修行經驗的力量，閻羅甚至看都不敢看他們一眼。許多人有著無量的財富，一直到現在，還不斷地在納受和給予，這是因為他們在陽間時，便將他們有的任何東西布施出去。」

「但這些其他的眾生，卻正受到飢渴的煎熬，這是由於他們過去不曾承侍他人、尊敬他人，或是布施任何東西。相反地，他們卻責怪、搶劫、攻擊他人。他們在等待——有些人做出眺望的姿勢，希望他們的親友會迴向一些功德給他們。很快地，他們會被帶到閻羅王的審判庭；有些人會獲得解脫，有些人會被送進惡道。」

接著，噶瑪造訪了餓鬼道。這裡所有的眾生都是光著身體。他們的胃如山谷一般大，四肢如稻草一樣細，脖子如一根馬尾毛般窄。由於極度的口渴，他們的口中噴出火焰。難忍的饑痛正折磨著他們。

看著他們，一位閻羅對噶瑪說明：「這些人一生都不知何謂慷慨，從來沒有任何宗教的供養、沒有援助任何有需要的人。他們從來沒有布施的念頭，唯有沸騰的欲望、燃燒的瞋恨、雪崩般的傲慢、黑暗般的無明以及暴風般的嫉妒。過去他們阻擋別人供養和布施，現在就連自己也無法享用食物和飲水——這一切都是因為他們的慳吝。」

噶瑪看見觀世音菩薩正在慰問餓鬼們。為了舒解餓鬼的痛苦，觀世音菩薩從手裡降下甘露水。但許多餓鬼不僅無法受用此甘露水，就連看著觀世音菩薩，或是待在她面前，都無法做到。

接著，有位美麗的少女在一座橋的門口，一下子載歌載舞，一下子涕淚奔流。白度母問她：「啊，美麗的女子！妳的出生地和家庭在哪裡？妳為什麼一邊唱跳，一邊哭泣？妳要去哪裡，往上還是往下走？」

這女孩答道：「唉，我來自西藏南部的高原。我的家鄉叫乃東（Neudong），我的父親是確嘉・次凌（Chogyal Tsering），母親是策聰（Sechung），我的名字是多傑・嘉嫫（Dorje Gyalmo）。我們的山谷被蒙古人打劫，他們以暴力把我帶到蒙古。我死於一場重病。從此沒有再見父母一面，我便來到了這裡。閻羅王告訴我：『女兒啊，妳出生一個好人家，冰雪聰明又沒有我執。但是妳太執著妳的父母和財富了。再者，妳的人壽未盡，所以妳必須回去家鄉的山谷，在那裡投生為冕嫫（manmo）❼。』」

白度母再次問她：「為什麼妳的心這麼執著呢？」女孩回答：「我死後，人們沒有將我的財產捐出行善、積累功德，反而將它變賣給一個陌生的女人。因此，在面對閻羅可怕的境相時，我還想著這件不愉快的事。由於這樣的執著，閻羅王命令我投生為冕嫫。」

這女孩哭著央求噶瑪，請噶瑪幫她捎口信給她的父母：「我是多傑・嘉嫫。我貪愛我的父母和珠寶。親愛的爸媽，請將我所有的財產供養給一個喇嘛，請他幫我修持供養和淨障，並且進行數百個朵瑪供養。如果你們可以為我辦到，我將可以獲得一個人身，而不會投生為冕嫫。」

在噶瑪的故事裡，她沒有提到自己去過每個地獄，但她的確見到許多眾生，受到無法想像的痛苦，而且她還為其中一些人，傳達訊息給他們在

❼ 一種女性的幽靈。

人間心愛的人。

受召出庭

接著，白度母帶領噶瑪前往閻羅王的宮殿。這座宮殿有五層形狀爲同心圓的圍牆，每個方位有四個門，每個門有八個現忿怒相的守門神，他們配備著可怕的武器，吼著：「吽！吽！呸！呸！打！打！殺！殺！」。

在北門前的一座大石台上，噶瑪看見成堆的屍塊。這些是從天而降的旋轉鐵刃落在眾生的身上，將他們的身體切碎的結果。在閻羅的命令下，行刑者接著以各式各樣的武器，將這些碎片碾爲粉末。因爲極度的驚懼和悲傷，噶瑪暈倒在地。白度母將她扶起，說道：

> 他們正遭受到的是自身行為的果報。
> 就算佛陀來了，也幫不了他們。
> 因為他們正經歷的，是自身業力的報應。
> 妳就別這麼悲傷了。

噶瑪的心受到極度悔恨的折磨，她想：「過去我在陽間，沒有認眞地修持任何佛法。現在閻羅王會盤問我些什麼呢？等著我的，會是怎麼樣的審判呢？

如果有機會回到人間，我會將自己親眼見到的，不加任何粉飾一五一十地告訴人們，讓他們知道因果業力確實不虛。我會將自己所有的財產，不帶貪著地布施給所有的人。我會放下一切世間的俗事，專心禪修自心本質。我會不貪著於任何人，從一個靜處遊走到下一個靜處。我會永遠觀想上師在我心中。我會不斷地向三寶祈請。我不會容許自己貪愛親戚和朋友。」

這時，噶瑪聽見一個巨大聲音，從閻羅王的宮殿傳來。一位門神向噶瑪和白度母走來，說道：「這是傳喚妳出席閻羅王審判庭的信號。」

噶瑪的心一陣劇痛，有如利箭穿心，對自己過去沒有認眞修行，她感到悔恨莫加。流著淚，她想：「但是，我一直都在祈請諸佛，沒有一刻稍歇。所以，諸佛啊！請以慈眼眷顧我吧。」

白度母拭去噶瑪的眼淚，說道：「雖然妳從未給予任何物質上的布施，禪修上也沒有任何穩固的成就，但是妳的心卻是如明鏡一般，沒有被惡行的效應所污染。妳我長久以來一直未曾分離，這是因爲彼此的業力和發願。」

白度母握著噶瑪的手，帶她穿過大門，登上巨大的石階。一路上，噶瑪怕地直發抖。接著，她們來到了一個大殿，大殿的中央是閻羅王。噶瑪看見的閻羅王，具有蓮花生大士的形相。他坐在由四隻獅子擎舉的寶座上，身上的衣著、服飾，以及手中拿的法器，都和噶瑪見過的畫像一樣。在看到蓮花生大士後，噶瑪的身心瞬間充滿虔敬的波濤，體毛直豎，眼中流出歡喜的眼淚。她想要奔到蓮花生大士的跟前向他禮拜，但因畏懼他周圍的男女忿怒本尊而作罷。

這些忿怒本尊展現出恐怖的形相，穿戴著嚇人的衣飾，揮舞著可怕的法器。蓮花生大士右方的足下，是一位牛頭人身的閻羅，他手中拿著一面鏡子，觀看鏡子時，可以看見在閻羅王前的受審者的行爲。他的旁邊是虎頭閻羅，拿著眾生的行爲紀錄簿。蓮花生大士左手邊是蛇頭閻羅；他正在檢查庭中所有的人。蓮花生大士的前面是豬頭閻羅，負責紀錄和時間安排。此外，還有許多閻羅，他們具有其他種動物的頭，手中拿著各式各樣的法器。

白度母提醒噶瑪：「外相上，坐在中間的是閻羅王，但其內在本質是蓮花生大士。外相上，在蓮花生大士右手邊，瞪著突眼看著我們，並且吼著：『吽！吽！呸！呸！』的是閻羅，但其內在卻是智慧佛——文殊菩薩的忿怒尊。如果妳打開心胸向他祈請，便會免於危險和恐懼。所有忿怒的男女閻羅，都是寂靜和忿怒的佛。如果妳打開心胸向他們祈請，便能夠投生更高的境域。妳一定要記住這些重點。妳過去並沒有犯下任何嚴重的惡行，所以不要憂慮。起身向他們頂禮，爲自己以及一切如母眾生發願。」

噶瑪行了一個禮拜以表恭敬，但在她還來不及再行一個禮拜，或是發任何願時，蛇頭閻羅制止了她，示意她在一個角落坐下。她剛坐下，閻羅王便以一種威猛的聲音，指示站在宮殿廣場中的閻羅：「人間來了一位亡者。馬上把她帶來這裡。」宮殿廣場中拿著各種法器的無數代表起身高喊：「吽！吽！呸！呸！」

此時，一位女子出現在廣場中。一開始，在看到這個恐怖的景像時，她試著逃跑，但卻無處可逃。然後，她揮舞著嗡瑪尼貝美吽的權杖，唱起六字大明咒。閻羅們一聽到神聖的六字大明咒，馬上就地平靜下來了。這名女子身邊伴隨著一位白衣女子。她的頭髮上束爲頂髻，而頂髻上繫著紅色絲帶，手中拿著水晶念珠。白衣女子挽著這位女子的手臂，帶她進入宮殿。這位女子獲得寬待，似乎沒有一位閻羅有拘捕或威嚇她的能力。當他們審查這位女子的紀錄時，他們發現她的確做了許多好事，例如向觀世音菩薩祈請等。但她同時對社會上不公平的官僚體系，心懷忿恨。因此，她必須先投生爲一隻鳥，在這之後，才能夠投生爲人。

接著，噶瑪聽到一個巨大的聲音。她朝聲音傳來的方向看去，見到一位戴著帽子的僧人。這位僧人對她說：「現在妳已經瞭解業力的因果。妳已經見到閻羅王的容顏。妳已經見證到閻羅的威嚇。妳一定要記住因果業力的眞實不虛，以及閻羅王給的指示。現在妳必須返回人間，因爲妳的家人就快將妳的身體丟棄了。」話一說完，他便消失在風中。

> 接著，白度母懇求閻羅王：
> 噢！閻羅王，請聽我言。
> 噶瑪現在已經心向佛法。
> 由於她過去的善緣，她見您為蓮花生大士。
> 她在壽命未盡之前，身心便已分離。
> 由於執著，她受到這些中陰的痛苦。

由於過去的善願，她能見到您閻羅王。
她見識到閻羅的可怖、因果業力的真諦。
她在這裡度過了七日人間的時光，
她［在人間］如空屋的會死之身即將毀壞，
因此，她應該以您在贍部洲❽的使者身份回到人間，
或者，再度投生為人，
還是，送往持明者的階段。
喔，閻羅王，她將何去何從？請您下令。

閻羅王盯著噶瑪陷入了一陣沉思。接著，他觀鏡審查噶瑪過去行爲的詳情，說道：「過去林札・確吉❾所以復生，是因爲閻羅將她的名字和種族弄錯，而將她錯拿了。接著，兩位女孩——達策竇（Dartsedo）的桑藤（Samten）❿和康區的雍聰・汪嫫（Yungtrung Wangmo）被送回人間。達策竇的桑藤是在嚴格的條件下被送回的，那就是她必須要修學佛法，而且一定不能造惡。康區的雍聰・汪嫫被送回的原因，是爲了讓她能夠修行以便瞭解心的本質。」

接著，閻羅王說：「現在妳回去贍部洲，啓發人們心向佛法，同時爲陰間的人傳達訊息，給他們在陽間心愛的人。由於妳過去的功德和發願，在回到妳的身體時，將會成就極大的利益。」

閻羅王藉由下列給贍部洲人們的訊息，傳授噶瑪詳盡的指示和授記：

告訴他們，我——閻羅王在這裡。
告訴他們，我們這裡有完善的方法
可以查出人們是行善還是造惡。
告訴他們，獻身修行的人，可上昇到善道。

---

❽ 贍部洲是亞洲大陸的古稱。
❾ 林札・確吉的中陰故事出現在本章的第一節。
❿ 這必定指的是桑藤・秋措(Samten Chotso)。她的故事會在此章的後面出現。達策竇為現今四川的康定(Kangding)。

告訴他們，沉溺惡行的人，會墮落到地獄。
你們——贍部洲的人們，
總的來說，必須遵照釋迦牟尼佛的法教，
尤其要遵守我的這些指示：
外相上，我是閻羅王；
但內在，我是大悲佛觀世音。
唸誦觀音菩薩的心要：嗡瑪尼貝美吽。
外相上，我是閻羅王；
但內在，我是蓮花生大士。
唸誦：嗡阿吽 班札 咕嚕 貝瑪 悉地 吽。
外相上，我是閻羅王；
但內在，我是釋迦牟尼佛。
修持佛陀的法教，
恆時在善行中鍛煉自心，
就算是最小的惡行，也要即刻捨棄。
觀想上師在自身的頭頂。
廣大承侍一切如母的眾生。
[妳的家中]現在已經是中午，
帶著清淨的發願，想著妳的家。

於此，由行刑者帶到閻羅王法庭的許多亡者，懇求噶瑪：「幸運的人啊，如果妳將回到人間，請爲我傳達訊息給我心愛的人，請他們爲我做些清淨的善行，並且供養三寶。

爲了平息地獄的痛苦，再也沒有比『嗡瑪尼貝美吽』更有效的咒語。所以，請唸誦或請他人唸誦『嗡瑪尼貝美吽』數萬遍。請把這個咒語刻在石頭上，然後堆高石頭。請把這個咒語印在旗布上，然後升高旗子。將此咒語印在紙上放進轉經輪，然後旋轉經綸。」

噶瑪重回自己的身體

接著，噶瑪心中起了這個念頭：「現在我應該回到我家鄉的山谷。」瞬間，她便發現自己來到了察普——她的家。

在她家的入口，她看見一隻老狗的屍體，牠的眼睛深陷，嘴邊有一抹白沫，令噶瑪感到既害怕又厭惡。一開始，她想逃離牠，但接著又想：「我可以跨過牠的身體進去家裡。」正當她跨過狗屍時，她的心識即刻進入到她自己的身體，然後被困在裡面。過去，她一直將自己的遺體，看成是一具狗屍。

首先，她暈了過去，感覺猶如在薄暮的黑暗中。過了一會兒，她慢慢恢復了意識，但仍然無法動彈，因爲身體的精力已經蕩然無存。慢慢地，她的記憶變得比較清晰。她稍微動了一下，坐在她身邊守著她身體的人，注意到了這個動作，他激動地大喊三聲「呸！」在這之前，地獄的影像和痛苦的感覺，仍然佔據著噶瑪的心，但「呸」的聲音將之掃蕩一空。覆蓋在她臉上的布，稍微有些起伏，守屍人不禁想著：「莫非是幽靈進到噶瑪的體中，把她變成了一具僵屍？」他打開罩布，多次按壓她的頭部，接著又繼續按她的手。但是噶瑪沒有力氣回按他的手，或是說出自己還活著。然後，這人檢查她的胸口，發現她的心臟是溫熱的，他喊著噶瑪的家人：「來人啊！公主回來了！」

噶瑪的母親哭著來，口中直唸著：「我的女兒啊，妳回來了？」人們很快地將裹在噶瑪身上的布打開。這時，首長回來了。他命令大家把他的妻子移到另一個地方，餵食她牛奶和蜂蜜。但是，有一週的時間，噶瑪無法吃也無法喝，其他人必須在她口中灌進一些液體。然後慢慢地，她才開始恢復體力和氣色。

之後，噶瑪和她的家人僱了兩位抄寫者，計劃將所有噶瑪受託的訊息寫下，代表亡者傳達給他們心愛的人。這些訊息按照收件人的地理位置分爲兩部份：第一部份的收件人，位於西藏中部、西部和南部；第二部的收件人位於蒙古和滿區（Mon）。同時，噶瑪計劃親自在國內旅行，傳達閻羅王給大眾的訊息。

但不幸的是，確傑宜·沖（Chojei Trung）的母親，她是一位有勢力的貴族女子，說道：「噶瑪出身卑微。她是從陰間來奪取大家的性命的。」聽從她的人便說：「她是妖魔！」因此，人們不但不相信噶瑪，反而攻擊她。

於此，首長決定：「這整件事情，最好還是保密一陣子。」於是，他們便這麼做了。

一些時日後，噶瑪向一位重要的上師奔樂·傑聰仁波切（Ponlob Jetrung Rinpoche）學法，這位上師對噶瑪禪修的進步感到訝異，尋思著：「就算是長時間修學的人，也很難有這樣的證悟。」於此，噶瑪的一位侍者，無意間告訴了這位上師：「她要證悟究竟本質，當然容易，因為她是從陰間回來的呀。」

上師回答：「我也去過陰間，而且去了三次。我們應該比對一下，看看我們的經驗是否類似。公主，請告訴我們妳的經歷。」

噶瑪開始對上師講述她的經歷。來向上師學法的其他人，便開始一個個都湊過來聽。這位上師和其他的聽眾，在聽到這些故事時，不約而同地同時流下眼淚。結果，這天一整天沒有上師通常的開示，每個人都在聽噶瑪的口述。

對於噶瑪所說的，這位上師完全相信：「妳的故事完全可信。但是待在這個山谷，卻會把妳給埋沒了。妳必須到全國各地為大眾服務，由我提供妳交通、侍者和物資。妳必須全國巡迴！」

但最後，噶瑪還是沒有四處去旅行，主要是跟母親待在一起。之前她在閻羅王的面前時，由於對閻羅的過度恐懼，以至於在匆忙間，她只為自己而發願成佛，而沒有為一切眾生的利益而發願。此外，她過於貪戀自己的母親。由於這兩個原因，噶瑪沒有在承侍他人上，獲得偉大的成績。

無懼於敵人—德瑪・桑傑・森給的經驗

德瑪・桑傑・森給的還陽經驗令人矚目的原因，在於他提到如何平息恐懼和幻相，並且記得保持在定中。

離開自己的身體後，德瑪表示，自己能夠在瞬間週遊整個宇宙。他感覺自己能同時看見過去、現在和未來的一切事情。他似乎具備光的身體，並且能夠依賴自己身體的光來旅行。他感覺自己籠罩在五色彩光中。他能夠極為自在地以光速遊走，想到哪裡，就到哪裡。

德瑪乘著出現在他面前的五色光束，在大喊七聲「嘻」（HIK）後，便飛騰入空。接著，他發現自己出現在佛的究竟淨，稱為「無上樂天國」（the Unexcelled Blissful Celestial World）。這是一個喜樂的淨土，他在這裡看見最莊嚴的景像，其中有一座富麗的豪宅，裡面滿是證悟的持明者。德瑪遇到一位指引他的喇嘛，這位喇嘛告訴他：

> 兒啊！你過去七世都清淨［無業力的遮障］。
> 幸運的人兒，請勿散逸，看著絕對覺性的本質。

有片刻的時間，德瑪看見五佛部及其淨土。之後，五佛部的顯相變成為閻羅王和閻羅。

他一次又一次地不斷陷入幻相中。有一陣子，他看見自己村莊的居民，他不確定自己是否死了。他看見一座水晶佛塔，事實上那是他覆滿青蛙的身體。流著淚的人們，正繞行著這座水晶佛塔。由於這些人的悲傷和哭號，噶瑪感覺有如暴風雪的膿血，打在自己的身上。

德瑪見到兩組圓形的球體（藏文：thig-le），每組有五個球體，每個球體由一種不同顏色的光所組成。第一組是五個大的球體，第二組是五個小的球體。它們是五種本初智——五種煩惱的真正證悟本質。

接下來的片刻，德瑪掙扎著確認自己是否真的死了。最後，他藉著下面幾個的徵兆，論定自己已經死亡。他能夠穿過針孔以及帳棚中的小洞。他走在河岸的沙地上，卻沒有留下任何腳印。他在水面見不到自己的倒影，在日光或月光下，見不到自己的影子。即使他餓得發慌，卻沒有人在乎該給他東西吃。他去到心愛的人跟前，叫著他們的名字，但他們卻沒有反應。當他看著人們的臉孔，他們似乎被一層薄薄的暗紗所覆蓋。他看見自己的母親不停地哭泣，跟她平日的性格大相徑庭，而且她還念念有詞地說：「現在我真想一死。」

德瑪意識到自己已死後，帶著恐懼和悲傷，他向觀世音菩薩祈請。觀世音菩薩立刻出現在他的面前，給予他開示和加持。

但是，德瑪的心卻受到世俗幻相的牽動，在旅途上遇到更進一步的障礙。他感到自己受到業風的驅策，聽到野獸憤怒的咆哮。但最終，他還能夠記得，這些都是空性顯現的力量。

藉著，他在途中受到白色和紅色的光的阻礙，武器之雨自身後飄來。當他記起這些不過是幻相時，它們都只變成是他本具覺性自身的力量。

接著，他發現自己走在一條高斜狹窄的紅岩山道，漫長的山道似乎沒有盡頭。他看見山道下方有條河，河水夾帶著岩石滾滾而流。他不時地抓著山邊稀疏的草，才得以沿著山道而行。許多人掉進河裡，他聽見他們哭號的聲音。再次地，當他想到一切事物的空性時，這些可怕的景像便都平息了。

接著，他覺得自己被困在一片完全漆黑的大地，到處都是野獸。他聽見一個聲音：「不要分心！這裡是畜生道。」他唸誦嗡瑪尼貝美吽，瞬間，眾多歡迎他的諸佛菩薩，將空間完全充滿，整個環境似乎都迴盪著祈請文的聲音。

然後，他經歷到對陽間的親友和財富的貪戀。這時，他聽見觀世音菩薩的聲音：「這是死亡之際，親友和財富再也幫不了你。這些都是空性的展現。看著它們的空性本質，不要讓你的心受到它們的左右。」聽到這番話，德瑪的貪戀便消逝了。

再次地，他感到自己正走在一條狹窄的崎嶇山路，路上充滿著急流、火焰和風暴。在抵達山路的最高點時，狂風暴雪令他進退不得。他進入一座寺院，看見裡面有很有多的人，其中包括他生前就認識的許多人。有些人快樂地享受生活，有些人餓著肚子受苦。許多人在唱歌，其他人則在哭泣。其中有些人是被閻羅的使者誤擒而來的，所以必須在這裡等到陽壽結束後，才能夠繼續投胎。有些人是因意外死亡而提前來此報到。

還有許多的人，由於戀棧人生，所以流連或受困於此，而沒有前往下一個目的地。富有的人流連於此，是因爲戀棧著自己的財富。戀人流連於此，是因爲戀棧著自己的愛人。統治者流連於此，是因爲戀棧自己的權位。貧窮的人流連於此，是因爲戀棧自己的寮棚和乞缽。憤怒的人流連於此，是因爲想要報復自己的敵人。其他的人流連於此，等著自己陽間的親友，爲他們做功德並在喪禮中迴向，讓他們有個更好的旅程。這些人之所以沒有很快地被推往下個目的地，是因爲他們不具有強烈的善業或惡業。

接著，德瑪感覺自己來到了亡者沙山道（the Sandy Mountain Pass of the Dead）的頂端，山道的周圍裝飾著成堆的頭顱，這些是人和動物的頭顱，他聽見所有的頭顱發出的仇恨聲。在這裡，遼闊、可怕的亡者之地（the Field of the Dead）映入他的眼簾。接著，他感到自己將告別陽間。他感到一陣巨大的震驚和痛楚，既恐懼又悲傷，心肺猶如被掏出扔在地上。他再次聽見遠方傳來一個聲音：「看著眞正的本質，不要散亂。」

接著，德瑪感覺自己正越過亡者之彩地（the Colorful Field of the Dead），這是一片受到沙塵暴侵襲的沙地，滿了恐怖的景像和痛苦的聲音。眼前，他看見由各種彩光所形成的光道，而身後，他感覺自己被業力的狂風推著往前。他看見右方一片黑暗，左方一片白光。他再次聽見觀世音菩薩的聲音：「這裡是亡者之彩地。這裡的眾生因爲偷盜而遭受到痛苦。」

然後，他感覺自己正橫越亡者之恐怖紅河（the Dreaded Red River of the Dead），急流中閃電交加。河上有六座宏偉的橋，兩邊河岸擠滿了眾生，他們被閻羅使喚著，手中拿著各式的武器。他再度聽見觀世音菩薩的聲音：「兒啊，勿散逸地禪修心的本質。」瞬間，他如老鷹般飛到河的對岸。

在河的對岸，他見到閻羅王的主要助手之一牛頭阿瓦。牛頭阿瓦坐在由人和動物的頭顱做成的法座上，處於眾多的行刑者當中。這些行刑者都是獸頭人身，有著各式各樣的獸頭。四周都擠滿了眾生，他們當中許多的人，不是嚇得大哭，便是受到折磨，還有些快活的人，藉著神通力四處遊走。

最後，德瑪來到一座由珍寶所建的宮殿，宮殿處在一個多彩的光環中，彩光中出現各式各樣的本尊。他聽見眾多天人演奏的音樂。閻羅王坐在由大象、馬、孔雀和共命鳥（梵文：jivamjiva）⓫擎舉的法座上。閻羅王具有四頭四臂，穿戴報身佛的服飾。他第一對的手中，拿的是鏡子和簿子，下面第二對手結禪定印，當中握著有輪（the Wheel of the Existents），各種獸頭人身的閻羅，圍繞在身邊。

閻羅王向德瑪詢問他的生平和行誼。德瑪唱了這首無畏歌，簡單介紹自己：

嗡瑪尼貝美吽！
我乃圓滿證悟無二境界瑜伽士。
我於敵人無所懼，此敵乃是執著自他二元敵。
我乃證悟無量究竟本質瑜伽士。
我於敵人無所懼，武器之敵乃生於空性。
我乃證悟自然任運成就智之瑜伽士。

⓫ 根據摩尼爾．威廉斯(Sir M. Monier Williams's)的梵英字典，這是一種神秘的雙頭鳥。

我於敵人無所懼，閻羅之敵從我五毒煩惱生。
我乃遠離希求和疑慮之瑜伽士。
我於閻羅之敵無所懼。
我乃證悟真正本質瑜伽士。
我於敵人無所懼，此敵乃是中陰幻相敵。

於此，牛頭阿瓦以劍砍殺德瑪，但劍卻像穿刺虛空般地通過德瑪的身體，德瑪毫髮無損。所有的閻羅都感到驚訝，他們讚許德瑪，說道：「哈！哈！」

閻羅王也稱讚德瑪：「這位高人講的是眞話。」

接著，德瑪遊歷地獄各處，減輕地獄眾生的痛苦。之後，他回到他的身體，以便將訊息帶給人間的眾生。

十八層地獄遊記——達拉．孔秋．嘉岑

當達拉．孔秋．嘉岑離開他會毀壞的身體後，他看見西方整個天空都覆蓋著紅色的雲朵。白色怙主說道：「那些不是雲朵，而是分隔陽間和陰間的紅色沙漠山道（the Red Desert Mountain Pass）上的風暴。憑著你自身的修持力，要越過它是輕而易舉。」達拉呼喚諸佛上師的加持力，讓他輕易地橫越山道。瞬間，一條白色的光毯，從南邊伸展到他的面前。他看見上面有觀世音菩薩、蓮花生大士的忿怒尊以及眾多的本尊。蓮花生大士的忿怒尊，以一支巨型的經幡，敲擊山道三次後，山道便從基底瓦解。

再次，達拉看見天空滿是火焰，地球滿是血流和熔鐵。白色怙主說道：「這是無可橫越的亡者褐色大河（the Impassable Brown Massive River of the Dead）」，請向你的怙三本尊祈請。」達拉祈請怙主本尊和上師。瞬間，他聽見南邊傳來巨大的雷聲。接著，他看見觀世音菩薩，出現

在彩虹光環的籠罩中，如千日朗照的雪山般明亮，這時天空降下各種顏色的花雨。達拉發現自己坐在一條由光形成的船，船上有著許多拿著經幡的少年，他們正唱著嗡瑪尼貝美吽。瞬間，他跟著他們輕鬆愉快地越過大河。達拉感到觀世音菩薩、蓮花生大士、經幡以及上師們，都是無二無別的一體。在見識到如此驚人的神力後，達拉的身心皆充滿了無邊的虔敬。

再次地，達拉受到自身業力的牽引，來到一片籠罩在漆黑中的大地。黑暗中，偶然出現閃電和紅色的火花。這裡是亡者大灰地（the Vast Gray Field of the Dead）。遵照白色怙主的忠告，達拉進行祈願，以便能順利通過此地。他看見一位苦行的大瑜伽士，在眾多苦行士和僧人的陪伴下抵達。他們手中拿著巨大的經幡，口中唸著嗡瑪尼貝美吽。達拉跟隨著他們，瞬間便越過了這片大地。

接著，達拉感覺自己在地獄巨大驚人的牆外。達拉的主要上師貝瑪．德千，在化現為苦行士和僧人的眾多喇嘛的陪同下，出現在他的面前。他們右手轉著轉經輪，左手拿著巨型經幡。白色怙主和黑魔都已消失。

貝瑪．德千告訴達拉：「你必須見識一下地獄，如此，當你回到陽間後，你才能夠對人們描述地獄的景像。這將有助於人們認識地獄，相信它的存在，啓發他們修行。但你不依賴我的力量，是無法以一己之力遊歷地獄的。祈請觀世音菩薩，然後隨我來。」

在上師的帶領下，達拉遊歷了十八個不同的地獄。每個地獄中的眾生，都受到各種形式痛苦的折磨。這些都是他們在過去生造下的煩惱和惡行的果報。

十八個地獄中，前八個是灼熱地獄：1) 等活地獄：在灼熱的鐵地上，眾生因瞋恨而不斷彼此砍殺，最後又都復活並再次受苦，週而復始，永無止境。2) 黑繩地獄：在灼熱的鐵地上，行刑者在眾生的身體上畫線，然後以燒熱的鋸子，沿著線將他們切鋸成塊，眾生不斷的遭受這樣的痛苦。3) 眾合地獄：眾生被倒進巨型的熱鐵缽中，不斷地被灼熱的鐵鎚搗碎。4) 哭泣地獄：眾生在焚燒的鐵屋中被燒烤，哭喊尖叫聲不斷。5) 大號地獄：眾生被困在雙層焚燒的牆內，因受到巨大的痛苦而不斷大號。6) 熱地獄：眾生在熔化的銅漿中受到烹煮。7) 極熱地獄：眾生在焚燒的鐵屋中，被灼熱的三叉戟刺穿，並且被包裹在灼熱的鐵皮中。8) 無間地獄：眾生在如山般巨大的鐵焰中被焚燒，口中被倒入熔化的銅漿。只能聽聞到眾生痛苦的哭號，而看不見在熾燃紅焰中的眾生本身。

此外，還有八個寒冷地獄，眾生裸身在其中受苦，地獄的名字顯示眾生受到的可怕痛苦：1) 具皰地獄；2) 皰裂地獄；3) 緊牙地獄；4) 阿啾啾地獄；5) 阿呼呼地獄；6) 青蓮地獄⓬；7) 紅蓮地獄；8) 大紅蓮地獄。

此外，還有兩個次等地獄：1) 鄰近地獄：眾生掉進裡面滿是灼熱灰燼的洞中，或掉進是糞穢的沼澤地中，走在刃地上，穿過劍林，被鐵樹山丘的銳利武器刺穿，被鷲兀、男人或女人吃掉。2) 間歇地獄：眾生投生、或長期被困在各種地方和物件當中，如岩石、柱子、牆壁，甚至是傢具等。

每到一個地獄，貝瑪・德千都能夠以遍知的智慧，了知每個眾生受苦的原因，並解釋給達拉聽。同時，他也會說明，每個眾生要受到多久的痛苦，以及如何能夠幫助他們。直至眾生投生地獄的惡業耗盡之前，它們是不會因受苦而死亡，因爲受苦就是它們生命的一部分，而不是生命的結束。

仰仗著觀世音菩薩和這位上師的加持，許多眾生開始憶起他們在地球的前世。在達拉的鼓勵下，許多人傳送訊息給他們的家人，告訴家人自己遭受到的極度凌虐，並且乞求心愛的人爲他們做些善事，以便改變冥陽

⓬ 青蓮或鄔巴拉花（梵文：utpala）據西藏文獻的記載，是一種藍色的花。根據摩尼爾・威廉斯的梵英字典，它是一種藍色的蓮花或水百合花。還陽紀錄和佛教文獻中，都將第六、第七和第八寒冷地獄的痛苦，以尺寸較大或較小的花種，它們花瓣綻放的不同程度，來比喻眾生皮開肉綻的不司程度。

雙方的業力循環。

達拉在他的還陽故事中，列出許多來自西藏東部的人名，他們都是在不同的地獄中受著苦。他描述了他們受苦的情況，以及他們傳遞給所愛的人的訊息。有時達拉看不見請他代轉訊息的人，只能聽見他們叫他的哭喊聲。

例如，有一群地獄的眾生對他說：「請您將下面的訊息帶給我們的親人：請跟具有眞正宗教情操的人結緣。請將食物和物資，布施給饑餓和貧乏的人們和動物。請在石頭上雕刻嗡瑪尼貝美吽，並且把它印在布上，做成經幡旗。請從屠夫的手中救贖待宰的動物。請爲靈界受苦的眾生進行火供（藏文：sur）和水供（藏文：chutor）。請向諸佛供燈，並且造轉經輪。每當聽見我們的名字，是或想到我們時，請唸嗡瑪尼貝美吽。」

接著，達拉的另一個上師天津・達傑（Tendzin Dargye）出現，說道：「現在你應該去閻羅王的審判庭。」當下，白色怙主和黑魔同時出現在他的左右側，一人一手分別抓著他的手臂，帶他穿過一個巨型的鐵門，有許多齜牙咧嘴的動物守護著門。在裡面，達拉見到閻羅王處於一個如山般巨大的火球中，他的身體是黑色的，具有四面二臂，右手舞動著一片石板，左手拿著黑色的套索。閻羅王站在一頭面露兇色的水牛上，令人不敢逼視。他的身邊圍繞著成千上萬的閻羅，包括保管石板的牛頭阿瓦，保管秤子的蛇頭害人者，保管紀錄的猴頭年少者（Money-Headed Youth）。他們都雷吼著吽！吽！呸！呸！

白色怙主和黑魔將達拉帶到閻羅王的面前，指示他向閻羅王講述自己的生平。達拉說出了自己所做的一切善行，但閻羅王卻說：「你們人類最會撒謊了，誰知道你說的是眞是假？」

在閻羅王的命令下，牛頭阿瓦在鏡中觀達拉的行爲，而這面鏡子能夠清楚顯現每個眾生的行爲。蛇頭害者以秤子量秤他的行爲。猴頭年少者以查閱本子中的紀錄，來驗證他的行爲。他們都一致支持達拉的說詞。

這時黑魔起身咆哮：「哈！哈！我要挑戰你們的結論。」爲了提出證明，他倒出揹負在肩上的袋子，裡面裝的是代表達拉惡行的小石子，但只有八個黑色的小石子掉出來。接著，白色怙主也「哈！哈！」大笑，爲支持閻羅的結論，他拿出肩袋中代表達拉善行的石頭，結果出現數量如山般的白色石子。

此時，達拉見到的閻羅王，是美妙莊嚴的觀世音菩薩，而其法庭中的主要八位閻羅，是八大菩薩。

從閻羅王的右邊，延伸出一條朝向西方的白色光毯，閻羅王說道：「藉由這條光道，你能夠抵達極樂淨土。但是你還不能去那裡，因爲你必須當我的使者，回到人間利益眾生。」閻羅王說服達拉回到人間，告訴大家他在中陰的見聞，並且傳達地獄的眾生託他代轉的訊息。達拉因爲年事已高而不想回去，但最後還是服從了閻羅王的指示。

突然間，達拉見到一座覆蓋著白雪的白色佛塔，並且融入其中。事實上，這座佛塔是他自己的身體。瞬間，對於這個世界的感知，鮮活地出現他的眼前。慢慢地，他從自己會死之身的病中康復，恢復了正常。

多年來，達拉以開示和帶領祈禱和禪修，利益了許多人。一次在親戚的婚禮上，在聽見一千五百頭動物爲此喪命時，他極度悲痛地突然撒手人寰，但這次，他並沒有回來。

陷入幻相之中—達波・察西・南嘉的經驗

達波・察西・南嘉的故事，清晰地顯示出我們在中陰時，心的焦點會如何突然快速地轉變。

達波爲自己修持破瓦法，他從上半身的出口，將自己的心識遷出。他看見出現一條如地毯的光。接著，他便抵達一個快樂的淨土，見到諸佛、空行母和喇嘛們。在那裡，他享受著具有療效的飲食，美妙的音樂以及歡樂的舞蹈。

他在淨土遇見一位喇嘛，這位喇嘛是他的怙主本尊。這位喇嘛問他問題，達波應答著。但達波突然分心，見到在一條不可思議地高的山徑，頂峰插著經幡。他看見一片大地，下面是暗褐色、湍急的巨大河流。河上有六座橋，對岸有一座大城市。

達波再次覺得正與自己的怙主喇嘛談話，但他卻又一次分心，開始見到地獄痛苦的幻相。

他又回到跟自己的怙主喇嘛的對談，但卻突然再度分心，開始見到閻羅提拿許多眾生下地獄。

好幾次當他正在討論佛法時，他會突然不由自主地見到幻境。他的經驗告訴我們，在生前就必須培養心續的定力。

最後，達波抵達閻羅王的法庭。怙主喇嘛指著主要的幾個閻羅說道：「你無法隱藏自己所做的惡事，閻羅王的法網密而不漏。閻羅當中，牛頭阿瓦精於計數，獅頭閻羅精於作紀錄，猴頭年少閻羅精於觀鏡，虎頭閻羅精於在秤子上衡量行爲，豹頭閻羅精於讀紀錄，熊頭閻羅精於分辨善惡行爲，褐色熊頭閻羅精於武器。這些專精的閻羅，非常善於分別何爲善行、何爲惡行。」

怙主喇嘛繼續說道：「兒啊，你必須不散逸地看著本具覺性的本質。一切眾生都是因爲散失了對眞正本質的專注，所以遊蕩在輪迴之中。輪迴中無知的眾生，痛苦無止無境。諸佛具有淨觀，所見皆是快樂的淨土。眾生不清淨，見到的境相，就像地獄的熾燃鐵地。世俗的景像都是我們自身對虛妄感知的心理習氣。那些感知所見皆是淨土的人，不會遇到閻羅，而會看見諸佛，因爲究竟本質上，閻羅即是佛。」

接著，閻羅王命令熊頭閻羅：「帶這位瑜伽士去仔細看看地獄。他應該被送返人間。」

於是，熊頭閻羅告訴達波：「不要讓心散逸，安住在空性中；空性即是你自心本具覺性的本質。請跟我來。」熊頭閻羅帶領達波，遊歷地獄和其他惡道，見識無法想像的痛苦。之後，他將達波帶回法庭。

閻羅王告訴達波：「你要瞭解，經、律、論三藏⓭的一切法教都是修心的法教。了悟心的本質——無生本具的覺性，在無止息的法界中平等放鬆。藉由放鬆在如是的狀態中，保持安住。」

閻羅王命令三位閻羅，將達波帶回陽間。怙主喇嘛解釋：「我是觀世音佛的化現。」牛頭阿瓦說道：「我是金剛薩埵佛的化現。」猴頭少年者說：「我是寶生佛的化現。」豬頭羅刹（Pig-Headed Rakshasa）說：「我是阿彌陀佛的化現。」他們都說：「現在，回到你的身體，你的身體是諸佛的壇城。」

遊歷地獄六天後，達波感覺自己好像從睡中醒來。他的怙主喇嘛和閻羅已然消失。他發現自己在原本的禪修洞中，一位僧人、一位尼師和一位居士正看護著自己的身體。他想看看周遭，但卻什麼也看不見。一段時間後，身體才恢復了健康。

橫越亡者之地—嘉華．雲聰的經驗

雲聰是西藏原始宗教苯教的信徒。他的還陽故事告訴我們，任何宗教的虔誠祈願，在死時都會有所幫助。雲聰接觸過佛教，因此他見到在中陰度脫眾生的人，除了有苯教的本尊和上師外，還有佛教徒。有趣的是，跟密宗的教徒一樣，雲聰也將閻羅王的審判庭，視爲是證悟甚深的修行

⓭ 這些是佛陀教義的主要分類，一般稱為「三藏」。律藏講戒律，論藏講形而上學(metaphysics)(或分別智)，經藏講禪修。

之道和果的一部分。對他來說，這個法庭並不只是一個審判眾生，然後決定眾生投生何處的地方；如果我們能夠如實了悟它，它便是對於本具覺性——自心的眞正本質的內在醒悟。

離開了自己的身體後，雲聰突然覺得自己在飛翔，像小鳥一般。他越過許多高山和峽谷，看見高山上的一條山徑，上面有一堆人獸的骷髏裝飾，所有的骷髏正發出吵鬧的聲音。突然一位天女[3]出現在他面前，她身著棉衣，頭上有三根孔雀羽毛。這位天女是他的怙主本尊。她說道：「哈！哈！我不確定你是否能夠見到自己的母親。」但是她仍然給他忠告。按照她的指示，雲聰橫越山徑，發現一條三岔路口：紅色的岔路通往西方，藍色的岔路通往東方，中間彩色的岔路通往閻羅王的法庭——此處你不是獲得證悟，便是墮入輪迴的歧途。雲聰選擇中間的岔路，這條路有著如蛇的繽紛色彩。他走得很快。

道路開始變得狹窄，兩旁的山壁和岩石，似乎都快貼在一起。雲聰再次來到一個路口，這次是如頭髮般細的兩條道路：右邊是白色的道路，左邊是黑暗的道路。許多人在這兩條路上推擠前進，還有許多人從路上墜落。

雲聰選擇白色的道路，但沒走多久，路卻完全堵塞起來。接著，一位長髮的苯教喇嘛，穿著在家人的衣服，從另一邊走來，帶領約一百人邁向解脫。這位喇嘛告訴雲聰：「白色的路，是給那些利益有情眾生的人走的。黑暗的路，是一般人走的路，它會通往閻羅王的所在地。」

接著，雲聰發現自己在一個洞的入口。這個洞有個很小的開口，只能讓他的拳頭通過。所有的路最後都通到這個洞口，再也沒有別的路可走。他想：「現在我沒有了物質的身體，心識能夠穿過任何的東西。」對著群眾，他大聲地這麼說了三次。突然間，他發現自己來到了洞口的另一邊。

他站在一個廣大的灰色大地上，看不見任何的高山和峽谷。他想：「這大地無邊無際，但要橫越它並非不可能，因爲我是空性的。」剎那間，他發現自己到了大地的另一處邊界。

那裡是三條可怕、洶湧的河流匯集地。紅色的河流來自東方，暗色的河流來自南方，褐色的河流從北方與這兩條河匯集。在這條匯集的巨河上，只有一座狹長的橋。橋邊有許多哭號的男男女女，因爲需要過河但渡不了河。帶著悲心，雲聰對他們說：「我會爲你們做一個祈請。你們都跟著我一起唸。」他們都露出虔敬的神情聽他講。帶著強烈的虔敬心，雲聰同時向苯教和佛教的大師祈請：

> 釋以(HRI)！
> 我祈請偉大成就者創巴・南卡(Trangpa Namkha)
> 我祈請大師策旺・仁津(Tshewang Rigdzin)
> 我祈請大師蓮花生大士
> 我祈請芒圖・天帕・汪嘉(Montul Tenpa Wangyal)
> 我祈請具恩的根本上師⓮
> 請帶領亡者的心識獲得解脫。
> 加持他們，令他們中陰的恐懼消失，
> 加持我們成就遷移心識的破瓦法。
> 加持我們獲得解脫道的樂果。

接著，他安住在免於念頭的禪定狀態。由於他禪修的力量，所有在場的眾生都投生到快樂的境域。

這時，他的怙主本尊再次出現。他見到一座巨大的透明城堡，它極爲高聳，幾乎要碰觸到天空。他問怙主本尊：「這座城堡叫什麼名字？有誰住在裡面？」她回答：「這是顯相和空性的大雙融——閻羅的城堡。閻羅王住在裡面。這個時間，閻羅王的行持寂靜調柔，我們最好快快

⓮ 根本上師是指主要的佛法老師。

去見他。」

雲聰聽見威嚴的聲音充滿天地之間。一開始他有些害怕，但他告訴自己：「一切音聲，皆是本具覺性的自然音聲。光是本具覺性的光。光束是本具覺性的自然光束。這沒有什麼好怕的。」重拾信心後，他繼續走著。

閻羅的巨大城堡中，有一個以珍品做成的巨大寶座。寶座由八隻不同種類的猛獸擎舉，上面坐著一位令人生畏的紅色巨人，他的身體猶如須彌山般宏偉。他呈現出半寂靜和半忿怒的形相，有三隻眼睛和四個尖牙。他紅色的頭髮在頭頂紛飛，猶如灼熱的火焰。他穿著皮毛做成的袍子，頭上戴著一個骷髏冠，他的念珠也由骷髏製成。他右手握著有著卍字（梵文：svastika）⓯記號的權杖，左手拿著一面如滿月的鏡子；從鏡中，他可以觀到世界的一切現象。他吼著「吽」的聲音，三界爲之震動。雲聰相信，這個巨人必定是閻羅王。

雲聰對他行三個大禮拜，問道：「喔，閻羅王啊！我是來自康區的拉赤（Latri）喇嘛嘉華・雲聰。我的母親阿仲（Adron）在哪裡？」

閻羅王沒有直接回答這個問題：「哈！哈！你來此的目的，是爲了解脫那些三界如母的眾生，他們因爲惡行而墮落在此。現在，以你的力量，你必須解脫所有與你有緣的眾生。如果你沒做到，連我都會替你感到羞愧。」

這個時候，雲聰看見一位苯教的老者來到法庭，跟隨他的還有一名皮膚白色穿著白衣的人，以及一名皮膚黑色穿著黑衣的人。白衣人爲老人辯護，出示一整袋代表他善行的白色石子。黑衣人則出示滿袋的黑色石子，他的言語對老人不利。接著，閻羅王命令猴頭閻羅和獅頭閻羅，量稱老人的行爲。結果老人的善行比惡行稍微重了一點。猴頭閻羅接著觀鏡，但在裡面就只見到光。於是，閻羅王告訴這位老人：「你做了許多

⓯（藏文：yungtrung）許多世紀以來，這是印度教和佛教中代表「不變之力」的秘密符號。

極大的善行，但最重要的是，你一直對上師持有清淨的態度和恭敬心。因此，你可以去到香巴拉國（Shambhala）⓰」

許多人開始通過閻羅王的審判，而上師們也不斷抵達，解脫了他們當中的許多人。

雲聰遊歷了許多地方，唸誦了許多祈請文。當他在無所貪執的禪定狀態中大喊一聲「呸！」後，許多地獄的痛苦便消失了。

在遊歷地獄之後，雲聰回到城堡。閻羅王命令猴頭閻羅，將他帶走。雲聰沒有找到自己的母親。

回程的路上，雲聰看見兩位困在一座橋下的喇嘛。當他們在人間時，一位喇嘛爲不當的目的而驅魔，另一位喇嘛濫用寺產。但由於他們兩位都對佛教有信心，雲聰便以大虔敬心，向諸佛和佛教的傳承上師祈請，並且爲他們修持破瓦法。這兩位喇嘛因此從這個地方解脫出來。

雲聰繼續往回走，越過之前經過的橋，穿過亡者之地，走過亡者的狹道以及亡者之路。太陽剛在山巔露臉，他便回到了自己的家中。

雲聰在這之後，還有第二次的還陽經驗。如同第一次的還陽經驗，這次他也是依靠空性和覺性雙融的禪修力量，走過中陰的旅程；但他所造訪的，是位於人道和阿修羅道中不同的地方。

突然，一位貌美的空行母，出現在他的面前。雲聰祈請她帶他去找自己的母親。空行母並沒有回答他，而是轉變爲一隻老鷹，展翅飛入空中。雲聰瞭解，自己已經沒有了粗重的身體，所以他只要一動念，便也將自己轉化爲一隻老鷹，跟隨著這位空行母，然後愈飛愈高。他們往須彌山的北邊飛去，最後落在一處花團錦簇的地方。在一個花做成的帳棚中，

⓰ 香巴拉是一個傳奇的王國，根據密法的功德原理來治理國家。人們相信它存在喜馬拉雅地區，只能夠被高度證悟的修行者看見。許多佛教密宗的教法中，我們自己身和心的靈性功德，是以香巴拉宇宙的細節來解說。

他見到一位聖者。

空行母說道：「過來。」那裡有一支剛剛綻放的花，它的高度比其他的花朵都低，花中有三個嬰孩。空行母指著其中的一個嬰孩說：「他是你的母親。你可認得他？」這個嬰孩倒是認出了雲聰，說道：「兒啊，你怎麼來了？」雲聰的母親得到了一個新的、男性的身體，他雖然不記得自己前世的家庭，但仍然記得自己的兒子。接著，在空行母的忠告下，他們一同去見這位聖者。空行母請求聖者，爲雲聰剛獲新生的母親開示，而聖者答應了空行母的請求。

接著，空行母帶雲聰去到天人道。她在給予聽授記後，便飛到鄔地雅那去了。之後，雲聰發現他回到自己的身體，也回到了自己的家中。

受到甘露水的淨化──桑騰．秋州的經驗

桑騰．秋州在蓮花生大士的佛母耶喜．措嘉（Yeshe Tsogyal）的協助下，首先遊歷了地獄。通常，還陽者會先到閻羅王的法庭報到，但桑騰和一些人卻是先造訪地獄。最後，桑騰還是抵達了閻羅王的法庭。在那兒，白色怙主和黑魔分別爲她辯護和進行控訴。閻羅觀鏡審查她的行爲，發現她殺了許多的鳥和昆蟲，還發下許多的誓言。因此，她馬上在焚燒的大地上受到鞭打，身上還被澆以熔鐵。她記起蓮花生大士，並且向他祈請，白色怙主因此抵達，帶她去見閻羅王。雖然她感覺這段經歷長達一年之久，但閻羅王卻告訴她，這只有喝一盞茶的時間。

接著，閻羅王命令閻羅量秤桑騰的行爲，發現她的善行比她的惡行份量重多了。最後，閻羅王命令兩位閻羅，將她帶回人間。閻羅王告誡她要修學佛法，幫助眾生。接著，他補充：「從今以後，妳不需要來這裡了，妳可以去淨土。」

路上，桑騰遇到佛母耶喜．措嘉。佛母問起她的旅途，並在回程中向桑藤展示五佛部的淨土，它們位於四方和上方，由五種色光形成。

桑騰請求耶喜．措嘉帶她前往極樂淨土。耶喜．措嘉騎著一頭獅子，桑騰跨騎一隻白色的騾子，耶喜．措嘉首先帶著桑騰抵達西方的一座山頂。從這裡，她們可以清楚看見極樂淨土。桑騰極度歡喜地行三禮拜，接著獅子和騾子消失不見，她們所站的山頂，突然便成柔軟溫和的大地。她每走一步，腳下便生出一朵紅蓮。她沐浴在甘露雨中，暢飲流降的甘露。她所有的染垢和惡業都被清淨，她的身體變成白色，猶如由海螺做成。她每走一步，便能越過一座山谷，最後，她來到一個無比莊嚴的淨土，其中有美麗的樹木、果實、花朵、珍寶和裝飾。菩薩化現的鳥正在唱歌，任何桑騰的願望都能自動實現。

走不到三步，桑騰便越過了三道牆，來到阿彌陀佛的面前。阿彌陀佛坐在一棵巨樹的樹腳，這棵巨樹極度華麗。他的右手邊是觀世音菩薩，左手邊是大勢至菩薩，他們每位都受到一億位菩薩和僧眾的圍繞。四處都是各種男性和女性的佛和菩薩，他們處在如海會般的徒眾當中。那裡還有各式各樣的忿怒本尊，包括蓮花生大士在內。她還看見各種傳承的無數上師。

她在還陽故事中，沒有提到她如何回到自己的身體。

不要氣餒—強秋．森給的經驗

強秋想要回家，突然間，他便發現自己身處父母的家。他到處向鄰居討食和詢問，但沒有一個人理他，甚至不看他一眼。他認定每個人都在生他的氣。

他看見一個提著水的年輕女孩，他向她要些水，但這女孩卻一言不發。當他試著自己從她的水壺中拿些水，水壺卻從女孩的手中滑落，碎成一地。他抓著一匹馬的尾巴，但馬卻跌倒。他看見一個正在織布的女子，但這女子卻不理他；當他試著碰觸毛線，毛線卻被暴風吹跑，害她必須追著毛線跑。這些讓強秋更加擔憂，因爲他想起一句俗語：「幽靈雖然無法被看見，卻可以讓東西移動。」

接著，他想：「現在我應該去寺院。」在路上，一隻吠犬追著他跑。一名女子怒斥這隻狗：「死狗，你一定是在對著鬼叫。」因爲一般人相信，貓狗能夠看見幽靈。聽到這名女子稱他爲鬼，強秋回嘴：「讓我看看妳的神不是鬼！」但這名女子沒有聽見。之後，他抵達了寺院。他看見自己的住房中有一具屍體，兩隻巨大、可怕的獵犬在一旁守著。強秋感到非常害怕，他想：「我可能死了！」

這時，他發現自己來到了一座大山的另一邊。他在一片黑暗的大地上，身後受到業力暴風的推動，閻羅的吼聲如千雷齊鳴，灼熱的鐵地焚燒著他的雙腳，無數惡業深重的眾生，在地上到處匍匐。

極度恐懼下，強秋向觀世音菩薩祈請。瞬間，他見到一位膚色皎白的八歲男童，身穿絲綢，戴著寶飾，坐在蓮花日月輪的座位上。他加持強秋，並向他擔保，多生多世以來，他們的因緣深厚。這位男童便是強秋的怙主本尊，所以強秋向他祈請。

強秋在遊歷了許多地獄後，來到閻羅王的住處。在一座巨大的宮庭中，有一個由八隻鳥獸擎舉的寶座，閻羅王坐在寶座的蓮花日月輪的坐墊上。閻羅王的上半身穿戴白色的絲綢和珍寶，下半身穿著以黑蛇爲腰帶的虎皮裙。他身體散發出的光芒如此耀眼，以至令人無法直視。閻羅王的眼睛血紅，手中拿著水和火焰。他的右邊有一個明鏡，左邊有一個石板，身邊受到一千位閻羅的圍繞，他們的相貌跟閻羅王差不多。閻羅王的面前聚集了無數的眾生，數量跟河邊的沙子一樣多，有無窮多的閻羅正在決定他們的命運。

閻羅王送強秋去見識餓鬼道、畜生道、人道和阿修羅道等各種境域。之後，閻羅王透過強秋傳話給人間的眾生：「相信三寶、培養菩提心、供養、領受法教和口傳，尤其要唸誦嗡瑪尼貝美吽，因爲這是佛法的精髓。」

強秋問閻羅王：「是否所有人死後都必須見你？」閻羅王答道：「除了兩種人外，人間沒有一個人不會見到我。那些從一出生便獻身佛法的人，他們的心識離開身體後，便直接到極樂淨土，不需要見到我。那些從一出生便造作重大惡業的人，他們死後便直接下地獄，連見我的機會都沒有。」

強秋接著問：「是否存在不具利益的善行，或不具傷害的惡行？」閻羅王回答：「有的。即使你花錢做好事，但如果這錢是向金剛上師或自己的父母騙來的，從苦行僧身上強奪來的，或是向任何人課徵而來的，這便不能算善行。

與上師及佛法的敵人相對抗，不能算是惡行。如果是爲了保護弱小而與害人的野獸、毒蛇、盜賊、殺人犯或其他的害他者作對的話，這不算是惡行。」

接著，閻羅王說：「今後你再也不用見我了。你會爲眾生帶來極大的利益，你會成佛的。」

於是，強秋回到了人間。他回到了在經歷死亡前，自己一直在裡面禪修的寮房。在房中他看見一具狗屍。一隻蒼蠅停在狗的嘴中，唸誦著嗡瑪尼貝美吽。接著，一隻鴿子落在屋頂上，問他：「可憐的人，你可受到了煎熬？」一隻燕子則問：「兒啊，你來了啊？」

強秋看見死狗的旁邊，有一件自己的衣服，當他正想著要將衣服移開時，突然他的心識就被困在狗的屍體中；事實上，狗屍便是他自己的身體。他想要起身，但卻無法起身。他的身體如水中石頭般冰冷。他非常不高興，以至心臟作痛。接著，他見到觀世音菩薩。觀世音菩薩安慰他：「我的兒啊！不要氣餒。你已經獲得了寶貴的人身。你已經回到了自己禪修的閉關房。」之後，強秋慢慢地恢復了意識。

地獄是意料之外的淨土——措普·多洛的經驗

接下來的這個還陽故事頗具深意，藏文版的原文寫得極為優美。

措普·多洛覺得自己光著身體，但仍然和生前一樣具有感覺器官。他開始走在中陰漫長、狹隘、灰暗的旅途上。在自身業力之風的推動下，他無法保持不動，只能快速地走著。黑暗的四周，不見日光或月光，到處是狂風暴雪和洪水，迴盪著如雷般「殺！殺！打！打！」的怒吼聲。

這裡有許多來自人間的眾生，他們受到恐懼、困惑和飢渴的折磨。這些人當中，多洛認識一位叫秋查·臧波（Chotrag Zangpo）的喇嘛，多洛問他：「喇嘛，您在這裡做什麼？」喇嘛回答：「我來此救度一些與我有緣的眾生。」這個喇嘛藉由觀世音菩薩的力量，解脫許多的眾生。

為了路上受苦的同行旅者，多洛向觀世音菩薩祈請。瞬間，觀世音菩薩出現在他面前，帶著愉快的笑臉說道：「你一定要轉動可以顛覆輪迴的巨輪。你一定要帶領中陰的眾生前往淨土。」因此，多洛唱著嗡瑪尼貝美吽，給予眾生開示並唸誦祈願文⓱。他感覺中陰的世界在瞬間被清空，但下一瞬間，卻再度被新來的眾生填滿。

接著，多洛抵達是一片熱沙的亡者大灰地（the Vast Gray Field of the Dead）。這個地方具有六種不確定：眾生不確定該去或該停在哪裡、該在哪裡找地方住、該做什麼、該吃什麼、該跟誰作伴，以及不確定自己的感受，因為每樣事情都瞬息萬變。

由於多洛不具有生理的氣脈，他的能量顯露在外，完全無法控制自己的

⓱ 祈願文是為了達成各種願望而唸誦、唱誦的經文。

心識，因此他的心如野馬奔騰。再者，由於他沒有生理的紅白明點——或稱內在的太陽和月亮，對於外在的太陽或月亮的光芒，他也沒有任何感覺，每樣東西都充滿黑暗。他身體五風的光芒，如黎明般生起，令人無法忍受的光束頻頻閃耀，感覺好像行星和星辰即將降落在地球一般。在這樣一個黑暗和光芒交加的環境下，他的心理習氣投射出可怕、危險的怪物。

在人群中，多洛看見一位正在受苦的喇嘛。多洛祈請並轉動自己的轉經輪，但這個喇嘛對他沒有信心，所以多洛無法幫助他。

接著，多洛來到介於陽間和陰間的沙山道（the Sandy Mountain Pass）。他看見兩條路：一條是給那些造下極大惡行的人走的暗路；走在上面的眾生正如岩石般滑落，直墮地獄灼熱的鐵地。另一條路是給那些行善的人走的白路；眾生沿著白路抵達閻羅王的法庭接受審判，並且有可能從那裡藉由五色的光道前往淨土。

多洛看見過去認識的朋友霞撒．察西（Zhagsar Trashi）正遭受極大的痛苦。察西乞求多洛爲他祈請，多洛便唸誦祈願文並且轉動他的經輪。雖然察西曾經造作惡行，但由於他對多洛的信心以及過去跟多洛的緣份，他便從那個地方解脫了出來。

接著，多洛來到無可橫越的亡者褐色大河。這是一條流著熔鐵的大河，裡面滿是各種邪惡的眾生一這是個人業力習氣的反映。

橫跨此河的是亡者鐵橋（the Iron Bridge of the Dead）。行善的人看見的這座橋寬廣易行，幾乎看不見橋下河水中有任何駭人的東西。但許多造作惡行的人，看見的橋卻是如幾根稻草般地狹窄;他們被閻羅追逐過橋，許多人掉入河中，受到灼燒或被是邪惡的眾生啃咬。多洛唸誦祈請文並轉動他的經輪，此舉解脫了許多的眾生。

接著，多洛來到地獄。這裡是一片灼熱的鐵地，沖天的烈焰中，穿插著哭號和吼叫的聲音。這是一個令人慘不忍睹的地方。轉著他的經輪，多洛發願並祈禱。接著，他宣示他的教導；

> [如是地]認出你虛妄的感知，
> 地獄即是無上的淨土。
> 閻羅王是宇宙真理的體性[法身]，
> 他的閻羅眷屬是寂靜和忿怒的本尊。
> 願你如是地證悟此真正的本質。

他唱誦三次嗡瑪尼貝美吽。地獄瞬間充滿彩虹的光芒，所有眾生感到平靜和喜樂。

接著，十萬行刑者在閻羅和白色怙主本尊的帶領下，吹奏著音樂並且帶著供品前來歡迎多洛。多洛進入閻羅王的法庭，身後跟著約十萬名亡者。閻羅王喊著：「太好了，你來了！如果你認出我，我便是宇宙眞理的體性——法身。你若是沒有認出我，我便是判定誰行善誰造惡的閻羅王。

瞋恨的眾生下地獄，貪愛的眾生下餓鬼道，愚癡的眾生到畜生道，嫉妒的眾生到阿修羅道，傲慢的眾生到天人道。那些善行中混雜著五種煩惱的眾生，去到人道。那些行持清淨的善行的人，不需要在中陰或地獄中受苦；一旦命終後，他們會直接到如極樂淨土等淨土，如同飛入天空的鷹兀一般。」

閻羅王下令閻羅：「我在石板上看見成千上萬的眾生的死期已到。所以，查查他們究竟是行善還是造惡。在顯現一切行爲的鏡子中，觀他們的行爲。在記錄簿內，調閱細節。在公平的秤子上，量秤他們的行爲。聽從勝利鼓（the victorious drum）發出的聲音。別犯任何錯誤。」

行刑者請閻羅王親自審理，因爲這些眾生業力的詳情難以斷定。於此，閻羅王命令白色怙主本尊和黑魔，謹慎地代表每位眾生出庭辯護。

白色怙主本尊爲多洛的追隨者說話，他聚集了如山的白色石子，代表他們每個人累積的善行。接著，黑魔對他們進行指控，拿出堆積如山的黑色石子，代表他們造作的惡行。根據這些證據，閻羅王將行善的人送往淨土或人間，將造惡的人送往惡道。

接著，閻羅王指示牛頭阿瓦，帶多洛見識灼熱地獄和寒冷地獄。多洛遊歷了所有八個灼熱地獄。在他行經的許多地方，他向觀世音菩薩祈請，唸誦嗡瑪尼貝美吽，修持「自他交換」⑱，因此解脫了許多眾生。多洛遇見許多來自人間的眾生，有些是他認識的人，有些人他不認識，但他們都請他代捎口信給家人，懇求家人爲他們做些法事，以他們的名字做功德的迴向。

許多的上師和佛在地獄中遊歷，藉由傳授開示和加持以度脫眾生。

接著，多洛回到閻羅王的地方，閻羅王命令他返回人間：「請告訴人們地獄的痛苦。請奉行善業，莫造惡業。給予人們開示。你會對許多人有很大的利益。你來生會投生天界的淨土，在那裡你會利益更多的人。」

現在，多洛感覺自己走在一條通往人間的光道上，沿途都是白色怙主本尊爲他送行的音樂與燃香。

有一段時間，多洛陷入昏迷中。他見到蓮花生大士爲他舉行長壽灌頂，還給了他一些令人鼓舞的授記。最後，多洛醒過來，發現他在自己的體內，置身人類的世界。

---

⑱ (藏文：dag shenjewa)自他交換是一種禪修法：藉由悲心的力量，觀想把自己的快樂給他人，他人的痛苦由自己承擔。近年來，透過施受法(藏文：tonglen)的特定修持，這項禪修法在西方的佛教徒中廣受歡迎。

形相無別於智慧——達瓦・卓瑪的經驗

達瓦・卓瑪遊歷過若干個淨土和地獄。由於地獄在其他中陰故事中已多有描述，所以在此我更多著墨的是她在蓮花生大士[4]的淨土的經歷。

蓮花生大士的化身淨土

達瓦・卓瑪覺得自己如振翅高飛的鷹鷲穿過天空。她發現自己來到蓮花生大士——化現爲大成就者的佛，他的化身淨土。她見到廣袤無垠的大地，中央有一座心形的巨大紅岩山，周圍環繞著許多尖銳形狀如劍的山，所有的山都發著閃閃紅光，天空飾有五彩虹光形成的傘蓋。各種美麗的鳥類快樂地歌唱嬉戲，大地鋪滿各色各類的花朵，整個地方充滿了一種極其甜美的香氣，震懾她所有的感官知覺。那裡還有一座如藍寶石般藍色的山。這些不是模糊的顯相，而是眞實現前的鮮活景像。

白度母是達瓦・卓瑪的怙主本尊。達瓦・卓瑪以重複唸誦金剛七句祈請文和修持上師相應法向蓮花生大士祈請。

她向淨土行大禮拜並敬獻曼達。

在群山的中央，她看見蓮花生大士不可思議的宮殿——「蓮花光宮殿」。這座由光形成的閃耀宮殿，是蓮花生大士本身證悟之智慧的自然顯現。它具有由五種珍貴材料建成的最豪華的結構，到處是富麗堂皇的設計和裝飾，而當中的每一個細節，都標示並教導著我們佛果中某種特定的智慧和功德。這淨土中充滿了證悟的大師、勇父以及空行母。

在宮殿的東門，四位空行母協助達瓦・卓瑪穿上一件如彩虹般多彩閃耀的新衣。在穿過富麗的水晶大門後，她爬上一條長長的階梯。接著，在一個大殿中，她加入喇嘛們和空行母的一場盛大薈供，跟著大家唸誦淨障文。接著，一位藍色的空行母，護送她前往一間寬廣的宮殿，這是此建築群內眾多宮殿中的主要宮殿。在那裡，她與許多其他人在水中淨身，而參與了淨障儀式的修法。

達瓦・卓瑪被領著在這個殊勝的宮殿中四處參觀，還造訪了此建築群內其他的宮殿。在這些不同的地方，她受到大師們的歡迎和加持，他們具有天界的光麗形相，散發出懾人的靈性力量。他們當中，有些是她已圓寂的上師，有些則是古代重要的大師，例如耶喜・措嘉、曼達拉娃公主（Princess Mandarava）、列吉・汪嫫・切（Legyi Wangmo-che）、欽哲・旺波（Khyentse Wangpo）以及許多空行母。她向他們頂禮，並且帶著由衷的虔敬祈請。

在蓮花生大士的足下

在白度母的陪伴下，達瓦・卓瑪進入另一個不可思議的美麗宮殿。這個宮殿看似由紅色的水晶建成，它是如此巨大雄偉，以至於它的大小無法測量，而且也超乎想像。宮殿裡面充滿富麗堂皇的裝飾、豐富無窮的財寶，以及堆聚如山無法想像的供品。

最後，在一座大殿的中央，達瓦・卓瑪看見一個巨大的法座，在她的眼中，這個法座比一座三層樓的建築物還高，法座向十方散射出光芒。在法座的上面，她見到殊勝的蓮花生大士——諸佛智慧、慈悲和力量的體現。在法座的周圍，她見到無數各式各樣的空行母和大成就者，他們具有不同的膚色、衣著、姿勢、手勢，並且籠罩在各種音樂的旋律中。一見到蓮花生大士，達瓦・卓瑪所有的念頭便自然止息，與一種無法言說、想像、表達的狀態合一，在這當中，她獲得了確信。有一段時間，她安住在一種喜樂而孤寂的狀態。

接著，達瓦・卓瑪趨近法座，以前額碰觸蓮花生大士的腳。蓮花生大士為她摩頂加持，並且唸誦金剛七句祈請文。

達瓦・卓瑪在參觀此淨土時，得到許多大成就者的加持和教導。她還遇到一位叫做德千・多傑（Dechen Dorje）的大喇嘛。這位喇嘛是她過世的叔伯，目前已經投生到蓮花生大士的淨土。他給予她開示、授記和加持，並且建議她回到人間。

接著，達瓦・卓瑪被帶到一間迷人的房間，裡面有張床、枕頭和靠枕，還有一位待命的侍者。她睡了一會兒。醒來後，她再次晉見蓮花生大士，唸誦了金剛七句祈請文並發願，蓮花生大士賜給她灌頂和加持。蓮花生大士帶著極大的悲心說：「現在，帶著對六道痛苦的覺知，妳必須回到人類的世界，告訴人們你的見聞，並且敦促他們行善。」

達瓦・卓瑪帶著沉重的心情，流著淚離開蓮花生大士的跟前。回程經過許多不同的宮殿和大門時，她向大成就者和空行母道別，並且獲得他們的加持。

給人間的智慧之語

接著，白度母帶領達瓦・卓瑪前往地獄。達瓦・卓瑪遊經中陰的經驗。她在閻羅王的審判庭中，見到現忿怒相、令人生畏的閻羅王。在遊歷地獄時，她藉由開示、祈禱以及唸誦蓮花生大士的咒語「嗡阿吽班札咕嚕貝瑪悉地吽」，幫助了許多地獄的眾生。她也親眼見到業力的報應和地獄之苦的嚴峻，因此回到人間後，她的現身說法會更具說服力。她同時為亡者帶回許多的訊息，以轉達給他們在人間心愛的人。

在回人間之前，白度母還帶她參觀了觀世音菩薩的淨土普陀拉（Potala），以及度母的淨土玉樓寇帕（Yulo Kopa）。

達瓦・卓瑪在參觀度母的淨土時，突然感覺長壽母護法（Dharmapala Tseringma）叫了她三次：「達瓦・卓瑪！回到人間！」接著，她生起一個念頭：「我的叔伯仁波切、我的父母，以及所有我愛的人都在榮慕山谷（Throm Valley）。我必須回去！」偕同白度母，她瞬間回到了人間。

在家中，達瓦・卓瑪的上師充給・創巴（Tromge Trungpa）打開她的房門為她修長壽法，而她的身體還躺在房裡。不久，達瓦・卓瑪的心續回到她的身體。她是這樣描述她復活的經驗：

我感覺身體麻木，感官幾乎沒有任何知覺。我同時沉浸在對諸佛的虔敬心和憶念淨土的快樂，以及對地獄的痛苦的一種悲傷中。就在這樣多種感受的交集中，我恢復了完全的覺知，好像從一場深沉的大夢中慢慢醒來。我的叔伯創巴站在我的面前，手中拿著長壽修法的箭，帶著佈滿血絲的眼睛關心地看著我。我一句話都不敢說，因爲有些不好意思。接著，僧眾進行除障的修法。我的朋友們，哭著直問:「妳累了嗎？」「餓嗎？」「渴嗎？」我一點也不覺得餓，也不覺得渴，但說服不了我的朋友們。最後，我們都歡喜地慶祝一場薈供。

達瓦．卓瑪忠告給予所有人忠告，幫助大家改變地獄的投生並確保投生淨土。下面是她給人間訊息的摘要：

1. 藉由禪修來清淨你已做的惡行，並且不再沉溺於這些惡行。
2. 為了積聚福德，唸經、印經，禮敬並供奉如佛像等聖物。
3. 修持各種本尊儀軌，並且唸誦他們的咒語。
4. 進行薈供。
5. 救助他人免於傷害，救贖將被宰殺的動物。
6. 懸掛經幡、在石上刻咒語、旋轉經輪，修持斷食儀軌。生起並持守對佛以及佛法的虔敬。
7. 培養對一切眾生的悲心。
8. 尤其要持守並圓熟三項清淨戒律：將一切所見視為佛的淨土，將所有音聲視為神聖的音聲，將一切感受——生理、心理、情緒的經驗視為佛的智慧、究竟的平靜、喜樂以及遍知。
9. 最後，將自己善行的所有功德，迴向給特定的個人以及一切的眾生。

達瓦．卓瑪根據她還陽的經驗，將自己的餘生用於開示佛法，完全將生命奉獻在服務他人上。她會對那些抱怨的人說：「無論你在人間的處境多麼艱難，都無法與地獄的痛苦相比。」

達瓦．卓瑪到西藏中部朝聖時，懷了她的第一個兒子——洽杜仁波切。洽杜仁波切之後逃到印度，接著移居西方世界，在美國和巴西設立了幾所佛學中心，並在那裡傳授佛法。達瓦．卓瑪後來又生了一個女兒，名叫聽列．汪嫫（Thrinle Wangmo）。1941 年，達瓦．卓瑪 32 歲，她在產下另一個兒子時往生，而嬰兒也沒有活下來。她往生和火化時，人們見到許多神奇的異象。她和她的還陽故事，啓發了西藏東部許多地方居民的心靈，讓他們相信因果定律和來世，因而喚醒了許多人心中更善良的本質，激發出人與人之間彼此關愛的民風。

讓每個人獲得解脫——蘇切．傑尊．洛千的經驗

蘇切．傑尊．洛千將她在蓮花生大士的淨土的經歷，優美地描述出來，她並且開示：地獄僅是心虛妄的感知。

與獨眼空行母同遊

傑尊的心識離開了自己的身體。突然間，她在內觀中，看見面前出現一位非常吸引人的空行母，她的身體爲藍綠色，具有美麗的眉毛和鬆垂的頭髮。這位空行母只有一隻在額頭中央的眼睛，她問傑尊：「女兒，妳想去蓮花生大士化現的吉祥銅色山嗎？」傑尊回答：「想！」

握著空行母的手，傑尊快速地與空行母一起浮升在空中，越過許多地方。首先，她們橫越一片遼闊的大地，通過一條巨大的河流。接著，她們穿越一個樹可參天的地方。最後，她們來到一個高山通道的頂端。所有她們路過的地理特徵，都是中陰的地標。接著，空行母說道：「妳看！」

傑尊看見遠方有一個宏偉又美麗非凡的紅色大洲。她感覺全身充滿帶熱的強大能量。空行母告訴她：

喔，幸運的女子，妳看那裡。
那片土地即是無上的妙拂洲，
這是三世諸佛加持過的地方。
在古時，這是一個邪惡之人的心［自我］受到降伏的地方。
藉由金剛亥母⓳加持的力量，
殊勝的密法在那裡興盛。
據說，只要見到、聽聞或憶念那個地方，
便能夠獲得證悟。
所以，如果妳真的去到那裡，證悟絕對沒有問題。
即使妳僅是以虔敬的雙眼看著它，
妳便會獲得淨土的體驗。
因此，帶著恭敬的心，向它頂禮吧。

傑尊心中生起強烈的虔敬心。她向吉祥銅色山禮拜多次。她看見那裡有一座宏偉的宮殿，壇城的造型加上亮麗的珍寶建材。它是如此地高聳雄偉，似乎快碰觸到天界。她看見宮殿四周有無數的勇父和空行母，他們正以不可思議的財寶和歡喜心獻供。同時，宮殿的周圍也有廣大的花園，園中充滿了各種滿願樹、繽紛的花朵和美麗的湖泊。

宮殿的最上層是法身淨土，爲究竟空性的狀態；中層是報身淨土，爲永恆的富饒之地；下層是化身淨土，爲一般信眾能親見並受用的化現淨土。僅僅見到這個宮殿，傑尊便經驗到了自己的證悟之心的自然狀態。

進入吉祥銅色山

這時，空行母說：「現在，我們要去那裡。」前往吉祥銅色山的途中，傑尊感覺有一大群的人在看她們。瞬間，她們便抵達了以珍寶建成的最令人印象深刻的大門。空行母敲了敲大門，一位皮膚紅色的威嚴女子出

⓳ 女性佛。

來質問：「妳是誰？」空行母回答：

> 這位女士來自佛國西藏，
> 她是燦爛藍光空行母(radiant Blue-Light Dakini)的心意化現。
> 她來此拜見一切持明者之體現的大士(the Great Master)，
> 但是她被自身之業力染污的印記所困惑，
> 請指引她，讓她在旅途中沒有任何障礙。

這位紅色的女子對傑尊答道：

> 我只是一名宴會中的行事空行母。
> 在沒有向裡面的女士們請示前，
> 我不方便立刻帶妳進來。
> 女兒啊，請在這裡稍待一會兒。

這名女子轉身進去，空行母也尾隨其後。不久，出現五位非常美麗的女子，她們手中拿著水瓶。她們以淨化甘露爲傑尊淨身，然後帶領她進到內門。剎那間，傑尊的身體受到一種樂受的震懾。

在宮殿裝飾富麗的門口，傑尊受到一位空行母的迎接，她高貴美麗的外貌中帶著一絲嚴厲。瞬間，傑尊的心進入禪定，經驗到第十地菩薩的禪定狀態。傑尊向這位空行母行七支虔心的祈請。這位空行母帶著傑尊爬上一個水晶梯，走了 16 階後，傑尊發現自己進入了宮殿內，裡面是開闊無邊的空間。從中，一切萬法都可以被看見，沒有任何的障礙或阻力。

傑尊的面前有一個帶金色圖案的白色絲質帷簾。帷簾打開後，出現在她眼前的，正是具有王者之姿的蓮花生大士。他坐在蓮花寶座上，皮膚白裡透紅，散發出極大的平靜、全然的開闊和忿怒的力量。他頭上戴著一個形狀像蓮花的帽子，上面裝飾著日月的圖案和老鷹的羽毛。他穿著三法衣，外面套著一件錦緞長衫，右手拿著金剛權杖，左手拿著顱器，顱器裡面有長壽瓶。他的光芒比十萬個太陽還強烈。她覺得，無論自己再怎麼看他，也永遠看不足夠。

傑尊清楚地看見，蓮花生大士的身邊圍著一大群人，他們是過去所有印度和西藏的偉大成就者。

蓮花生大士以他慈愛的眼睛注視著傑尊，令傑尊全身每一根毛髮直豎。她的臉上滿是淚水，它們是無盡的喜樂和無法抑止的虔敬的眼淚。她在蓮花生大士的面前多次禮拜，並代表一切如母眾生向他祈請。蓮花生大士給予她許多的授記和下面的開示：

> 哦，燦爛藍光空行母聽我言：
> 此為無上淨土吉祥銅色山。
> 除了具善業的男子女子外，
> 凡夫無法享用之。
> 此為我——大士的無上淨土。
> 這裡的大師和成就者，
> 沒有一個人不是獲得高階的成就。
> 能夠見到這樣淨土的任何人，
> 將永遠不會偏離證悟的道路。
> 所以，妳應當生起虔敬和歡喜。
> 那麼，不久後，妳必須回到西藏：
> 成為教導因果業力的領袖，
> 成為展現大乘佛法的大師，
> 成為一切空行的頂上珍寶，
> 成為心髓——我教法的執持者。
> 任何人見到妳的臉或聽見妳的聲音，
> 將會獲得證悟。
> 這些是蓮花生大士說的話。
> 哦，聚集在此的持明者，
> 請將你自心的加持賜給她。

大士的加持

這時，從所有聚集在此的大師心間，發射出白、紅、黃、藍等各種顏色的光束，它們融入蓮花生大士的心間。在蓮花生大士的帶領下，所有大師一同唱誦金剛上師咒語：嗡阿吽班札咕嚕貝瑪悉地吽。咒語的聲音充滿四周。接著，蓮花生大士將手放在傑尊的頭上說道：

> 願妳的身、語、意，受到我的身、語、意的加持。

瞬間，傑尊覺得全身發麻，她開始顫慄。她以各種美妙的旋律，唱誦對蓮花生大士的祈請，並爲一切如母眾生的幸福而發願。之後，在離開前，她心情沉重地說：

> 哦，海中出生的大士，
> 一切諸佛的體現；
> 開演九乘⑳法教的印度和西藏的持明者；
> 海會的空行母——母親，
> 在幸運者雲集的吉祥銅色山宮殿中，
> 受用著大樂和歡喜的殊勝。
> 我是名為洛千的乞丐，
> 從西藏的痛苦之地獨自流浪到這裡。
> 嗚呼，這必定是我過去惡行的報應，
> 讓我不得不回到西藏。
> 哦，聚集在此的大師！
> 您可知道我的痛苦？
> 三界六道一切眾生所承受的痛苦，
> 願它們都加諸在我的身上，由我來為他們承受。

---

⑳ 九乘包括了完整的佛教教法。根據藏傳佛教寧瑪派，九乘指的是經教三乘（聲聞乘、緣覺乘、大乘）、外密三乘（事續（Kriyatantra）、行續（Charytantra）、瑜伽續（Yogatantra））以及內密三乘（摩訶瑜伽（Mahayoga）、阿努瑜伽（Anuyoga）、阿底瑜伽（Atiyoga）[大圓滿（Dzogchen）]）。

這時，傑尊之前在大門見到的空行母走向她，以一支長壽箭爲她加持，並說道：

> 哦，幸運的女孩聽我言：
> 我是燦爛藍光空行母。
> 妳我猶如月與水中月影不可分。
> 請不要為妳的離去而悲傷；
> 由於蓮花生大士慈悲的加持，
> 妳將利益為數不可思議的眾生。

傑尊以頭碰觸蓮花生大士的腳，獲得蓮花生大士賜予的四灌頂。她也獲得其他大師們的加持。燦爛藍光空行母領她到大門，給予她授記和加持。在那裡，傑尊再度遇見獨眼空行母，並且跟著她踏上回程。

對惡道中受苦眾生的悲心

瞬間，傑尊便抵達了天界。天界的男男女女沉溺於歌舞、伎樂和其他感官欲樂的享受中。阿修羅道的眾生受到彼此爭戰的折磨。畜生道的眾生受到奴役，而且還彼此吞噬。餓鬼道的眾生處於極度的飢渴狀態中。

接著，傑尊橫越廣袤的大地，攀登高聳的山道。在山道的頂端，她看見可怕又痛苦的地獄道。她的往心下沉，充滿巨大的悲傷，她想：「我必須到那裡，祈求閻羅王釋放那些痛苦的眾生。」無數年來，地獄的眾生不斷受到難忍的嚴刑拷打：他們在噴火的紅鐵地上被燒烤；他們被切成碎塊，被壓成粉末，在炙熱的囚房中被烤，被炙熱的武器刺穿身體，被倒進喉嚨的燒鐵漿燙傷。由於自身業力的緣故，他們永遠不會死，反而會一次又一次地恢復意識，直到他們受生地獄的業報竭盡爲止。

傑尊帶著滿臉的淚水、悲傷的心情，以及慈悲的胸懷而祈請。瞬間，一位頭戴觀世音聖像的空行母出現，並且給予傑尊修行的口訣。按照空行母的指示，傑尊從內心深處祈請，感覺地獄眾生的痛苦獲得減輕。所有痛苦的眾生都注視著她，甚至有些眾生得以皈依三寶。傑尊對他們唱出下面的開示：

現在，如果你想從這些痛苦中解脫出來，
應將你有信心的上師，
視為一切究竟的皈依處——佛、法、僧的體現。
帶著強烈的虔敬心向他祈請。
對於你過去的惡行生起悔意，
誓言不再重犯這樣的惡行。
發願他人的痛苦由你來承擔。
將地獄的守衛視為是大悲佛觀世音，
將地獄道視為是大悲佛觀世音的淨土，
將打打殺殺的喧鬧，視為是嗡瑪尼貝美吽的咒音。
痛苦的本質是空性。
[心] 自然的力量，是自發與無止息的顯現。
一切的顯相由空性的力量中生起，並且解脫入空性。
[萬法的] 生起和解脫，並非承續而是同時。
嗡：觀想自身為大悲佛觀世音之空明的身體：
瑪：在體內，觀想具四功德的中脈。
尼：在中脈內，心是具有五色彩光的球體。
貝：帶著寶瓶氣的力量，
美：對著阿彌陀佛的心間。
吽：[將你的五彩光球的心] 射入其中並與之合為一體，
釋以：以唸誦「呸」五次，與之融合。
這即是破瓦法的修持。
它能夠強制地解脫眾生的心識，
即使是造惡的眾生，它們的心識也能如此獲得解脫。
今天，藉由上師和空行母的恩德，
我為地獄的眾生修持破瓦法。

願你們所有的人都能從惡道中解脫，獲得佛果。
許多眾生因此身亡，而脫離了地獄道。

她自心本具之覺性的力量

傑尊心中生起想見閻羅王的念頭。瞬間，她覺得自己的頭發射出一道光束。在這道光束的另一端，她看見一個巨大、可怕的鐵堡。鐵堡中，在一座死屍、日、月、蓮花的法座上，坐著大閻羅王。閻羅王顯現忿怒相，穿著忿怒尊的衣著，皮膚為暗紫色。他處於熊熊的烈火和汩汩的血流當中，手中拿著石板和鏡子，身邊圍繞著一大群的閻羅，口中怒吼著：啊—拉—哩（A-RA-LI）。

此刻，傑尊感覺，目前為止一直陪伴著她的空行母融入她的心間，而大悲佛觀世音則融入她的頭部。

她向閻羅王及其眷屬致敬，而他們看上去都在晃動。接著，她唸誦祈願文，而他們似乎都在跟隨她唸誦同樣的祈願文。當她閉目凝神於虔敬之中時，他們似乎都在摹仿著她。於此，她瞭解到，原來所有的這些顯相，都只是她自心之本具覺性的顯現力量。

閻羅王對傑尊進行質詢，閻羅王的代理人藉由明鏡、記錄簿和秤子來檢視她過去的行為。他們發現她只有善行，於是便將她送往解脫道。

傑尊對他們說：「我怎麼能夠一個人走，不顧在惡道的一切如母眾生呢？請讓每一個人獲得解脫。」閻羅王回答：

妳難道不知道，地獄只是妳自身心理特徵的反映？
地獄灼熱的鐵地和烈焰並非由我所造，
它們是妳自心瞋恨和貪執的產物。
地獄道的每一種痛苦，
都是產生於自心尚未解脫的煩惱，例如瞋恨。

對於一顆已經得到解脫的心，
地獄是大樂的淨土，
我們本身是現忿怒相和寂靜相的佛，
痛苦是「生起即解脫」(the liberation at arising)。
妳回到人間後，
請告訴人們：「因果真實不虛。」
妳——傑尊，已親眼見到。

傑尊將自身觀想爲大悲佛觀世音，自內具有文武百尊㉑，然後唸誦「嗡瑪尼貝美吽」。她在全然空性的義理中安住，許多眾生因此從地獄道中解脫。

不久傑尊回到了她自己的體內，重新恢復了健康。在她經歷還陽的過程中，她的母親和朋友們日夜不停地守著她的肉身，有時他們會聞到燃香的香氣，有時聞到死屍的臭味，有時是非常香甜的氣味，而有時則是穢垢的臭氣。這些味道所顯示的，是傑尊當時所在的地方。

無所取捨—兜・欽哲・耶些・多傑的經驗

兜・欽哲（1800-1866）[5] 出生於藏東的果洛地區，爲著名的大成就者之一，並且是藏傳佛教寧瑪派具有神力的大師。藏傳佛教的典籍中，通常將大成就者造訪淨土的經驗——例如兜・欽哲大師的經驗，歸類爲淨觀或證悟的事業，而不是還陽經驗。再者，兜・欽哲只提到他去過如地獄道等俗世系統，此外沒有對它進一步的詳細描述。對還陽文獻而言，爲了啓發人們，俗世系統的描述非常重要，因此，兜・欽哲遊歷淨土的經驗，無法眞正被歸類爲還陽故事。

㉑ 中譯註：一百尊寂靜和忿怒的本尊。

無論如何，我還是將兜·欽哲遊歷淨土的經驗收錄於此，因爲他的故事顯示了心識在離開自己的身體後，前往其他生命系統的這個主題，同時，他也詳細地描述了蓮花生大士所化現的淨土。

兜·欽哲年輕時，是一名隱士。他在主要上師第一世多竹千仁波切的指示下，在西藏東北部的安多地區雲遊。有一天，他突然染上水痘，在當時水痘是致命的疾病。結果，他因此而身亡，死了 15 天。由於他自幼便展現出非比尋常的神力，他的信徒並沒有驚動他的遺體，希望的是他能夠復生。

幻身被吞噬

兜·欽哲覺得，在自己的姐妹達奇尼·洛撒·卓瑪（Dakini Losal Drolma）——她同樣是一位偉大的上師，以及其他兩名女子和一位瑜伽士的陪同下，一起遊歷世界的許多地方，上至天界，下至地獄。雖然兜·欽哲覺得有同伴隨行，但是他的同伴並無同感。例如，當時他的姐妹正在多竹千仁波切的座下學習。

朝著蓮花生大士的淨土——吉祥銅色山，他們越過許多大洲。一路上，他們在不同的地方，遇到各形各色的眾生。雖然他不瞭解它們的語言，但卻能以自心本具覺性的力量，與所有這些眾生溝通。

在一座大橋的入口，他們一行人遇到十位忿怒本尊。這些本尊進行了一項修法，以遣除有害的印記。行經這裡的旅者，他們的身上仍然帶著人類習氣中的有害印記，雖然他們是已經離開了自己身體的證悟者。

在穿過外門和內門後，他們遇到一位大師，他的手中拿著一個盛滿甘露的瓶子。這位大師以瓶中的甘露，爲他們洗去不淨。

接著，他們進入一座宮殿，它的富麗堂皇不可思議。在裡面，他們見到現忿怒相的蓮花生大士，他攝人的力量是如此強大，以至於兜·欽哲在極度恐懼中昏厥了一陣子。當他恢復意識後，他看見所有的本尊都在享用一具人屍大餐，而他覺得，他們所享用的，是他自己的身體。

這時，兩位現忿怒相的空行母，向他身邊的姐妹走來。她們把她的皮剝下，把她的肉、骨頭和臟器排放成一堆供品。一位忿怒本尊從天而降，加持她的身體。接著，這些空行母將她的心臟供養給主要的本尊，而其他本尊則將她身體的各個部分吞噬精光，什麼都沒有留下。對他姐妹的消失，兜．欽哲感到一陣難忍的疼愛和悲傷。通常，由於我們貪執的習氣，我們對布施或失去自己的身體，具有強大的抗拒。能夠去除這種貪執的習氣，便是一項有力量的修行成就。

接受灌頂

接著，他們爬上一座巨大的水晶階梯。兜．欽哲覺得他們似乎是飄浮上去的，猶如風中的紙張，因爲身體在路上已被本尊吞食，再也沒有粗重的身體。他們進入一座歡樂絕美的宮殿，其結構之美麗，細節之豐富，法音之令人讚嘆，一如吉祥銅色山願文中的描述。

宮殿的中央，蓮花生大士坐在寶座上，向十方散射出光芒。地上和天空中滿佈了如雲的證悟者，他們或現男相或現女相。兜．欽哲想要碰觸蓮花生大士以便獲得他的加持，但他突然發現做不到，因爲自己已經沒有了身體。

接著，一位手中拿著顱器的白色空行母，走向兜．欽哲並解釋：「蓮花生大士是三世一切諸佛的體現，他的化身出現在宇宙的每一個地方，如同一個月亮顯現在無數水器中的無數映月。如同鏡中的一個映相，你也是蓮花生大士的化現，被派到西藏服侍人與非人的眾生，發掘並保存祕密的伏藏法。由於你的幻身受到母胎的污染而將你障蔽，所以本尊把它當做大餐而吞噬。現在，你的身體是具有智慧體性的光體。你必須接受蓮花生大士的四灌頂，以便種下持明者之四個階段的種子。」

於是，宮殿內在場的所有人進行了七天的修法，由蓮花生大士擔任主法的金剛上師，藏王赤松德贊（Trisong Detsen）爲輔助的金剛上師，咕嚕確旺（Guru Chowang）爲領唱經文的維那師，尼瑪・察巴（Nyima Trakpa）爲儀軌師，杜度・多傑（Duddul Dorje）和噶瑪・林巴（Karma Lingpa）爲戒律師，仁增・勾殿（Rigdzin Goddem）爲加持師（bestowal of blessings），無數的持明者、勇父和空行母參與修法。在法會的結尾，兜・欽哲獲得了四灌頂，因此清除了母胎的染污。兜・欽哲也受託一件篋盒，裡面是一部祕密伏藏法。最後，蓮花生大士給予下面的開示：

當你瞭解到一切顯現皆為空性時，
便沒有獨居靜處的必要。
當顯相的虛妄崩潰後，
便能了悟無造作的內俱本質——
甚至是細微的二元分別都不會有，
甚至是受污染的善業也不會貪執——
持守本初清淨的真正安穩狀態。
當你了悟一切顯相是夢，
視一切感官欲樂僅如幻相般地享用之。
在虛妄的輪迴中，沒有什麼可取捨。
繼續行持菩薩的廣大事業。
了悟對白天的感知是法身的光明。
了悟對黑夜的感知是報身的力量。
融合母與子——本具的覺性和法界。
以日月的速度，行經五道十地㉒。

當你圓滿不變的大樂時，
你便處於與我合而為一的狀態。
不動、無表述、無造作——
此為解脫的究竟狀態——你應覺知此一切。

蓮花生大士大笑三聲，他的聲音是如此洪大，兜・欽哲感覺整個大地都爲之震動。獲得蓮花生大士的口訣和加持後，兜・欽哲和他的友伴便離開了。接著，白色空行母再度趨前說道：

猶如太陽和陽光，
你和蓮花生大士——化現和化現的來源無二無別。
但由於緣起互依的因果關係，
目前，你們顯現為主人和眷屬。
未來，你們將會如水注入水般地再度融合。

接著，一位瞪著大眼的忿怒空行母告訴兜・欽哲：

不貪執處所或是感官對境，
完成所有交代給你的事情。
我對你的保護將不會動搖。
願你證得降伏三界的佛果。

返回地球

兜・欽哲和同伴出了大門，接著便前往阿彌陀佛、觀音菩薩以及度母的淨土。最後，他們回到了地球。仍然處於中陰身的兜・欽哲，首先便是去見他的根本上師——第一世多竹千仁波切，當時仁波切在雅龍貝瑪寇（Yarlung Pemako）瑟峽谷（Ser Valley）的一個山壑。他從多竹千仁波切處，得到更多的灌頂和開示。

之後，他回到自己的身體。他看見一個保護他身體的紅色的女子，從他的身體中出來，消失在空中。他覺得在碰觸自己的身體的當下，他便進入自己的體內。有很長一段時間，他必須努力掙扎才能夠看東西、說話或是移動身體。接著，他費了極大的力氣，才稍微移動了一下肢體，看護他的弟子馬上予以協助。一位中國醫生給了他一些藥，大約在一個月內，他便從水痘和虛弱中慢慢地康復。

根據一些口述的故事，兜·欽哲有幾次造訪各種世界系統的經驗。有時，他會去淨土拜見諸佛和成就者。有時，他會到世間各種眾生的密境或地域，以便幫助他們。有時，藉由消失和重現，他在自己的身體內遊歷；有時，他會離開自己的身體在外遊歷，一如之前的故事。

| 第六章 |

投生——
無可避免的業力循環

我們過去在心續中種下的習氣，
無論是正面還是負面的，
都會分別讓我們帶著快樂或不快樂的特質，
而再度投生。

許多人很難相信，此生結束後還會有來生。我們怎麼知道可能存在有來世呢？

對於這個問題的答案，雖然現代科學無法提出明確的證據，但對於在靈性修持和經驗領域中傳統權威的見證， 我們也不應摒除，因爲他們已經對存在的眞理進行過探討。在幾個東方信仰系統中，投生或轉世是其中一個重要的支柱；而有些神秘的猶太學派接受，轉世發生於生命之輪的持續流轉之中。許多佛教的大成就者，確實能夠記得並描述他們過去世的事情。佛陀本身就說過關於自己過去世的幾百個故事，這些故事收錄在著名的《本生經》（the Jataka Tales）中，不但如此，佛陀也能爲他人指出他們的過去世。

一般的男眾或女眾——就算國家、種族、宗教信仰不同，也能夠自發地記起自己過去世的身份、家庭以及居住的城鎮。尤其令人驚訝的是，有很多幼童能夠詳實地描述他們過去世的細節，即使他們在年紀尚輕的這一世，從來沒有去過前世的出生地，也沒有見過任何來自那裡的人。最著名的幼童前世記憶研究，是一項由依安．史蒂文生（Ian Stevenson）醫生以科學方法進行了四十多年的計劃，他在南亞和中東記錄有數千個案例。在西藏的無數案例中，臨終者能預言自己來世的父母和出生地，而且有些孩童會記得自己前世的細節。

藏傳佛教中，有數千名資深僧人或修士具有祖古（藏文：tulku；梵文：nirmanakaya，化身）的頭銜。一般人相信，祖古不是已達圓滿證悟的佛的化現，便是高度證悟的大修行人的轉世。有時臨終的上師會告訴弟子，他的轉世將出生何處。在某些案例中，仍在呀呀學語的祖古，便能夠說出他們前世的身份，以及他們的願望和任務。但是，在西藏認證祖古最廣爲人接受的方式，便是在驗證多項的跡象後，由另一位德高望重的上師進行正式的認證。無論如何，在有野心的父母或其他自私因素的影響下，或者只是因爲純粹的錯誤，有些人還是會被錯認爲祖古。

有些祖古能夠記得自己的前世，或者能展現出過去世的特質。例如，我的上師——第四世多竹千仁波切，他在三、四歲時的一些事蹟，便已令許多人感到驚訝。例如他常說起第三世多竹千仁波切曾經住過的地方；他能夠唸誦從來沒有學過的經文，憑著記憶唸誦從未聽聞過的偈文，並且展現神通；他還能夠描述出蓮花生大士的淨土，猶如親眼見到一般。[1]

即使在美國，接受轉世觀念的人，人數持續在增加。幾年前的一項蓋洛普民意調查顯示，百分之 25 的美國人說，他們相信「死後，靈魂會投生到一個新的身體。」但主流的大眾西方宗教摒棄轉世的觀念。即便如此，它們通常在兩個重要的論點上與佛教一致：如果我們向來無私，並且以慈愛之心承侍他人，那麼死後會有更快樂的處境；如果我們曾經作惡並傷害他人，便會受到不好的報應。

無論直至目前爲止，我們曾經做過些什麼，多數的宗教仍堅守著能夠改善我們未來處境的希望。對於此潛在的改變，無論各種宗教傳統使用的是什麼名稱或描述，例如懺悔、寬恕、悔改、贖罪、救贖或解脫，它通常指的是，藉由自身的願望和努力，再加上依止神聖的加持源，我們能夠將自身和他人，提升到一個更快樂、更具靈性意識的生活。

解脫或投生？

根據佛教，人死後將無法避免再次投生；除非這個人藉由修行證悟而超脫了生死的輪迴。一旦獲得圓滿證悟的佛果後，我們便永遠不會再度投生到任何的世俗界中，因爲我們不再受制於業力的循環，而業力循環是導致投生的原因。我們將安住在佛的智慧和佛的淨土——佛果的究竟身（法身）和受用身（報身）永久的雙融之中。這是一種至高的平靜、無上的喜樂、遍知的狀態。之後，那些與我們有業力因緣、或能夠對我們敞開心胸的人，便能夠看見我們在地球上的各種形相的化現（化身）。我們身爲圓滿證悟者的這種化現，並不是源於任何的因果業力，而是起於我們爲利益輪迴眾生的悲願。

在這一世（或在我們輪迴旅途中，其他的三個階段之一）得到證悟，這是高階的修行大師才能夠獲得的成就。如果我們是普通人，不是高證量的大師，而且還沒有證悟或完全證悟，那麼死後必定會根據自己的業力果報而再次投生，再度開始另一段生命，這即是我們在本書的第一章討論的主題。在這章，我們將討論我們爲何以及如何投生，而投生的地方會是淨土還是六道之一；六道是天人道、阿修羅道、人道、畜生道、餓鬼道、地獄道。

就算我們不是高證量的成就者，而且還在業力的控制下，但如果我們累積善業或行善，便能投生淨土或人道，具備難得可貴的特質。如此，我們便能夠爲他人帶來利益，慢慢地，證悟的目標也就有可能達到。

如果我們投生淨土，那麼此淨土將會是化現出來的淨土，有別於佛果的究竟淨土。我們是因爲自己的善業而投生淨土，我們雖然會享有正面的情緒和愉快的覺受，但仍然會具有二元分別的心。投生淨土以後，我們在邁向證悟目標的旅途上絕對不會動搖，而且必定會獲得佛果（我們將會在下一章「阿彌陀佛和極樂淨土」中，讀到關於極樂淨土的描述）。

如果我們投生六道之一，那麼我們將陷於某個特定的身體（人身或其他眾生的身體）、環境的影響以及社會的文化之中。只要我們還活在身體中，我們仍然可以改善業力，讓自己的現世和來世更好；但要獲得恆常爲一的究竟狀態——絕對佛果中佛身的功德之一，這幾乎是不可能。但是，對一個準備好的人來說，這種完全的轉化將在死後變得更加容易，因爲這時已沒有粗重的身體的束縛。

轉世投胎的因

轉世投胎不會沒有原因。投生六道的因是六種煩惱：傲慢、嫉妒、貪著、愚癡、慳吝和瞋恨。這些煩惱其實根植於心的二元分別。當我們的心將任何心理對境執持爲「自」（self），也就是將感知到的心理對境認爲是眞實的存在時，二元分別的觀念即刻生起。

在緊緊地執持「自」的存在後，我們便養成分別「此」和「彼」的習氣，而不是視萬物爲一體。此分別的習氣激起喜歡和不喜歡、想要和不想要，以及貪愛和瞋恨的煩惱。接著，我們將這些煩惱，表現在行動和言語上。身和心正面行爲的慣性，會帶來快樂並投生善道和淨土。身和心負面的行爲，會帶來痛苦並投生惡道。

我在前面提過，如果我們是高證量的成就者，藉由獲得證悟，我們便可能從投胎轉世的循環中解脫出來。當我們圓滿證悟空性的智慧——自身本質的基本空性，我們便會從「自我」觀念的執著中解脫出來，中止痛苦和業力的因果——也就是不會再投生。在獲得這樣的證悟後，我們便會是許多眾生自然無勤的利益來源。

但我們多數人會將心理對境，感知且執著爲眞實的存在，並藉由負面或正面情緒的能量，強化這樣的執著。再者，我們傾向於表達出自己的情緒，不僅透過念頭或感情，而且會以語言和行爲等更積極的形式來表達。這些身、語、意上的行爲，便會在我們的心續中製造業力——決定我們命運的習氣。接著，業力會促使我們再度投生，可能投生於淨土或六道之一。

注意，所有二元的觀念和情緒——就算是正面如關愛、悲憫、祝福等，都伴隨著「我執」（對自我的執著）。因此，雖然正面的情緒是好的，但它仍然不夠圓滿；圓滿指的是，超越二元思維和情緒感受的本初智慧。但執著於正面的特質，是我們邁向圓滿的踏腳石，最終能夠幫助我們將「我執」鬆綁，讓我們體會到平靜和喜樂。因此，從負面轉化爲正面，再從正面轉化爲圓滿，這是邁向佛果或完全圓滿的理想方式。

◀根據傳統西藏刻印圖所繪，取自《烏扎衍那王和生命之輪(King Udrayana and the Wheel of Life)》一書第160頁，瑟美．格西．洛桑．達秦(Sermey Geshe Lobsang Tharchin)，大乘經文和密續出版社(Mahayana Sutra and Tantra Press)，1989，豪威爾(Howell)，紐澤西洲。

圖解：在閻羅的箝制中的生命之輪（Wheel of Life），代表生命的無常。

最內圈描述導致無明投生的三種煩惱：豬代表愚癡、蛇代表瞋恨、雞代表貪欲。

第二圈描述掌控投生的業力。惡業的代表是，一個怪物將恐懼的眾生往下拉。善業的代表是，一個天人歡迎向上昇的歡喜眾生。

第三圈代表五個輪迴道：(1) 人道，(2) 餓鬼道，(3) 地獄道，(4) 畜生道，(5) 天人和阿修羅道。

最外圈顯示的是十二因緣法：

(1) 無明（愚癡）：由一位盲者爲代表。(2) 行（造業）：由一位製陶器的工匠爲代表。(3) 識：由一隻從窗戶向外探視的猴子爲代表。(4) 名色：由一個划船的人爲代表。(5) 六入：由一間富麗的房子爲代表。(6) 觸：由一對交抱的男女爲代表。(7) 受：由一支刺穿人眼的箭爲代表。(8) 愛：由一個嗜酒的人爲代表。(9) 取：由一隻採水果的猴子爲代表。(10) 有：由一位孕婦爲代表。(11) 生：由一個嬰孩的出生爲代表。(12) 老死：由一具屍體爲代表。

圖的右上方，佛陀指出解脫的法教，而他指出內容位於圖左上角的方框中：

> 汝當求出離，得此佛法教，以恆堅實志，奉行此法規。
> 如象推草舍，催破死主力，捨棄生死輪，滅苦盡無餘。

世間的六道輪迴

世間的六道總稱爲輪迴，描繪於「生命之輪」的佛教圖標中（見第 202 頁圖）。輪迴有三個善道（上三道），三個惡道（下三道）。

下三道是極度痛苦的世界：

1. 地獄道：眾生遭受烈焰和鐵漿永不止息的灼熱，或是刺骨冰雪的寒冷。
2. 餓鬼道：眾生受到飢渴永遠的折磨。
3. 畜生道：眾生受到恐懼、愚癡和奴役的折磨。

下三道的眾生，即使受到地獄之火的焚燒，也不會因痛苦而死亡，除非他們投生惡道的業力被消耗殆盡。

上三道具有多種的快樂，但是眾生仍然會有無止境的痛苦。

4. 阿修羅道：眾生享受物質的富饒，但卻有經常爭戰打鬥的痛苦。
5. 天人道：眾生享受極大的快樂和財富，但是這些享樂不過是永遠在變化的欲樂罷了，他們也是會受苦。相較於人的壽命，他們的壽命很長，但由於缺乏覺知力，他們卻覺得生命很快便結束。天人道是我們不免一死的世俗界的一部分，而不是西方神話中神的天堂或王國。一旦他們受生天人道的業力耗盡後，便會遭受死亡和投生惡道的痛苦，並且在惡道遭受自身的因果報應。
6. 人道：就算我們幸運地擁有很高的智力、豐富的物質以及正面的經歷，我們仍然要受到生老病死一連串的痛苦。我們會因失去所愛而痛苦（愛別離苦），被迫接受我們不想要的而痛苦（怨憎會苦），並且為必須保護我們所擁有的而痛苦。

六種煩惱：投生六道的種子

等著我們去投生的，會是世俗界六道中的那一道呢？這取決於我們在自心業力的這個軟體中，設定的是以何種情緒爲主的程式。它是瞋恨、慳吝、愚癡、貪欲、嫉妒或傲慢等負面的情緒？還是慈愛、慷慨、明白是非、知足、喜樂或謙虛等正面的情緒？我們在心中所設定的慣常的情緒模式，會反應在我們投生於與之相應的六道或淨土。

根據許多的經文，[2] 如果業力的主要印記是瞋恨，並且藉由身體和語言的暴力行爲而表現出來，那麼便會導致焚燒和冰凍的痛苦，反應在地獄道的投生。

我們在第一章中提到，行爲必須具有四個部分，才能夠形成完整的業：對境（基礎）、意圖、執行、完成。拿瞋恨的業來說，我們所瞋恨的人或物即是對境。具有瞋恨對境的動機，即是意圖。在心理上憎恨這個人，便是執行。經驗到瞋恨的感受，即是完成。我們所做的任何行爲，如果具足這四項元素，那麼就會形成完整的業，未來就會有無可避免的後果。

有許多人似乎生來就是憤怒的，幾乎對每個人都感到瞋恨，並且受到這種瞋恨感的折磨。那麼他們所說的話、所做的事，都變成是憤怒的一種爆發，不但在自己的人生中，並且在跟自己相關的人的人生中，激起痛苦和暴力。如果這即是我們目前生活的常態——無論我們承認與否，我們的人生將不會有平靜和喜樂，只有痛苦、恐懼和悲哀。就算我們現在具有人身，活在人道，我們的經歷就跟惡道的一個地獄眾生沒有什麼差別。

我們可能表現出自己很堅強、勇敢、英勇，但事實上這外表只是一種伎倆，用以掩飾自己的缺乏安全感、脆弱和受傷的自我。一旦死亡後，由於我們一輩子長養的瞋恨習氣，我們的心理經驗和現象的顯相，將在我們的心識中生起為地獄。事實上，並沒有一個強勢的判官會譴責或懲罰我們——這些都只是我們自身的煩惱，刻印在心續中的業力習氣所產生的反應。

在第五章還陽者的中陰故事中，我們看見地獄痛苦的一些極為鮮活、可怕的例子。在這裡我們必須提醒自己，在中陰和各種境域的所有景象、聲音和感受，都是經驗者本身心理的繁雜情結的反射，一如夢中的顯相。它們不過是我們正面和負面情緒的徵象；我們正面和負面情緒透過我執——視對境為眞實，而在心續中形成制約。寂天菩薩說：

> 實語者佛言：一切諸畏懼、無量眾苦痛，皆從心所生。
> 有情獄兵器，施設何人意？誰製燒鐵地？妖女從何出？
> 佛說彼一切，皆由惡心造。[3]

如同瞋恨的例子一般，其他的主要煩惱，藉由言語和身體上的行為，在心續中刻印業力習氣，而此業力習氣便是一個因，讓我們遭受相應的痛苦和投生其他惡道。總的來說，

1. 瞋恨或憤怒的煩惱，造成焚燒或冰凍的痛苦，以及投生地獄道。
2. 貪婪或慳吝的煩惱，造成飢渴的痛苦，以及投生餓鬼道。[4]
3. 愚癡或迷惑的煩惱，造成愚笨或恐懼的痛苦，以及投生畜生道。
4. 貪欲或執著的煩惱，造成生老病死的痛苦，以及投生人道。
5. 嫉妒的煩惱，造成戰爭或打鬥的痛苦，以及投生阿修羅道。
6. 傲慢或驕傲的煩惱，造成散逸或恐懼死亡的痛苦，以及投生天人道。

程度更高的執著、嫉妒和傲慢，便會形成貪欲。因此，六種煩惱可以濃縮為三種煩惱或三毒——貪、瞋、癡，而三毒是造成下三道的痛苦以及投生下三道的因。一如龍樹菩薩所寫的：

> 貪故生餓鬼，

瞋故墮地獄，
癡故為畜生。[5]

我們會投生於特定的哪一道，取決的不只是煩惱的特徵而已，同時還與煩惱的嚴重程度有關。根據岡波巴大師，任何我們所做的惡行會導致的果報是：

- 如果我們造作了瞋恨的惡行，如果我們重複了非常多次，並且如果我們觸犯的是極為崇高的聖物或聖者，那麼此惡業的果報便是投生地獄道。[6]
- 如果我們造作了貪欲的惡行，如果我們重複了許多次，並且如果我們觸犯的是一般的聖物或聖者，那麼此惡業的果報便是投生餓鬼道。
- 如果我們造作了愚癡的惡行，如果我們只重複了幾次，並且如果我們觸犯的不是那麼神聖的物或人，那麼此惡業的果報便是投生畜生道。

而業報的輕重，也取決於我們的煩惱是否展現爲惡言和惡行；特別是，我們這些惡言惡行對別人的傷害有多大，還有它是否也讓他人造作惡行。

在眾多的業報中，我們會先遭受那一個呢？首先，我們會經驗程度最強的業所產生的果報。接著，我們遭受的業報，是在死亡時所造的業；因此，死亡時造作的業，對我們的來生有巨大的影響。之後，我們會遭受的是，自己最熟練的行爲的果報；我們最後遭受的果報，是自己最近造作的業。[7]

由於因果業力根植於我們的自心，因此好消息便是，如果改變自心的習氣，我們就可以避免投生如地獄的惡道。

我們的來世，可以自己掌握

我們在經歷中陰的後期旅程時，可能會遭遇到很大的恐懼、痛苦和孤獨。我們如此迫切地想找到一個新的出生地，以至於對於自己最後落腳處的品質，我們不是太在意。事實上，在這個關口，我們必須格外謹慎，因爲遮止錯誤的出生地、選擇正確的出生地，可以在自己的掌握之中。因此，我們必須學會認出出生地的徵兆，而有些的徵兆我們在第四章「中陰」的「我們將投生的線索」一節中討論過（見第 113 頁）。

如果是受到強大的善業或惡業的驅策，我們可能沒有選擇出生地的機會，並且由於我們可能完全被業力控制——實際上，未經考慮我們的意願，我們的出生地便自動被決定。但是如果我們業力不是太強大，那麼我們所做的每一項努力，都能增加我們獲得投生善處的機會。爲達此目的，對於如何閉塞錯誤的投生之門，並且選擇正確的出生地，瞭解它們的方法極爲關鍵。

在第九章「臨終和度亡法事」中，我們會討論到避免投生六道——尤其是下三道的禪修儀軌。在這裡，我會簡單總結閉塞錯誤的出生地、選擇正確的出生地之徵兆的法教。

閉塞錯誤的出生地[8]

如果我們是高度證悟的禪修者，亦即我們已經了悟並通達心的證悟本質，那麼我們必須不動搖地安住在此證悟的狀態中。如果能做到，我們便能成佛，而不會投生。

如果沒有這樣的了悟，或是尚未通達這樣的了悟，但如果我們累積了清淨的善業，並且對任何一尊佛及其淨土具有虔敬心，那麼這時我們就應該對那尊佛及其淨土生起虔敬心，發起投生那裡的強烈願望。這樣的祈願能救度我們免於六道輪迴，讓我們前往發願投生的淨土。

例如，如果在生前，我們已慣於培養對阿彌陀佛的虔敬心──藉由相信他是無條件的愛、遍知的智慧、無敵的大力的體現，而且在臨終或中陰時，我們能夠喚起記憶中對阿彌陀佛以其淨土的虔敬，那麼我們的感知立即會生起爲阿彌陀佛和他的極樂淨土。

但這種強烈的虔敬和信任的習氣，該如何建立呢？這必須慢慢地建立，透過一次又一次地思維佛、佛的淨土，以及佛的功德，並且盡可能經常唱誦對他們的祈願文。一開始，我們可能覺得這樣的修持有點奇怪，但我們很快便能夠熟悉它，而且最終它還會變成我們生命和呼吸的一部分。那麼，在死後，我們所有的感知都會生起爲慈愛、平靜和智慧的佛相和喜樂莊嚴的淨土（關於這部分的修持，詳見附錄 A）。

我們或許不具備任何投生淨土的業，但我們可能累積了慈愛、慷慨、明白是非、不貪著、隨喜和謙卑的業，尤其是透過在承侍他人時，我們將這些特質展現出來。如果這樣，我們便有機會選擇投生具備正面特質的善道中的一道。因此，我們必須記住某個出生地的徵兆並選擇它。

例如，如果我們見到天人道的徵兆，但是我們發願投生的是人道的話，那麼我們就必須遮止柔和的白光──投生天人道的徵兆，而要想著藍光，並且藉由走向藍光以選擇它。

當我們在中陰遊走時，千萬不能想到我們愛的人，或是家中的財產，因爲這些念頭只會讓我們偏離正道。我們必須將心專注在自己選擇的出生地。

如我們在第四章中讀過的，投生六道之一的門戶，可能展現爲微弱的光芒。微弱的白光代表天人道和人道❶。黃光通常代表阿修羅道和畜生道。另一種說法是，畜生道由血紅色的光爲代表，而阿修羅道的光是暴

---

❶ 中譯註：雖然前一段段講到投生人道的光是藍光，但如第四章「中陰」的「我們將投生的線索」一節的討論，代表輪迴道的色光，不同的經文不完全一致，而且不同的情況也不見得一樣。

風雪或暴風雨的顏色。煙濛濛的光代表餓鬼道；看似一塊木頭或漂浮的黑毛線的光代表地獄道。[9] 我們甚至會看見自己的身體，化爲代表著我們未來的出生地的色光。

有些教法列出五種方法，以閉塞進入錯誤的投生之門（生門）：[10]

1. 在看見象徵未來投生地的光時，尤其是我們邁向人道的投生的話，我們還可能看見一對交媾的男女。這對男女代表我們可能的父母。當我們看見他們時，不要向他們走去，也不要對他們生起貪愛或嫉妒，應該將他們視為是我們的師尊伴侶——亦即我們的上師體現為男性和女性的形相；或者，我們可以將他們視為是蓮花生大士和他的修行伴侶耶喜．措嘉，或是任何一對佛和佛母的雙融。我們在心裡向他們致敬並供養。帶著強烈的虔敬心，我們發起想從他們獲得法教和加持的強烈心願。
2. 如果這樣並沒有閉塞生門的話，將這對男女視為是本尊伴侶，例如是阿彌陀佛或大悲佛所體現出的男相和女相，對他們表示尊敬並行供養，強烈地感覺到我們正受到他們的加持。
3. 如果這樣並沒有閉塞生門的話，那麼便要逆轉貪欲和瞋恨。一般而言，如果我們將投生為男性，我們會對這對交媾的男女中的女子生起貪愛，對男子產生嫉妒或瞋恨；如果我們將投生為女性，我們會對男子生起貪愛，對女子產生嫉妒或瞋恨。再者，基於過去的習氣，我們可能以為自己看見的是一對人類的男女，但是事實上卻是被公鳥和母鳥所吸引。如果是這樣的話，我們便會投生為一隻小鳥。因此，這個時候，我們必須下定決心：「我絕對不讓自己的心產生貪愛或瞋恨。」
4. 如果這樣並沒有閉塞生門的話，接著，帶著強烈的確信，將一切我們正在經驗的事情，視為是如夢幻般的不真實。這樣的確信，能夠消融我們心的執著——以為經驗是真實存在的，並因此而閉塞生門。
5. 如果這樣沒有閉塞生門的話，就僅將所有的事物視為是光明禪定（luminous absorption），思維：「顯相是自心，而心是空性。」接著禪定在自然的狀態中，沒有任何造作。讓我們的心安住在它的自然狀態，赤裸裸地，猶如水注入水，萬水合為一體，沒有分別。

吉美・林巴建言：「中陰的眾生見到交媾的男女，猶如蒼蠅見到垃圾般地飛奔而去。具足投生因緣的特定眾生，便會被攝入胎中，無法逃避。這時，我們一定要好好發願，皈依諸佛，或是發願選擇投生一個好的母胎。這將有助於找到一個珍貴的人身。」[11]

選擇正確的出生地[12]

如果我們決定投生淨土，那麼我們就必須對投生六道生起厭離。不要貪戀我們的愛人或財產，發強烈的祈願，透過這樣的思維：「我會在極樂淨土中，阿彌陀佛的足下，從蓮花中神奇地出生。」，讓自己具備信心，相信自己有能力投生到自己選擇的淨土——例如極樂淨土。

如果我們無法投生淨土，那麼我們可能會看見自己在六道中的出生地。但是，我們看見的出生地景象，並不是它實際的情況，而是如下的象徵性表述[13]：

1. 舒服悅意的多層樓房，據說是投生天人道的表徵。
2. 森林、火圈或雨，可以是投生阿修羅道的表徵。
3. 漫無目的閒聊的人們，或是普通、珍貴或悅意的房舍，這些是獲得珍貴人身的表徵。
4. 洞穴、寮棚、霧氣，是投生畜生道的表徵。
5. 乾枯的河床或黑暗多灰的地方，是投生餓鬼道的表徵。
6. 紅色的房子、黑暗的土地、暗坑或暗路，象徵投生地獄道。[14]（但有些作者認為，那些惡業深重的人，可能會直接下地獄道，而不會有任何光或影像的中陰經驗。）

在看見這些顯相時，我們可能會迫不急待地想住進這些地方，因爲我們很久都沒有安身之地了。我們可能很想躲進其中的一個地方，因爲我們已經被閻羅嚇人的幻相，弄得心驚膽戰而筋疲力盡。但現在正是我們要試著警覺的時候，我們一定要避免走向任何惡道的表徵。如果我們不可能投生淨土，那麼就一定要試著選擇投生人道或天人道。

要認出正確的投生地可能很難。我們可能會將好的出生地，誤認爲是壞的出生地，而將壞的出生地，誤認爲是好的出生地，這是由於自身的業障所顯現出的妄相。因此，運用下列的技巧非常重要。

如果我們曾經觀修過佛的忿怒尊，例如金剛手菩薩—大勢至佛（the Buddha of Power），我們應該立刻將自己觀想爲這個本尊。他的身軀雄偉、威德、氣勢凜然，他的聲音令人膽顫、令大地震動，他的心，慈愛、遍知和平靜。如果觀想金剛手菩薩，那麼我們便可能見證閻羅——這個由自心造作出來獵殺我們的可怕的心理意象的消融。這將給予我們機會，運用多數眾生在中陰時都會具有的小神通，冷靜地辨識出出生地的眞正特質，然後選擇一個正確的投生處。

同時，我們必須具有這個強烈的願望：「我將會出生於眞誠善良的修行人家庭。」「我將出生爲一個有能力的人，能夠承侍一切有情的眾生。」

此外，在入胎前，將母胎加持爲本尊的宮殿。觀想這個宮殿中充滿無數如大悲佛觀世音等神明，向他們祈請；然後進入母胎，觀想我們受到本尊的灌頂加持。或者是，帶著虔敬心，視交媾的男女爲自己的師尊伴侶。

出現任何投生處的徵兆時，就算它看似一個好的出生地，非常關鍵的是，我們不能對有貪愛它的心態；對於看似負面的出生地，也不要有憎恨它的心態，而應該以大平等心，進入可能有的最好出生地或母胎，不拒也不求。

除非是一個有經驗的禪修者，否則處於中陰時，我們很難改變自己通常的分別習氣，而認出自己想要投生的地方。但是，我們仍然可以嘗試下面的修持：

1. 不要忘記自己處於中陰過渡時期。
2. 走路時，記得保持頭頂朝上。
3. 以持續唸誦諸佛的名號來祈請，皈依他們。
4. 皈依佛、法、僧三寶。
5. 祈請具有大悲者，例如阿彌陀佛和我們自己的上師。
6. 放下我們對愛人和財產的貪著，因為這些只會讓我們偏離正道。
7. 進入通往人道的藍色光道，或是通往天人道的白色光道。

如果我們解脫的機會渺茫，但是有希望投生人道或天人道的話，在臨終或死後，我們可以藉由助手來協助自己發願；助手可以持續爲我們重複上述的修持。有一位助手提示這些修持，會讓我們進入中陰時更容易想起它們，因爲就算死後，我們的心識仍然會在陽間逗留一陣子。所以，由一位在世的助手爲我們唸出的這些指示，還是有機會被我們聽聞而利益我們。總之，我們必須窮盡一切可能有的最好方法，讓我們在中陰時能夠有效地思考和行動。

本書中，我們尤其關注死後投生一個清淨平靜的世界。對佛教徒來說，這指的可能是阿彌陀佛的極樂淨土（雖然選擇其他任何的佛淨土也有可能）。現在，我們會在第七章中，更貼近地看看阿彌陀佛和他的極樂淨土——這個做爲加持源、禪修和生起虔敬心的對境，以及我們可能希望投生的地方。再者，憶念和祈請阿彌陀佛以及積聚資糧，能夠讓我們投生他的極樂淨土——大平靜和喜樂的世界，所以，回顧史上記載的釋迦牟尼佛在佛經中，對阿彌陀佛及其淨土的描述，這會對我們有所幫助。

|第七章|

阿彌陀佛和極樂淨土

一顆對阿彌陀佛充滿信心的心，

絕對會投生到莊嚴的極樂淨土。

一顆已然醒悟了佛功德的心，

無論走到哪裡，還是與極樂淨土合一。

佛教的宇宙觀，涵蓋爲數廣大無法想像的世界系統，超乎我們地球家園的範疇。在輪迴的六道世俗界外，宇宙向十方（羅盤標示的八個方向以及上方和下方）延伸的空間中，還有無數的淨土。這些已受淨化的樂園，是高階的眾生——包括天界的諸佛和大菩薩們在內的居住地。

在無數的淨土中，有幾個尤其重要，包括毗盧遮那（Vairochana）、金剛薩埵（Vajrasattava）、度母、觀世音菩薩、彌勒菩薩以及蓮花生大士的淨土。而最著名的，便是極樂淨土（梵文：Sukhavati），它位於西方，在眾多的宇宙之外。這個理想的世界，是阿彌陀佛的居住地；阿彌陀佛統領不可盡數的求悟者、苦行者和其他弟子。阿彌陀佛身體的光充滿一切佛的淨土，不受障礙，因此獲得阿彌陀佛（梵文：Amitabha）的名號，梵文的意思是無量光。[1]

阿彌陀佛是一項虔敬的傳統——佛教淨土法門的重心，而淨土法門在中國、韓國以及日本非常普及。在西藏，極樂淨土是最受歡迎的祈願和修法，度亡法事中尤其如此。佛經中，史上記載的釋迦牟尼佛向弟子確保，這是最容易投生的淨土，並且是在邁向成佛的過程中，最喜樂也最有力量的地方。任何投生極樂淨土的眾生，最少一生中便能圓滿證悟，這是因爲這個淨土具備的功德、阿彌陀佛的加持，以及眾生自己本身的功德。

淨土法門來源

淨土法門出自若干部佛教的典籍。雖然經藏（共通的教法）和密續（祕密的教法）有各種淨土的名稱和描述，但是釋迦牟尼佛對阿彌陀佛的極樂淨土的描述卻是最爲關注，內容清晰生動，又優美詳實。[2]

其中尤其重要的是兩部大乘佛經：大部的阿彌陀經《佛說無量壽經》（the

Sukhavati-vyuha Sutra）和小部的阿彌陀經《佛說阿彌陀經》。這些經是釋迦牟尼佛和親近弟子之間的對話；佛陀在靠近王舍城（Rajagriha）❶的靈鷲山對阿難、阿逸多和眾多信徒開示《佛說無量壽經》；《佛說阿彌陀經》則是在祇樹給孤獨園（Jeta Grove）對舍利弗和眾多弟子的開示。

這兩部經都有許多的中譯，包括中文（始於西元第三世紀）、韓文和日文（始於西元第七世紀）。西藏大譯師耶些・德（Yeshe De）於西元第九世紀時，將這兩部經從梵文中譯爲藏文。此章的內容主要根據藏文的版本，以及其他的經文和論釋。[3]

淨土的三個層面

如我們之前提到，此書描述的阿彌陀佛及其極樂淨土，屬於「化現出的顯相」——佛果的三個層面或三身之一。

佛果的第一個層面是究竟身——法身。它是佛果不具形相的清淨本質，等同於實相本身。它是完全的開放、空性的絕對狀態，沒有大小、特徵和限制。

佛果的第二個層面是受用身——報身。它是一體和無二元對立的狀態。這是具有形相的身體之淨土（報身淨土），清淨並且與佛智本身無別。它遍及一切、永恆、不變，並且是永遠的喜樂。

佛果的第三個層面是化現出的身體－化身。這是釋迦牟尼佛和其他諸佛，化現在我們人類世界的生理形相。化現出的淨土（化身淨土）指的是，能夠被我們一般人或凡夫看見的相對顯相，但必須是累積過善業的人。如果能夠投生平靜喜樂的化身淨土之一，我們便能夠在修行上有所進展，最後抵達究竟絕對的淨土。

❶ 今印度比爾邦的拉及吉爾（Rajgir）。

如我多次強調，生命中不同階段的感知和經驗，特別是在死時，都是我們的心理習氣產生的結果，而心理習氣是我們過去在心續中養成和烙印的印記。如果我們的心有如燃燒的烈火，變成憤怒、瞋恨和負面的感知的一根熱棍，那麼我們此生和尤其是來生的顯相和經驗，便會展現爲地獄的景象。如果我們的心一直處於平靜、喜樂以及關愛的念頭和行動中，而且一直享有正面的感知，例如極樂淨土的顯相和感受，那麼我們投生的世界，將生起爲一個平靜喜樂的正面世界——如同極樂淨土一般。

本書所描述的主要修持，是爲了投生於極樂淨土的化身淨土❷。投生這個淨土比投生其他的淨土容易，這是因爲阿彌陀佛的大願力，希望將一切眾生帶往他的極樂淨土，幫助他們成佛。

佛願的力量

《佛說無量壽經》（大阿彌陀經）講的是極樂淨土的由來。在無窮劫以前，一位稱爲法藏比丘（Dharmakara）的僧人—亦即後來的阿彌陀佛，他生起菩提心（梵文：bodhichitta），在自己的上師世自在王佛（Buddha Lokeshvara）前發願，誓言將承侍一切的眾生。當時法藏比丘還特別發願，他要建立自己的獨特淨土，而這個淨土具備一些不共的功德。當他成佛時，他的發願便形成了極樂淨土。

根據此經的藏文版，法藏比丘爲帶領眾生到他新的淨土，而發了 51 個大願。[4] 下面列出的五個願，將幫助我們對他的大願和淨土，在本質上有個概括的瞭解。

法藏比丘的第一個大願是，如果任何投生到他的淨土的眾生，會受到阿

---

❷ 位於現今印度北方邦(Uttar Pradesh State)的舍衛城(Shravasti)。

修羅道、畜生道、餓鬼道以及地獄道的痛苦的話，他將誓不成佛。❸例如，當一個地獄道的眾生投生到極樂淨土時，從那一刻起，他經歷的所有地獄道的痛苦都將止息，而成為淨土中的一個快樂的眾生（記得我們說過，下三道的眾生和淨土的眾生的區別，在於他們如何看待和感受心中生起的心理意象）。

法藏比丘的第二個大願是，所有投生他淨土的眾生，永遠不會再受到惡道的痛苦，否則他將誓不成佛。❹

法藏比丘的第四個大願是，若是所有投生他淨土的眾生，他們的特性有別於人道或天道的眾生，那麼他將誓不成佛。他希望他的淨土完全清淨，但是也必須具備類似人道或天人道的功德。❺

法藏比丘的第十九個大願是，他誓願將不取佛果，直至所有希望投生其淨土的眾生，以及所有稱誦其名號並功將德迴向淨土的眾生，都能眞正的投生淨土：「即使此人只重複思維投生我的淨土十次，只要他沒有造作五無間罪或誹謗佛法，願他能夠投生我的淨土。」❻這些條件並不是取決於佛的選擇，因為如果眾生對於解脫沒有敞開心胸，佛也無法將它強加在眾生的身上。

法藏比丘的第三十個大願是，所有在他未來的淨土的眾生，不僅必須免於痛苦，還要具備無量的智慧和自信等功德，否則他誓不成佛。❼

---

❸ 中譯註：淨土有兩種，報身淨土和化身淨土。詳細解釋見「詞彙」的「極樂淨土」條。

❹ 中譯註：國無惡道願。中文版原經：「我若證得無上菩提，成正覺已，所居佛剎，具足無量不可思議功德莊嚴。無有地獄、餓鬼、禽獸、蜎飛蠕動之類。」本章的原經摘自夏蓮居居士的《佛說大乘無量壽莊嚴清淨平等覺經會集本》；中文版經中共有四十八願。

❺ 中譯註：不墮惡趣願。中文版原經：「所有一切眾生，以及焰摩羅界，三惡道中，來生我剎，受我法化，悉成阿耨多羅三藐三菩提，不復更墮惡趣。得是願，乃作佛，不得是願，不取無上正覺。」

❻ 中譯註：身無差別願。中文版原經：「端正淨潔，悉同一類。若形貌差別，有好醜者，不取正覺。」

❼ 中譯註：樂如漏盡願。中文版原經：「永離熱惱，心得清涼。所受快樂，猶如漏盡比丘。」

阿彌陀佛的悲願確實宏偉。但是，光靠這些悲願本身，並不能讓我們投生淨土，我們還必須做出相應的努力，我們必須確保自己不違犯五無間罪或誹謗佛法，障礙自己投生淨土的機會。同時，我們還必須以「往生淨土四因」（見附錄 A），開通前往淨土的道路。

佛號的力量

阿彌陀佛發願，他將帶領重複稱誦其名號的眾生，前往他的淨土。因此，阿彌陀佛的名號便是一扇窗，透過它，我們得以目睹阿彌陀佛和他的極樂淨土。

大乘佛法教導我們，要將一切視爲是證悟的聲音、影像和經驗。但我們必須透過某個特定的門戶，才能夠達到這個目標，而這個門戶可能是一尊佛像、一種平靜感、一種具有功德的聲音。阿彌陀佛的名號就像是這樣的一個門戶；他加持過這個名號，以便讓我們能夠聯絡到他，也讓他能夠聯絡到我們。

阿彌陀佛的名號，便是他本身、他的慈悲、智慧和力量。我們意識到他名號的當下，他便在我們當中，與我們同在。因此，如果我們一心專注在他的名號上，帶著虔敬心與他的名號合而爲一，我們便能開始受用大海般的證悟功德，而對佛的恭敬和信任便自然會綻放。很快地，我們便會發現，負面的心態以及如貪、瞋、癡、嫉妒等煩惱，再也無法容身。當我們變成一個盛滿了佛的加持力的容器時，我們便會自發地承侍他人。任何我們所見、所聞、所受，都會生起爲阿彌陀佛的現前，而投生極樂淨土，便自然是我們的下一步，而我們獲證佛果的最終目標，將近在咫尺，垂手可得。

如果這個加持過的名號，變成是我們的念頭和呼吸，當中帶著虔敬和歡慶，那麼就算我們只是在感知一般的影像、聲音和感覺——無論處在生時、臨終或中陰，我們都能夠透過佛的名號，與佛相連。

在持誦佛的名號時，我們如果能夠以原本的語言（梵文），或是無數證悟者加持過的語言如梵文和藏文來唸誦，那麼加持力會特別強大。但如果是以自己的語言來唸誦，對我們會更具啓發性的話，那麼使用自己的語言便更爲明智，因爲重要的是以虔敬打開自心，培養信任。

對於受過加持的阿彌陀佛名號，我們應該盡可能多次持誦。附錄 A 爲我們說明名號的修法。

極樂淨土長得什麼樣子？

化身極樂淨土的樣子，就許多方面而言，類似於人道和天人道的最高功德特質。[5] 例如，投生在那裡的眾生，他們的身形類似人類或天人。

雖然這個化身淨土，看似爲二元思維和情緒的對境，但它卻盛放著祥和與正面的功德特質。它位於空中的天界（不在海中或地上），遍滿珍寶。它的運作方式是透過上師和弟子的層級；所有投生於淨土的眾生都是弟子，但弟子當中也有菩薩，他們可以是其他弟子的上師。

極樂淨土和人道或天人道一樣，具有空間維度的結構，有大小距離的區分，也具有一個相對的時區。但是它沒有人道的痛苦，例如生老病死的痛苦，也沒有天人道的痛苦，如死亡並墮入惡道的痛苦。在解釋它被稱爲極樂淨土的原因時，釋迦牟尼佛開示：「極樂淨土的眾生，沒有身體上的痛苦，也沒有心理上的痛苦，而具有無量快樂的因。這便是它被稱爲極樂淨土的原因。」[6]

極樂淨土的地勢平坦、柔軟，猶如年輕人的手掌一般。它遼闊無邊、年輕、清新、柔軟，觸摸起來非常舒服，沒有尖刺、卵石、岩石或斜坡。它安靜、平靜、喜樂、無垢。它由七種珍寶建成[7]，裝飾有金色的圖案，不見絲毫的嚴苛、粗糙、生硬、骯髒、鈍拙或腐敗。它光明多彩，散發光芒。在此淨土中，可以看見其他無數的佛淨土，猶如明鏡反射出的映像；而眾生看見這些映射的淨土，就如同我們在客廳的電視上，觀看其他的洲陸一般。

此淨土沒有黯淡或普通的山嶽，而有許多各種平滑的寶石山，尖峰高低起伏。這些山到處都飾有成堆的寶石、寶藏的礦井、珍寶的山洞，以及以奇巧的爬籐建成的寮棚。

淨土的景觀裝飾著美妙的樹木， 它們具有彩色的造型。有些樹是由一種、兩種，甚至三種珍寶所造，但其他許多的樹木是由七寶所成：樹根是黃金，樹幹是金銀，樹枝是琉璃，樹葉是水晶，花被是光玉髓，花朵是青貝，果實是紅寶石。這些樹木觸摸起來，都極爲柔軟舒服，向十方散發香味，在微風的吹送下，發出悅耳的聲音。

此淨土有連串深廣的湖泊、池塘和河流，許多眾生在當中自在嬉戲。由珍寶做成的舒服步道，帶眾生通往充滿未受污染的湖泊和池塘水底由珍寶所建，上鋪金沙。池塘中的水，是具有八種療癒功德的水：澄淨、清冷、甘美、輕軟、潤澤、安和、除飢渴和長養諸根，水上漂浮著脫俗的蓮花，散發天界的香氣，而且水的溫度能夠隨眾生所欲而調變。河流交響著百千萬種的諧樂，任何天界的音樂也無法比擬；湖岸和河岸滿是濃香撲鼻的樹叢。河流能夠隨眾生所欲，鳴唱出深廣的法教。

佛[8]化現的無數天鳥，棲息在此淨土。如同淨土中的山巒、花朵和其他的特色一樣，這些天鳥也都是佛的化現，而且就是佛的本身。因此，它們是平靜、喜樂、智慧和覺證的源頭，而不是困惑、執著、貪婪和瞋恨的來源。正如一個在凡間的人，會聽見普通的鳥鳴一般，我們在淨土會聽見天鳥鳴唱喜樂的佛法之音。但如果我們比較喜歡安靜，那麼你便只會聽見寂靜之音。

所有的花朵都是由各種顏色的珍寶所製。花的大小可達半個、一個或十個由旬（yojana，一由旬等於四千尋❽）。從每朵花中，生起無窮多的金色光束；每一個光束上，出現有無數多的佛。諸佛將無窮的世界完全充滿，向所有對祂們開放的一切眾生，發出法教的雄音。

淨土的信眾不需要仰賴粗重的食物。但只要一動念，任何他們想要的珍饈都會出現在面前，而且他們不需要吃下食物，便能感到歡喜飽足。同樣地，任何他們想要的東西，如香、香水、傘蓋、寶幢、樂器、華衣或飾品，都能夠隨心所欲地出現在面前。對於那些不想獲得這些東西的人，它們便不會出現。

那些想要華宅的人，華宅便會出現，它們是由珍寶建成的多層樓高、多個圓頂的建築，裡面充滿無價的座、床、天界的裝飾、殊勝的裝潢。每間華宅都充滿了數千位天人，演奏無盡的音樂和賞心悅目的娛樂。信眾帶著自己擁有的天界華宅、花園、山林、流水和池塘等，在空中一同旅行。

每天的早上、中午、下午、黃昏、午夜和黎明，從四方飄送而來的微風吹拂著每一個人，帶來樹上降下的芬芳花雨，將大地鋪滿如絲柔軟的妙花。在受到香馥的微風的撫觸時，我們會感受到如禪定的大樂。鋪滿大地的所有花朵，不久就會消失，新鮮的花朵便取而代之。

時不時地，香雨伴隨著天人的音樂和舞蹈，降下一陣天界的花朵和飾物。

在淨土，一切的形色、聲音和感覺，都是佛法的影像、聲音和體驗。這並不是說形色都變成是佛相，或是聲音都變成是誦經聲，而是淨土的一切都是平靜、喜樂和證悟的來源或展現。

在此遼闊的淨土中央，有一棵高達六十萬由旬的菩提樹，樹上有綺麗的樹葉、花朵和果實，裝飾著珍寶和黃金花鬘，在微風的吹拂下，它所發出的動人聲音，無數世界都能聽聞到。所有見到、聽到、聞到這棵菩提

---

❽ 中譯註：「尋」(fathom)為長度單位，一尋是八尺。四千尋或一由旬的長度約9.6公里。

樹的人，或是吃過它的果實、觸碰過它的光、在心中憶念它的人，都會免於煩惱和搖擺不定的念頭。

我們對這棵菩提樹的大小和形狀的描述，是按照一般人感知它的方式，實際上它是不可思議的。在這棵樹的樹腳下，是一個巨大的蓮花座。這是阿彌陀佛教導並解脫一切信眾的法座。[9]

阿彌陀佛及其弟子

正如群山之王睥睨一切山嶽，阿彌陀佛的威儀也同樣傲視群雄。他的身體清淨無瑕，[10] 具三十二相以及八十種好，如天空般純淨無邊，散發出不可思議的耀眼光芒，照亮十方無數的淨土。他的光即是功德、證悟和智慧。他的光芒瑰麗並且如水晶般純淨，所有受到照拂的眾生，身心都會激起大樂、智慧和無上的喜樂，阿彌陀佛因此而以無量光佛而聞名。再者，他的壽命無可計量，因此也被稱爲無量壽佛。

他的話語生出恆常的法音。他的證悟之心，是深廣的平靜和智慧之海。他遍知不受局限的智慧，通達所有一切的可知。對於一切痛苦的眾生，他的心充滿愛與慈悲，如同一位母親對待她的獨子。帶著巨大的自信，他令一切眾生心生歡喜，以他常流無盡的佛法甘露，滿足眾生的需求。他帶著強烈奉獻的心，與每個人分享他所證悟的猶如甘露的無上成就。他猶如一位首要牧人，緩慢但穩建地走著，帶領一群如海般廣大的弟子。

在他的淨土中，阿彌陀佛統領數目不可思議的無數弟子，包括爲求自身解脫的聲聞（梵文：shravaka）和緣覺（梵文：pratyeka-buddha），以及爲求解脫他人的菩薩（梵文：bodhisattva）。菩薩眾中，主要有八大菩薩：觀世音菩薩、大勢至菩薩、文殊菩薩、地藏王菩薩、無盡意菩薩、虛空藏菩薩、彌勒菩薩以及普賢菩薩。他們都具備下列五種超凡的知識：1)

他們具備神通，能夠瞬間穿越眾多世界去教導他人。每天早上，這些弟子週遊無數其他的淨土，拜見那裡的佛，向他們頂禮，聽聞他們的開示，之後，再回到極樂淨土。2) 爲了自身的學習和教導他人，他們能夠記得發生在數劫以前的事情。3) 他們的天眼能夠透視眾多的世界，以便認出堪受菩薩承侍的眾生。4) 他們的天耳能夠聽見眾多佛的開示，以及諸多眾生的祈願。5) 他們能夠瞭解不同國土眾生的根器，以便適當地承侍他們。[11] 眾多世界中有不可計數的眾生，但菩薩們藉由這些神通力，能爲他們帶來喜樂和利益。

但並非所有投生極樂淨土的眾生，都具有像這樣的神通力。這是因爲有些人對於投生淨土仍有所懷疑，或者對於阿彌陀佛的力量和其大願缺乏完全的信心。

其他投生此淨土的眾生，可能會五百年停留在蓮花胎中，期間甚至見不到阿彌陀佛。他們將在無垢的蓮花中，享受平靜和喜樂，但由於他們的懷疑，蓮花會持續處於含苞的狀態，讓他們無法見到淨土和阿彌陀佛。

並不是所有此淨土中的信眾，都是爲了利益他人而求證佛果的十地菩薩——成佛前的最高階段。但是，對所有的人來說，這將是他們獲證佛果前的最後一世，因爲這裡的每一個人都會成佛——除非他自己做出不同的選擇，而這都是由於阿彌陀佛的願力。[12]

這裡沒有一個信眾過著在家人的生活，具有配偶和家庭，因爲所有的人都對感官對境沒有貪執；沒有一個人會偏離正確的心理、情緒和生理的戒律，因爲這樣的生活方式是淨土不可或缺的一部分。極樂淨土的眾生，他們在心理、情緒和生理上，比任何世間的眾生都更加細膩；他們甚至超越男性和女性的區分。但根據佛經以及極樂淨土的法教，雖然投生此淨土的眾生不具有一般的男相或女相，但是淨土中仍然有具有女性和男性特質的天人，他們是阿彌陀佛爲利益眾生的化現。

極樂淨土沒有胎生，因爲所有的人都是化生在巨大、珍貴、芬芳多彩的

花中。沒有人會分泌尿液、糞便或黏液，因爲這裡的眾生沒有粗重的身體，也不進食世間的食物。❾

佛陀開示：

> 在阿彌陀佛的淨土中，
> 所有的人都以禪悅為食，
> 因此連［一般］食物的名稱都未曾聽聞。[13]

每個人都有紫磨眞金色身，體色清純猶如精煉的黃金一般。淨土中所有信眾的身體都強健有力，具三十二相。他們身體的智慧之光，照亮整個空間。佛陀說：

> 阿彌陀佛的淨土中，
> 聖者的智慧之光恆常照耀，
> 因而沒有黑暗，
> 沒有白天黑夜之分。[14]

他們的心是平靜的，因爲心中充滿自信和智慧。他們是歡樂的，因爲無論他們享受的是什麼，他們都自然地享受它，不起貪執、希求或煩惱。就連那些還未超越痛苦和苦因的人，都會因爲淨土的力量，而處於恆常的喜樂之中。沒有人會生病、會變老；由於福德的力量，他們的壽命無量。一旦投生淨土後，一切痛苦的經驗立刻消失，因爲淨土中沒有痛苦的感受。

---

❾ 根據《阿毘達磨》(Abhidharma)(見NG183a/2與CND30/18)的記載，數劫前，在剛開始有人的時代，地球上的人類並沒有男相、女相的分別。他們也沒有性交，每個人都是透過神奇的化生而出生。人們不需要吃粗重的食物，也不需要依賴日月的光芒，因為他們自己發光的身體便可照明。雖然沒有翅膀，但他們可以像小鳥般在空中飛翔。慢慢時間久了，人類開始喜歡吃地球上的東西，接著開始感受到粗重的情緒，這讓他們失去飛行的能力和光芒。很快地，他們便開始有男女相的分別和胎生。

投生極樂淨土

這裡所描述的極樂淨土，只是它不可思議的功德的九牛一毛。事實上，就算是具備天眼，也無法看盡所有這些無量的功德，並且由於語言的不足，甚至連佛都無法盡說淨土的功德。

根據佛經，阿彌陀佛的願力是如此強大，如果憶念他的話，我們不僅能夠投生極樂淨土，而且此生便能親見他，同時也能夠在夢中或淨觀中見到他。死時，阿彌陀佛會在如海的弟子圍繞下，出現在面前。特別是，如果在中陰憶念阿彌陀佛，此記憶便會讓我們投生到他的淨土。這是因爲在中陰，要改變自身的處境，比較容易。[15]

要想投生淨土，我們無須具有任何高度的禪修證悟。由於阿彌陀佛的願力，我們需要做的，便是以修持淨土四因，將心打開，讓心接受這樣的可能性。但唯一的條件是，絕對不能犯下誹謗佛法或五無間罪中的任何一項。釋迦牟尼佛這麼教授淨土四因：

> 喔，阿難，那些 [1] 一再仔細思維［阿彌陀］佛［及其淨土］的人，[2] 造有許多、無量的功德，[3] 開展出證悟之心［菩提心］，[4] 將功德迴向並發願投生極樂淨土。當他們命終之時…他們將投生於極樂淨土的世界。[16]

藉由虔敬心的培養以及對阿彌陀佛憶念，我們便能確保投生美好的極樂淨土——永恆平靜和殊勝喜樂的世界，成爲他人平靜和滿足的源頭。這個殊勝的機會，是阿彌陀佛對我們每一個人的承諾，而這個承諾的眞理，由史上記載的釋迦牟尼佛親口宣說，並且是佛教高僧大德親身驗證過的道路。

某些視自己爲「無神論」的佛教徒，可能會認爲極樂淨土一說，只是爲傾向有神論的信徒而施設的。但是，看看龍樹菩薩的例子：龍樹菩薩是大乘佛法中，空性法教最重要的倡導者；空性法教爲無神論學派，否認有、無、亦有亦無、非有非無的邊見。但是，釋迦牟尼佛本身卻授記：「一位名爲『龍（龍樹）』的僧人…他在離開身體後，將投生極樂淨土。」[17] 因此，如果連佛教最偉大的無神論學派中，最重要的大師都會投生此淨土，那麼任何佛教的追隨者，無論是有神論者與否，當然可以發願投生到那裡。

爲了達成投生淨土的目的，臨終者的內外四周都要具備支援系統，這點非常重要。我們會在下章說明，臨終助手如何提供這項援助。

｜第八章｜

如何幫助臨終者和亡者

處於中陰的心，獨自飄搖，如風中飛絮。

且去尋求那些平靜和喜樂的人，

在他們強勁有力的手中找到寬慰，

這便是飛騰淨土的機會，不再驚顫悲泣，

不再漫無目地在未知中流浪，

這真是令人無比地欣慰！

有人臨終時，我們便有機會在靈性上，爲他們提供無價的幫助。僧眾、受過訓練的在家助手或同修道友，他們都能夠爲臨終者或亡者，提供助念、禪修和修法，指引他們死後的旅程。同時，還有許多簡單又有意義的事情，可以由照料者和親朋好友來做，助臨終者一臂之力。

保持正面的思考和行為

我們在臨終者或亡者身邊的舉止，對他們在此關鍵的過渡期的經驗，具有重大的影響。當有人命終或死亡時，在他們死亡後的數日，生者要儘量避免對亡者抱持執著或敵對的念頭或感受，這點很重要。即使我們無法做到不生起這些念頭或態度，但也要避免在言語和行動上將它表露出來。我們應該儘量避免悲傷、哭泣或懊悔。同樣重要的是，不要去挖掘亡者的醜聞，談論亡者的缺點或曾經做過的壞事，甚至在我們的心中，也不應該思維這些念頭。

第五章的還陽故事已經揭示，生者的悲傷和哭泣如何讓亡者在中陰的旅途中，遭遇黑暗、暴風雪、可怕的聲音和痛苦的感受。亡者所愛的人，應該盡力保持一個平靜安祥的心態和氣氛。我們應該慶祝、禮敬、讚頌亡者的成就，絕對不能這麼想：「現在這個人死了，我可發財了。」或是「這個人終於死了，我可自由了。」

剛過世的亡者的心識，在離開身體後的幾個小時、幾天甚至幾週，都可能還在附近遊蕩。他們甚至具備通曉生者念頭的能力。如果他們發現有人對他們有負面的想法或行爲，這可能會成爲一項激起負面情緒的強力因素，而造成他們得到一個痛苦的來世的原因。

因此，至少在亡者過世後的數天到數週，我們生者應該試著對亡者保持正面的念頭和記憶，並且在行爲上保持一致。

對於自己所愛的人的死亡感到悲傷，這很自然。但雖然我們會感到悲傷，卻不應該加重這個悲傷，而應該試著減少或淨化它。首先，要試著避免將這樣的悲傷感視爲負面，繼而引發情緒上的掙扎。我們反而應該這麼想：「是的，我是很難過。但是這是出自我對所愛的人的愛和感激。有著如此美麗的記憶和感情，這眞美好！」一旦我們將它標示爲正面的感受，並且將它轉化爲喜樂的對象時，整個悲傷的痛苦特質，便轉化爲喜樂的療癒能量。有時，我們可能需要提醒自己：「在思念和想到我愛的人的模樣時，如果是帶著悲傷的情緒，這會對他們造成負面的影響，如同法教和還陽故事中所說的。所以，我必須停止悲傷。」這樣的理解和決心，將有助於中止悲傷。

要記住，我們所愛的人的死亡，並不是這個人的終結，生命仍然會繼續下去，這點很重要。如果他們長期遭受病痛或衰老的痛苦，這便是結束痛苦的一個好機會，讓他們得享健康和更好的來世。尤其，如果我們所愛的人，在他們的人生當中，曾經有過任何正面的作爲的話，我們一定要將它記在心裡，把心專注在他們在地球上的那段輝煌時期，並因此爲他們感到高興。這將會讓我們生起療癒的能量，也會成爲我們愛的人的靈性支柱。

最有效的修持，便是把心專注在祈願、禪修，以及受用來自「加持源」的加持，而不是沉溺於悲傷，讓它吞噬我們的生命。

祈願與修法

生者——尤其是助手，在選擇爲亡者修持任何祈願文或禪修時，他們應該首先自己進行修持，對於加持源流露出的啓發和利益，獲得切身的經驗後，再與臨終者或亡者分享。如果我們自己都還沒有這樣的經驗，我們能夠與臨終者或亡者分享的，便少之又少。

在決定修持什麼樣的祈願文、禪修或儀式時，選擇助手和亡者都熟悉或具緣的內容，這向來非常重要。

除非臨終者或亡者是非常有證量的成就者，否則倚靠加持源的力量非常重要。我們的加持源可以是如阿彌陀佛的一尊佛、如極樂淨土的一處淨土、一位菩薩、一位聖者、一位賢者，或者是自己的上師。

助手必須認爲、感受並相信此加持源是遍知的智慧、無條件的慈愛和無邊的力量的源頭。如果我們能夠這樣觀想，那麼加持源便會如此地出現在我們的面前——這都是拜我們自身清淨的感知力所賜。

做功德

我們能夠爲臨終者和亡者做的最有價值的事情，便是爲他們做功德，並且將它迴向給他們的快樂和證悟之因。

佛教教導我們，要獲得佛果就必須累積二資糧：功德和智慧。藉由二元心態下的正面念頭、情緒和行爲，我們累積功德或善業。透過對究竟本質的了悟，免於二元分別的觀念和情緒，我們累積超越因果業力的智慧。爲了此生或來世的平靜和喜樂，我們必須累積功德；爲了獲得佛果，我們必須證悟智慧。

做功德的方式有許多，其中包括：

1. 培養布施、持戒、忍辱、精進、禪定的念頭和行為。
2. 將這些念頭和迴向，運用在各種正面的活動當中，包括祈請文的唸誦、禪修的修持、服務他人、照料病患及放生。
3. 培養對加持源的信任和虔敬，以及對一切有情眾生的悲心。禪修任何正面的心理意象——無論是一個形像（如佛像）、一位聖者、一個神聖的聲音、一種感受（虔敬、悲心、平靜或喜樂）、加持或淨土等。

4. 持守戒律、清淨罪業（無論透過禪修或儀式，或是能夠清淨自身惡業的任何正面的念頭和行為）、為他人說法、向本尊獻供、布施貧困者、捐助慈善活動、提供避難所、贊助宗教儀式、贊助或製作宗教聖物（如佛像、畫作、廟宇、紀念碑），以及修路❶和建庇護所。

在加持源的面前或沉浸在其神聖的形相、聲音和經驗當中進行儀軌修法，我們也可以累積功德。這可以將我們的心和生命打開，開顯靈性的功德，例如自心綻放正面的感知，或是感情開展出虔敬、歡慶和無盡的喜樂。

做完功德後，我們能夠爲亡者提供的最有力的服務之一，便是將善行的所有功德，迴向爲某個特定的人或一切眾生的平靜與喜樂之因；佛書中有許多迴向文的典籍。當我們在唸誦這樣的迴向文時，我們觀想將功德迴向給一切眾生（尤其是迴向亡者的平靜和喜樂），不計任何回報。

如果我們自己能夠代表亡者進行任何前述的善行，這很好。但如果我們能夠啓發他人做這樣的善行，或是贊助僧人或居士修持能產生功德利益的儀軌，這也同樣很好。

為非佛教徒做的佛事

眾所周知，有些人雖然自己非正式的佛教徒，但能夠接受佛教的見解。有些人雖然總的來說欣賞佛教，但對於佛教的圖像，或者是死亡以及死後的複雜看法，卻是不太容易接受。還有其他一些人完全對佛教封閉，甚至反對佛教以及佛教對死亡的看法。

❶ 像在西藏這種交通不便的地方，簡單的道路有助民眾的維生。因此，如同利他或動機良善的任何行為一樣，修建道路會產生功德，最終帶來平靜和喜樂。

在傳統的西藏，所有的人都是虔誠的佛教徒，因此，從來沒有出現過這樣的問題。但現在佛教在西方國家興盛後，這就成爲了一個問題：我們是否應該以佛教的方式，來協助那些甚至在活著時可能會反對此作法的亡者？

有些上師對這個問題的回答是，遊蕩在中陰中的眾生極度需要幫助，他們會尋求任何平靜和喜樂的形相、聲音或感受的來源，以做爲自己的支柱。生死交關時，他們會急切地尋求任何能夠庇護或紓解他們的東西，所以祈請文、禪修和功德等會受到他們歡迎，就算他們生前沒有認識到佛教的價值，但這類的法事仍然對他們有巨大的幫助。

其他上師則認爲，如果亡者生前不喜歡佛教，或排斥佛教的塑像或觀念，他們會帶著這樣的習氣進入中陰，因爲心的習氣不易去除。如果是這樣，那麼在這些人的心中，爲他們做佛事可能會引起怨懟甚至瞋恨，而負面的情緒只會對他們造成傷害。

我的看法是，在任何臨終者或亡者的周圍，觀想或製造一種平靜喜樂的感覺或氣氛，這絕對是安全有益的。我們可以在對此氣氛的觀修中放鬆，思維並感覺自己（助手）、臨終者和氣氛，都與平靜和喜樂的感受融合在一起。身爲助手，我們也可以想像見到正面的形相、聽到令人慰藉的聲音或語言，容許這些印象創造出平靜和喜樂的安定氣氛。接著，以放鬆的心情安住在其中。這些修持根據的是佛教的眞正菁華，具有放諸宇宙皆準的正面特質，不帶任何特定的佛教特徵或亞洲文化。

此外，帶著宇宙共通的原則來修持任何形式的善業，並且將功德迴向給亡者，爲亡者種下善業的種子，以便獲得平靜和喜樂的旅途和投生，這點非常重要。

所有人都可以做的禪修

即使臨終者或亡者不是佛教徒，甚至也不接受佛教，那麼下列將是有益、安全，並且令人感覺受到尊重的修持。取決於亡者的特定需求，助手可以修持全部或部分的內容。這些都是基於佛教的原理，但具有宇宙共通的特質和訴求。

1. 在前方虛空中，觀想自己見到加持源以光體的形相出現。這些加持源都極為美麗莊嚴，具有無條件的愛、無量的喜樂、殊勝的平靜、深刻的力量以及完全的開放。他們以慈愛向十方散射出溫暖和喜樂的光芒。
2. 看見加持源散射出加持的光芒。這些洋溢著平靜和喜樂的加持之光充滿整個空間，驅除迷惑、悲傷和恐懼的一切黑暗。
3. 聽見歡慶的語言、聲音或祈請聲，有如交響樂地般充滿空間。藉由這些聲音的振動，感覺它所創造出的無量的喜樂、殊勝的平靜和完全的開放。
4. 思維並感覺亡者正看見此美麗莊嚴的加持之光，正聽見此令人感到慰藉的聲音，並且感覺著無量的愛、平靜和開放——加持之光的功德特質。
5. 最後，感覺自己和亡者融入一個沒有分別的狀態中，在全然平靜和喜樂的無量光(阿彌陀佛)的子宮中。放鬆安住在這當中，盡可能愈久愈好。再三地重複修持。
6. 不時在心中思維或說出這樣的強烈祈願：「願[亡者的名字]與加持之光同在，在中陰和一切生世中，得享平靜和喜樂。」

對佛教徒或能接受佛教的人的指引

對於佛教徒和那些能夠接受佛法的人，除了祈願和禪修之外，助手還可以提供語言上的指引。

帶著對加持源的虔敬以及對臨終者的悲心，在心中默念或大聲唸著下面的指引文字。我們也可以說出所有下列的指引文字，或當中的一部分。我們也可以對這些內容進行剪裁，讓它適合於臨終者的情況。

在說這些指引之前，我們可以先唸誦一句簡單但力量強大的祈願文句，例如阿彌陀佛的咒語「嗡 阿彌塔巴 釋以」(OM AMITABHA HRI)，或是大悲佛觀世音菩薩❷的咒語「嗡瑪尼貝美吽」。或是，選擇任何自己和臨終者都熟悉的祈請句。

> 嗡 阿彌塔巴釋以！強秋 [輕聲叫著臨終者的名字]，請安心放鬆地聽我說。強秋，你已經死了，現在正處於中陰過渡期。你要瞭解和接受自己已死的事實，這非常重要。請聽我說！現在你必須認真看待自己需要思考和做的事情。你正處於一個十字路口，一個喜樂還是痛苦的來世在於你的選擇。
>
> 帶著清明的心並且全神貫注，請記得你的禪修，並且安住於此禪修的體驗中。請記得你慈悲的上師和所有的加持源。如果你能記得他們，他們便會與你同在。觀想他們都帶著智慧的眼睛和慈愛的心看著你。請持續地一次又一次地觀想他們。他們會伴隨著你，確保你有個平靜的旅途並獲得喜樂的來世。
>
> 今天你面臨生命中最關鍵的時刻。你的未來取決於你的心今天的表現。簡而言之，請記住你有的禪修經驗、你所恭敬的加持源以及你親近的上師，一遍又一遍，重複憶念。
>
> 嗡 阿彌塔巴釋以！強秋，在中陰的旅途中，你可能會看見忿怒的影像、醜陋的形相，或是遇到可怕的情境。但你一定要記得，這些顯現都不是真實的。它們只是你自心及其習氣的產物和反射，就像是幻覺和海市蜃樓。因此，不要對它們生起貪愛或執著，也

---

❷ 這些咒語的意義請見第 278 頁和第 189-90 頁。

不要害怕它們或與它們對抗。

請記住，一切影像在真正的本質上，都是光的影像。它們的真正本質是平靜、喜樂和開放。就它們真正的本質和功德而言，它們即是加持源和你的上師的現前。

當你見到任何影像，無論它是美還是醜，如果你將它界定為光與平靜的影像，那麼它就會變成是光與平靜的影像。當你聽到任何聲音，如果你將它界定為平靜的聲音時，它就會是如此。如果在中陰中，你能夠這樣進行正確地思維，那麼你便能夠輕輕鬆鬆地改變或轉化任何情境，因為一切都只是你自心的反射和反應。請不斷地一次又一次地憶念，令人不悅的顯現有如夢幻般地不真實，而且它們在本質上都是平靜的。

嗡 阿彌塔巴釋以！強秋，在中陰的過渡期中，你可能會見到或想起自己的財產、朋友以及鍾愛的人。你可能會聽見有人正叫著你，哭喊著你。如果這樣，你一定要記住，你現在已經死了，你已經與他們分開了。那些出於執著而喊著你的人，還有你在心理上有所貪愛的人，他們都無法給予你任何的幫助，因為這些影像和聲音，都只是你自身的悲傷、恐懼和迷惑的反射。沒有一個人可以跟你一起走，你也無法跟他們待在一起。如果你對他們執著，那麼因為你的執著，他們就會成為你邁向平靜和解脫的障礙，這只會將你束縛於痛苦的世界。所以，不要貪愛、執著或是走向它們，不要害怕它們，也不要與它們對抗。

請將它們視為是反射的影像，其中沒有任何的實質；將它們視為是不具真實性的回聲。那麼你自心的執著和恐懼，便會如陽光下的雲霧，煙消雲散。

請你務必要記住自己禪修的經驗，以及加持源與你同在，並且就在你自己的身上。如果你能夠見到並感覺到加持源和禪修的經驗，那麼它們都會成為你巨大的平靜和喜樂的來源——成為你的解脫之道。

因此，請一再一再地記得你的禪修和加持源，而不是你的親友或敵人。

嗡 阿彌塔巴釋以！強秋，在中陰時，你可以會聽到如雷的聲音和令人恐懼的話語。如果這樣，你一定要記住，這些如雷的聲音和令人恐懼的話語，都只是自心造作的顯相。而你自心造作的聲音，就像是幻覺和回聲。因此，請不要害怕它們、執著它們，貪愛它們或跟它們對抗。

請將你聽到的聲音，視為是慈愛、平靜和啟發人心的波動。請記住，聲音是你對加持源的虔敬心的波動。同時要記住，聲音是由加持源向你傳送的慈悲的波動。一次又一次這樣思維。

嗡 阿彌塔巴釋以！強秋，在中陰過渡期當中，你可能會有恐懼或寂寞的不悅感。若是如此，你一定要記得，這些都只是你自心造作的感受，它們並非真實；你的心將它們編造出來，如同一場噩夢。所以，不要貪愛、執著它們，不要害怕它們，也不要與它們對抗。

請你自己這樣思維：這些感受都不是真的。它們如同池塘中的波紋。放手讓它們去，不要執著它們。如果你放下它們，它們便會像泡沫般消失，那麼你便能夠享受自心的平靜、喜樂、清明以及遍知的真正本質。

再次地，請記住加持源與你同在，而且就在你自己的身上。記住你禪修的感受。在加持源的面前，享受你在禪修中所經驗到的平靜和喜樂。請安住在開闊的感受中一亦即你自心的自然狀態。一次又一次這樣思維。

對佛教徒和其他禪修者的禪修指引

如果臨終者或亡者是佛教徒或禪修者，而且身爲助手的我們有受過禪修訓練，那麼我們可以使用附錄 A 和 B 的簡易佛教度亡儀軌。或者，我們也可以使用下面簡單的禪修方法，並按照情況對任何部分進行調整。

請記住，身爲臨終者和亡者的助手，我們在靈性上提供的協助，必須符合亡者與我們自身確實能夠受用的禪修經驗狀態。這點在任何情況下都非常重要。

受過高度訓練的助手所使用的禪修指引

如果身爲助手的我們比臨終者或亡者有更好的禪修訓練，或者雙方的程度相當，那麼我們必須積極地禪修、唸誦祈願文以及修法。同時，我們也必須給予臨終者一切臨終和中陰旅程的必要指引，但是必須恰如其分，亦即我們的指引不應該太繁瑣或太深奧。如果我們講的太多，臨終者不見得有力氣、時間或能力得到任何利益（即使他們還活著）。因此，我們必須考慮到我們所說的分量和內容。我們應該傳達的，是臨終者所需要聽到的具啓發性的精要內容，這樣他們才能夠理解它，並且在死後的漫長旅途中記住它。在這裡，我們有機會帶領臨終者通過死亡和中陰的過程，幫助他們抵達平靜和喜樂的彼岸，猶如揹負一位病人橫越急流。

我們可以爲臨終者或亡者，提供下列指引的全部或任何部分內容。這些指引必須簡單明瞭而觸動人心。臨終者或亡者不一定能夠在場或清醒地和我們一起禪修或唸誦祈願文，所以我們最後可能是獨自修法。但是，我們仍然應該想著，臨終者或亡者正聽著我們，並且與我們一起禪修和唸誦祈願文。對臨終者或亡者大聲地唸誦或在心中默念下面的指引：

> 在你自己面前的虛空中，觀想非常莊嚴廣大的淨土，例如極樂淨土。觀想加持源出現在這個淨土的中央，例如阿彌陀佛 [或是適用的任何其他的佛、聖者或賢者]，周圍是無量的其他證悟者，例如菩薩、羅漢以及大成就者。將他們視為是完全的證悟者，散發出無條件的愛、遍知的智慧、無量的平靜、完全的喜樂以及無敵的力量。

加持源出現在這裡，是為了在你中陰的旅程中，保護你、照顧你並且支援你。他們在這裡是為了帶領你去極樂淨土。

感受到在他們面前的無量平靜和喜樂。感覺在他們面前的溫暖。感覺有他們在場的安全感。感覺在他們的面前，你的一切需求都得到了滿足。你確信從現在起，自己受到如大海般多的證悟者的保護和指引。

唱誦祈請文或持咒，而且要將祈願的聲音，視為或感覺為對加持源祈請的波動，祈求他們給予協助和加持。同時，思維並感覺祈請的聲音，是你對加持源的虔敬心的能量波動。

你可以將一般的聲音和祈請的聲音，視為是來自加持源的愛、慈悲和力量的波動。感覺那聲音是你自身喜悅的心、虔敬的祈願、宇宙的大愛、遍知的智慧、無邊的力量和空性的平靜的振動。

感受巨大的平靜和喜樂的無量加持光束，從加持源傳遞到你身上。這些加持的光充滿你的身心和周遭整個的氛圍。它們是無條件的愛、遍知的智慧、無敵的力量、完全的溫暖、無量的喜樂以及宇宙的平靜之光。

無論你見到什麼影像、聽到什麼聲音、體驗到什麼感覺，你一定要將它們看為、視為、感覺為、相信為是加持源之清淨的影像、令人寬慰的聲音以及證悟的智慧。

最後，覺知本具的平靜和加持源的加持，並且在這樣的覺知當中放鬆。感覺彷彿所有的一切都已經合而為一。

對臨終的禪修者的指引

如果臨終者的禪修經驗超過身爲助手的我們，那麼我們應該禪修、唸誦祈請文並修法，但多數時間是在一段距離之外或是安靜地進行，直至臨終的禪修者的死亡過程完成爲止。我們只是安靜地提供被動性的援助，讓臨終的禪修者能夠順利地航向彼岸。

這種情況下，我們應該專注的最重要的要點，是讓臨終者以他自己的方式和他自己的速度經歷整個過程，避免在他的身邊製造任何聲音或動作。再者，在死亡的過程尚未完成之前，絕對不能碰觸禪修者的身體。聲音、碰觸，或是普通人粗心或無知的建議，都可能讓臨終者分心，讓他在此關鍵旅途中偏離禪修之道。

所以，在臨終者的死亡過程結束之前，禪修、祈願和修法通常是安靜地進行，或是在一定距離之外進行。當死亡過程結束後，才可以大聲地進行祈願和度亡法事，而這時亡者的身體在不在場都可以。

助人即是助己

爲臨終者和亡者提供援助，這是對生死之旅的學習和訓練的絕佳機會。見證他人的死亡時，我們看到的是一項活生生的示現，揭露無常的本質和輪迴無意義的掙扎。這是啓發我們自己修持正法的一個強而有力的工具。

但是，如果我們沒有將如此強大的情境當作學習的經驗，就算是經常見到臨終和死亡，我們很快便會對這樣的經驗麻木。那麼，我們可能會變得不敏感，像顆石頭一樣，沒有什麼可以啓發我們，或對我們造成任何影響。

對臨終助手來說，在他人最需要幫助的關鍵時刻，我們能夠爲他們服務，這不只是一個學習的大好機會，同時也是一個累積功德的有力方式。再者，臨終者做爲助手累積功德的因，所以也能累積功德。這樣，助手和被幫助的人雙方都能受益。因此，我們必須用心並具備善巧，將淨，並且培養布施、虔敬心和不執著）。重要的宗教儀式之一，包括如〈普賢行願品〉祈願文的多次重複唸誦，[1] 以及進行廣大的燈、香、花和資財的供養。

西藏其他地區的度亡法事則比較繁複。許多僧人被邀請到亡者的家中修法，在死亡的數週前便開始進行，而在死後又繼續修法約七週。法事的長度和盛大的程度，取決於亡者的家庭資財。多數的家庭至少會將屬於亡者的家產，完全用在亡者的法事上。

臨終法事

我們還活著時便要修行，這點很重要，因爲這會讓我們穩紮在修行道上，建立我們對修行道的信心。然後，當死期到來，我們便已做好準備，能夠將我們的禪修經驗，運用於自己的死亡。第三世多竹千仁波切曾經寫道：

> 死亡實際臨頭時，我們可能很難聚集任何心理的力量來新啟一項禪修。因此，我們必須事先選好一個禪修法，並且盡最大的能力將自心與之結合。禪修法可以是對一尊佛的憶念、對悲心的感受、對虔誠的能量的感受，或是對空性的證悟。
>
> 並且，一而再、再而三地思維：「死亡之時，我絕對不可以讓自己涉及任何負面的念頭。」為了獲得禪修的清明和自心的平靜，早在死亡來臨之前，便要一次又一次地進行禪修。這點非常重要。然後，當死亡來臨時，我們便能夠帶著正確的心理特質而死。[2]

當我們還活著，尤其是當我們躺在臨終的病床上時，我們所做的任何善行，無論在本質上是心理或身體的善行，將會對我們的來世有巨大的利益。死前要修持的重要儀軌如淨障、積資、灌頂和迴向等，死後同樣也坐在臨終者的頭部附近（肩膀的旁邊），特別是將宗教的聖物或供桌放在他頭部的後方。唸誦祈願文時，我們所在的位置是在臨終者的頭頂上方，或是朝向他的頭頂而不是朝著腳的方向。

- 死亡後的幾天中，將亡者的東西以他通常的同樣的方式保存。如果亡者的心識仍然徘徊在身體附近，這樣我們就可以避免擾亂他的心識。
- 非常重要的是，不要讓亡者、亡者的遺體，甚至是對亡者的記憶變成家屬、朋友或鄰居等任何的人心中的貪執、瞋恨、厭惡或煩躁的對境。如果亡者變成負面念頭和情緒的源頭，或是變成負面業力循環的助長者，那麼亡者就會受到負面效應的折磨。
- 如果我們有任何可吃、可喝、可戴的加持物，那麼在臨終者仍然具有意識時，我們可以讓他吃、喝、穿戴這些加持物。藏傳佛教的傳統中，有所謂甘露（藏文：dudtsi；梵文：amrita）的加持物，它可以是粉狀或是丸狀，由草藥和具加持的物質混合而成，並經過數天的修法和禪修的聖化。一般人相信，以信心和虔敬品嘗、聞嗅或碰觸這樣的加持物，將有助於獲得解脫。西藏人也會使用神聖的圖像做為加持物，這些圖像是印有佛像和咒語的紙張，並且經過祈願和禪修的加持。這些圖片被捲成小紙捲，在臨終者還活著的時候，將它們放在他的身上，之後隨著死者一起受到火化。據說，如果臨終者以信心和虔敬穿戴這種圖片，同樣可以幫助亡者獲得解脫。
- 此外，在死亡過程結束後，助手也可以將加持物放在亡者的口中，噴灑在或放在亡者的身上。雖然亡者的心識已經離開了身體，但是他與這個會毀壞的世界的業緣，主要還是以他的身體為表徵。因此，以具靈性的方式來對待亡者的身體一對之淨化、開導、加持，將能夠直接（如果亡者的心識仍然在附近並且願意接受這些利益）或間接地幫助到亡者。在西藏，亡者的遺體會被保存幾天，助手在這期間會持續修持淨障儀式，並且以遺體做為亡者的代表（如果無法保存遺體，那麼便會以肖像代之）。

- 在藏傳佛教的文化中，遺體會保留數天或數週（某些情況下會高達 49 天），這期間僧人會持續為亡者唸經修法（如同我們會在下章「臨終和度亡法事」的討論）。但是，如果遺體在一、兩天內就被捨棄，那麼這似乎就不會對亡者的尋伺探察的心有太大的影響。雖然亡者的心比在生前更加清晰敏銳，但是有些事物它無法看見，或者它見到的是不同的形相。例如亡者的遺體似乎就是一個例子（在還陽故事中，德瑪見到自己的身體是水晶佛塔，確吉見到自己的身體是蛇，而強秋看到自己的身體是狗屍）。無論如何，如果能夠將遺體保存幾天，這將會有幫助，因為這可以讓遺體內如細菌的生物體自然死亡，也有機會讓生命力的能量自然消散。尤其重要的是，如果心臟仍有任何餘溫，則還不能將遺體捨棄。因為，這時心識還在體內。但如果將遺體保存幾天會讓他人起煩惱，或是在親戚或鄰居之間引發爭執和紛擾的話，那麼這只會造成負面的業力效應，對亡者不會有任何的好處。如果是這樣的話，儘速捨棄遺體可能還比較明智。此判斷的標準不在於個人的權利或喜好，而在於亡者和做為生者的我們的好處和利益。

最重要的是，保持一個鎮定、平靜的心和氣氛，以增進更大的平靜和喜樂。平靜和喜樂會帶來更多的平靜和喜樂——這是業力的準則，也是因果的自然定律。

｜第九章｜

臨終和度亡法事

證悟者的智慧之心所設想的，

寧靜禪修和虔誠祈願之道，

如海般的成就者和信眾等都曾經走過，

它是通往淨土和喜樂之地的永遠安全之道。

為臨終者和亡者進行典禮法事，這是世界宗教的共同特點。它通常具有雙重目的：對於悲傷的生者，在他們向所愛的人告別的過程中，它能夠提供支援和協助。對於亡者，在他們死後的旅程中，它可以透過祈願和象徵性的儀式予以支援和協助。我在本章中列出的佛教典禮和修法，也能同時利益亡者和生者；它們的主要的目的，不見得是幫助亡者獲得證悟或超越輪迴，而是為了減少或療癒負面的念頭和情緒，而這些即是痛苦、恐懼以及投生下三道的唯一原因。佛教的度亡法事藉由正面的念頭和情緒的力量，也可以為亡者積聚功德，而正面的念頭和情緒是平靜、喜樂、投生善道（如人道和天人道）或是投生於化身淨土的直接根源。

傳統的度亡法事

藏傳佛教的度亡法事由僧人或居士進行，具有各種不同的方式，取決於主事者所屬的佛教派別和藏區的地理位置。本章所列出的度亡法事是根據寧瑪派在西藏東部果洛地區的修持方法，而果洛便是我出生和學習的地方。

度亡法事通常是由一位喇嘛——資深的出家人或合格的宗教導師進行，而他們相當於西方文化中的牧師或其他神職人員。如果這位喇嘛受過良好的訓練，度亡法事的修持便會非常有效。但如果這個喇嘛只是徒有其名，那麼他就不會比任何其他的人更有力量。無論如何，曾經受過禪修和祈願訓練的任何人，都可以修持書中提到的儀軌。

在西藏某些地方的某些傳統，度亡法事相當簡單。喇嘛和／或居士助手唸誦祈願文，進行供養，然後將錢財、食物、飾物或動物捐助給寺院或尼院，或是將這些捐助給個人如僧人、尼師和貧民。遺體送去火化或餵食禿鷹，做為對諸佛和本尊的供養（諸佛和本尊不會進食，這項修持是禪修和儀軌的練習，訓練我們的自心具有正面的感知，將一切視為清他人的死亡，視爲一項受教和修行的機會。如果我們讓自己如實地體驗臨終和死亡的眞正本質，我們便沒有理由對任何人產生任何的瞋恨、貪執或嫉妒，也不會有負面的感受，導致痛苦、恐懼或迷惑。接著，我們可能會自發地在心中，享受到對無我的覺知，以及對遠離我執的覺知。這樣的經驗會引領我們，讓我們證悟究竟的平靜和喜樂。

一些重要的守則

- 讓我們重申這項重點：在臨終者床邊的家屬、助手和看護，必須保持平靜、鎮定和尊重。如果可能的話，大家在幾天當中都不要說、甚至生起通常會令亡者心煩的任何念頭。亡者的心識可能會四處遊蕩，或者造訪他所愛的人或親友的家，如果他聽見或看見任何令他不悅、不公平和無禮的事情，他的心會被擾亂。如果亡者的心變得憤怒、悲傷或恐懼，那麼他可能會被推入痛苦的旅程，並且投生到一個非常痛苦的地方。
- 在臨終者或亡者身邊的人，應該要是他的朋友，尤其是他的善知識。重要的是，不要讓任何心理不健全或對亡者有敵意的人在場。
- 在死亡過程完全結束以前，不要碰觸臨終者的下半身。當臨終者的心臟附近沒有溫熱感或脈搏時，臨終者的心識便已經離開了身體，這時死亡過程才算結束。
- 當臨終者仍處於死亡的過程中時，不要坐在靠近他下半身的地方，或是他的腳朝向的地方，而且，我們也不能在這兩個地方放置任何宗教性的物件。根據法教，如果我們讓臨終者的注意力轉移到下半身，死亡時他的心識便可能從下半身的門戶離開，而這些在下半身的心識出口，可能成為投生惡道之門。因此，幫助臨終者的有智慧的做法，便是將他的注意力向上引，例如我們可以輕輕地碰觸臨終者的頭頂（如果這麼做不會冒犯對方的習俗），

要修持。

清除障礙

爲了讓我們現在的人生、未來死後的旅程以及來世免於困難和障礙，清除我們過去所造的惡業的效應，這極爲重要。我們今生以及未來生一切的疾苦，都是因果定律下惡業的產物。唯有清除這些痛苦的業因，我們才能夠改善自己的人生。這就好比是在清除我們體內的毒素後，我們才能夠恢復身體的健康。藉由淨障的修持，我們才可以消除我們的惡行和它的效應。

各種正向的行爲或修持中的任何一種，都可以是有效的淨障法。淨障的修持包括對諸佛進行禪修，以及祈願利益一切如母的眾生。它也可以是我們從內心深處，爲了淨障而唸誦祈願文或修持任何的禪修。度亡法事當中也施設有淨障的修持。

在眾多佛教的修持當中，特別用來淨障的是〈35 佛懺悔文〉（藏文：tung shag）以及金剛薩埵佛❶的祈請和禪修。後者的修持涉及「四力」：第一力「依止力」，依賴淨障的來源──金剛薩埵的加持力。我們在觀想金剛薩埵位於自身上方的虛空時，我們相信他就是一切諸佛的證悟本質和功德所化現的淨障來源。第二力是「出罪力」。如果我們對於過去所造的惡業感到極度後悔，那麼我們的淨障便是發自心的深處。第三力是「誓不犯力」，意思是發下未來絕對不重犯任何惡行的重誓。第四力是「淨障力」❷本身。藉由唸誦祈請文如「嗡 班雜薩埵 吽」（OM VAJRASATTVA HUNG），「哦，金剛薩埵請賜予加持」──我們見到、感到及相信從金剛薩埵的身體流出加持的甘露，將我們身心所造惡行的污垢洗淨，不留一絲痕跡。藉由同樣的方式，我們也可以爲亡者或他人清除惡業。藉由正面和具淨障力的聖像、深刻的感受和強烈的信念，我

---

❶ 中譯註：一般認知的金剛薩埵為菩薩，其他一般稱作菩薩，在本書中稱作佛者亦同。
❷ 中譯註：或稱對治力。

們以這種淨障的過程來訓練自心，幫助我們將惡業的效應從根清除。

雖然這類的修持對淨障特別有效，但任何善行都可以是淨障的方法，尤其當我們具有這樣的動機或迴向時更是如此。此外，還有其他一些淨障的方法：例如放生、慈心保護他人免於危險、布施貧困的人、以慷慨的心贊助宗教活動、以清淨心贊助社會福利和宗教的慈善事業、以利他的心建造庇護所或宗教紀念碑。

我們也可以幫助他人清淨惡行。如果帶著清淨他人的惡業的動機，將唸誦祈願文、禪修和修法的功德，迴向給淨除他人的惡行，那麼我們就有可能成辦這樣的願望。但是我們的努力會有多大的效用呢？如果對方的惡業深重，那麼以我們有限的能力，可能起不了太大的作用。再者，如果對方沒有藉由信任或好感，向我們打開心胸，或是對方與我們的因緣不夠深厚，無法接受我們的援助，或是我們的祈願的力量薄弱或是不清淨，那麼我們的淨障修持可能不會太有效。但無論如何，這些修持還是會有些益處。如果對方的惡行屬於可被清淨的一類，如果他信任我們，或者至少對我們和所做的事情有好感，加上如果我們跟他有業力的因緣，而且如果我們的修持具有力量，我們就絕對能夠清淨對方的惡行。

如果是由一位大成就者修進行特殊的祈願、禪修和修法，那麼就算對方造作了嚴重的惡行，這個人的一切惡行都可以被淨除，而且也會被帶往解脫，這是因爲大成就者的力量和禪修的清淨。所以，這個問題沒有一個簡單的答案，而是取決於許多的因緣條件，一如我們人生中的每一個面向。

即使我們無法完全淨除某人的業障，但是在死亡的關頭，甚至清淨一丁點的業障，都會有重大的影響。再者，如果我們在臨終者的啓發下，帶著對諸佛的大虔敬心爲他修持淨障法，我們會累積很大的功德，而啓發我們修法的臨終者，也會因此得到功德。我再重複一次，如果我們累積功德，那麼這些功德會強化我們的正面特質，減弱或清淨我們的負面特質。

做功德

爲了能夠享受平靜和喜樂的此生和來世，累積功德和培養正面特質很重要。我們今天所享有的任何幸福和祥和，都是過去我們的善行的直接結果。爲了進一步提升我們未來的生命，我們必須藉由行善而持續製造更多的功德。這就像是我們藉由適當的營養和運動，來增進我們身體的健康，同樣地，我們也必須藉由做功德，來照料我們靈性上的健康。

任何的善行和服務，都可以是做功德的方法。我們可以藉由唸誦祈願文和禪修來累積功德。我們可以抱持愛心、恭敬心和虔誠心，以服務貧民、贊助宗教活動、放生（例如購買家畜後讓牠們自由）、修路洗街、建造或修葺廟宇和宗教紀念碑、資助唸經和禪修等來做功德。

灌頂

灌頂是一項高度有效的方法，可以爲接受灌頂者淨除惡行的負面效應、強化過去的善行、提示過去修行的經驗和成就、示現解脫或淨土的道路、引介諸佛和淨土、授予諸佛的加持，喚醒本初的智慧或佛果。例如爲臨終者進行〈解脫六道〉（Liberation from the six realms）（藏文：ne dren）灌頂，有助於清淨臨終者投生惡道的惡業種子，幫助他累積投生善道的功德資糧，迅速帶來諸佛的加持，喚起證悟的心（菩提心）或發願投生淨土。

我們可以瞭解非常重要的是，度亡法事的主法者和 / 或修法者應該具備禪修的證量，或至少對這些修法嫻熟。同時，如果修法者與亡者具有正面的法緣，修法便能達到最大的效益。至少，他們要有和諧的關係。

如果無法進行如灌頂的繁複法事，只要帶著對一切如母的眾生和臨終者的慈愛，或者是對諸佛的虔敬，任何我們所做的祈願和禪修，都會有極大的利益，而由一位大成就者所做的修持尤其如此。一場適當的度亡法會包括唸誦祈願文、稱頌諸佛菩薩的名號、持誦咒語，或者任何簡單的儀式。藏文中有許多的儀軌和祈願文，我在書後的附錄 A 中，附上一部非常簡短的極樂淨土儀軌。此外，在臨終的過程和死後，由一位大成就者修持破瓦法尤其有益。我在附錄 B 中，也收錄了對破瓦法的儀軌和簡介。

迴向與發願

做過例如祈願的任何善行後，重要的是要將功德迴向並發願。功德迴向能讓功德獲得級數性的倍增，而迴向的範圍愈廣大，功德的力量愈強大。因此，在進行功德迴向時，我們不僅要將功德迴向給亡者，同時也要將功德迴向給一切如母眾生，讓這些功德成爲他們快樂與證悟之因，那麼，巨大的功德便會歸給他們。

接下來是發願。這是一種將功德投注於某個特定的目標，讓功德獲得進一步的增長的方法。以我們所迴向的功德爲種子，然後進行發願，希望一切如母眾生，受用快樂以及投生淨土的果實。

在中陰的眾生，尤其需要我們爲他們迴向並發願。如果我們重複地將自身和亡者所累積的功德——無論功德有多麼微薄，迴向給亡者和一切如母眾生，願他們能夠投生淨土，那麼我們絕對可以相信，此功德必定能夠實現我們的發願。

我們也可以唸誦或禪修各種迴向文和祈願文，例如〈普賢行願品〉。[3]〈普賢行願品〉是出自《華嚴經》的一部大乘經文，它教導我們如何進行迴向和發願，一同普賢菩薩的示範。

此外，我們也可以給臨終者服用如甘露丸，或是法會加持過的物品或聖物的剩餘部分，或者我們可以將這些物品放在臨終者的身上。寧瑪傳承的信眾特別重視將加持過的密宗圖像，上面有以古印度文或藏文書寫的神聖字母，或其他神聖的字母等具有「觸即解脫」（藏文：tag trol）之稱的物件，放在臨終者的心臟，或身體的其他部位。

死亡時的法事

死亡之時，任何能夠提供平靜、慈愛和加持氣氛的法事，例如祈願和禪修，都會非常有益。下面是西藏喇嘛通常會提供的重要法事的一部分。

對一般人的指引

接受指引、忠告或開示的最佳時機，是當我們還活著的時候，這樣我們可以聽到並聽懂指引者講的內容。指引者給予的，必須是對方的心能夠接納和消化的內容。如果臨終者不願意接受死亡的來臨，這個時候給予任何的指引，可能都不明智；反而談論一般的法教或療癒可能比較好，這樣不會讓臨終者感到恐慌，能夠帶來某種平靜感和覺知。

如果臨終者對能夠接納自己的死亡，那麼指引者應該提醒他的，是他的禪修和加持源。指引者應該讓臨終者知道，在死亡、究竟本質和中陰的過程中將會發生的事情，以及如何面對這些經歷。

多竹千仁波切總結，在死亡時，臨終者應該專注的重要事情：

> 我們必須不斷地思維下面的內容。思維我們的死期已經來臨，而所有的人都會死。放下一切我們對所愛的人、財富和權力的執著。在眾多證悟者的面前，懺悔並清淨一切我們在此生以及過去生所做的惡行——無論是我們知道或不知道的。向自己和證悟者發誓，我們將不會再犯這些惡行，並因此生起沒有焦慮的歡喜心。一次又一次地憶念我們過去曾經做過的善行，並因此感到歡喜，不帶任何的驕慢或自大。[4]

他還補充：

> 一次又一次地迴向功德並發願，思維並唸誦：「願我生生世世修持證悟之道的精要。願我受到具德上師的指導。願我具足信

心、精進、知識和正念。願我永不受惡友和煩惱的影響。」[5]

在死亡之際，具有善念非常重要。多竹千仁波切說：

> 佛經中，釋迦牟尼佛說過許多故事，以闡明為何某人會成為他的弟子，特別是為何某人會成為他傑出的弟子之一。在許多的例子中，釋迦牟尼佛給的主要的原因是，這些人在臨終時曾經發過善願。因此，我們在死亡之際發的願望，對我們的來世具有重大的影響。[6]

如前所述，破瓦法這項重要的禪修儀軌，在死前和死後都可以修持（見第 300 頁）。

在死亡之時，如果我們能夠記得自己有信心的上師、上師的教導，以及自己熟悉的本尊和修持的經驗，這將會有益。再者，我們也要帶著悲心，培養帶領如母眾生成就佛果的願望。

對有證量的禪修者的指引和法事

如果臨終者是具有高度證量的禪修者，那麼應該由一位有經驗的禪修者或朋友來傳授「指引」（藏文：ngo trod）。在指引中，我們提醒臨終的大成就者，要記得並認出他的禪修或證悟，而且要在其中安住。

如果沒有具有證量的助手，那麼最好的做法，可能是讓他在不受任何的打擾下安靜地死亡。臨終者的弟子或朋友，應該在距離他一定的距離外，安靜地進行禪修和祈願文的唸誦。重點是在臨終的禪修者的身邊，盡可能地在數個小時甚至是數天內，保持一個平靜、修持的氣氛。

有些成就者會在呼吸停止後的數個小時甚至數天內，維持在禪定的狀態中。如果沒有任何呼吸或脈搏的跡象，但是心臟部位有些溫熱，這即是成就者還沒有離開身體並且仍然處於禪定的徵兆。如果這樣，最好是不要驚動他的身體，保持周圍平靜的氣氛。但是如果我們必須移動他的身體時，必須有人對他「提示」，或者至少進行某種宗教儀式，這樣就會自然地喚醒禪定中的成就者。如果沒有人能夠進行任何正式的儀式，那麼只是敲一下修法用的鈴，或者吹奏任何法器或唸經，都能夠將他由禪定中喚醒。接著，我們便可以按照我們的能力，來移動成就者的身體。有些人會將他的身體放進華麗莊嚴的佛龕中，而有些人則只會做一些簡單的安放。雖然成就者並不在乎簡單或繁複的安排，但那些有能力的人，還是不能疏忽，應該爲他提供合宜的佛龕。

但是，策雷寫道：「根據某些學者和大師的說法，死後很長一段時間仍停留在體內的人，一般認爲他們是在禪定中，但是這不一定總是如此：有些人是因爲執著而放不下自己的身體。」[7]

傳統上，成就者的弟子可以修持「上師相應法」（梵文：guru yoga），並接受四灌頂(如前述的金剛薩埵修法)。或者，他們可以修持「供奉上師儀軌」（梵文：guru puja），並接受自灌頂（self-empowerment）。他們也可以爲上師進行淨障或積聚功德的修法。對於高度證悟的成就者來說，他並不需要淨障和做功德，但這些修法卻有助於那些他在業力上有所虧欠的眾生。最重要的是，弟子應當觀想自心與上師的證悟之心合而爲一，並且安住在此一體當中。如果無法進行正式的修法，唸誦任何我們熟悉的祈願文或禪修，這都會有所助益。

必須記住的重點是，普通人需要有度亡法事，但是成就者並不需要或者也不想要有這些法事。這就是爲什麼許多大成就者甚至發願「死如一條狗」。正如死在路邊的流浪狗，不會受到任何人的注意一般，這些大成就者也希望沒有人會注意到他們的死，這樣他們便可以自由地從此生繼續前行，隨心所欲。

死後的法事

〈十三步度亡儀軌〉（the Thirteen-Step Death Ritual）是我成長於西藏東部時，我們經常修持的儀軌。它是由受過訓練的禪修者或居士來爲亡者修持，但它也可以爲死前的臨終者修持。這部儀軌有若干不同的藏文名稱，有人稱它爲〈遺體儀軌〉（藏文：ro chog），因爲它可以由僧眾在遺體前修持。它也被稱之爲〈肖像儀軌〉（藏文：chang chog），因爲修法可以在亡者的肖像前進行，而不用遺體。有人稱它爲〈解脫六道〉儀軌，因爲在修法中，僧眾會清淨亡者投生六道的業力種子。它的另一個名稱便只是〈度亡儀軌〉（藏文：shin chog）。

西藏度亡儀軌涉及修持諸多主要儀軌當中的一部，它可以是本尊及其壇城的儀軌，或是諸佛及其淨土的儀軌，其中包括無量光佛（阿彌陀佛）、大悲佛（觀世音菩薩）、淨障佛（金剛薩埵）、文武百尊（藏文：zhi thro）、清淨惡道佛（普明毗盧遮那佛，Sarvavid Vairochana）和掃除閻羅者（大威德金剛，Vajrabhairava）的儀軌。但無論如何，修法者應該選擇他們熟悉或有緣的佛和儀軌，這樣的修法才會最有效力。

十三步度亡儀軌摘要

首先，在此度亡儀軌的前行，僧眾或助手（修持者）唸誦並禪修皈依三寶和發菩提心。

第二，修持者觀想並禪修自身爲本尊——例如大悲佛觀世音菩薩處於他的淨土中，到處充滿了證悟者。唸誦佛的咒語——嗡瑪尼貝美吽，見到、聽到並感受到本尊和淨土現前的加持和能量。接著，修持者藉由光和覺證的形式，把此加持與全宇宙分享，[8] 也就是觀想並思維：加持光充滿每一個眾生和整個宇宙，而覺證也充滿所有的眾生，將每個眾生轉化爲一個具有智慧、慈悲和力量的人。

第三，修持者觀想，在供桌上裝滿甘露的一只神聖的瓶子中，具有本尊和淨土。爲了累積功德，修持者供養美麗的用品如花、香、食物和伎樂（可以是實際或觀想出的物品），以極爲恭敬的心讚頌本尊。在唸誦咒語的同時，對本尊進行禪修。本尊將一道智慧的光射向瓶子，加持瓶中的甘露。接著，本尊融入瓶中的甘露，與甘露合而爲一。

第四，修持者受到外壇城的本尊的自灌頂，而外壇城指的便是這只神聖的瓶子。換言之，藉由將盛滿甘露的寶瓶，觀修爲具有清淨的色相、聲音和經驗的佛淨土，淨土充滿諸佛以及佛的功德，此聖瓶壇城便是巨大加持的來源。

第五，藉由禪修和眞實語的力量，修持者召喚亡者的心識（如果此人已死），請他進入亡者的肖像中（如果亡者的遺體還在，則可以進入遺體中），讓他安定下來。接著，修持者對亡者開示，告訴亡者，重要的是將自心專注在本尊和修行道、佛和淨土，以及佛法和上師上面。修持者教導亡者不要執著於他留在世間的愛人和財產，因爲這麼做，只會產生煩惱，阻礙他在修行道上的進展。

第六，修持者進行〈解脫六道〉的修法。這是一項極爲繁複的修法，旨在藉由將六種煩惱逐一清淨，而將亡者從六道的輪迴中解脫出來。之後，修法者授予亡者諸佛身、語、意的灌頂或加持。

第七，進行火供，焚燒食物和飲料。根據許多經文，許多中陰的眾生無法食用固體食物，但在聞到食物焚燒後的香味時，他們能夠感到飽足。

在〈臨終際遇經〉（Ayushpatti-yathakara-paripriccha，Sutra on What Happens at Death）中，佛陀說明爲亡者提供食物並沒有用處，因爲沒有粗重的身體便無法受用粗重的食物。[9] 如果我們帶著悲傷或負面的心情，在桌上爲亡者擺放一些食物——正如某些民族文化的做法一樣，我們非但無法滿足亡者的飢渴，而且如果不具修行的啓發、祈願、悲心或布施心的話，我們也不會有太大的功德。但是，在火供時，我們是以禪修來加持食物的氣味，並且帶著清淨的動機，將它迴向給亡者。

在一處空曠的地方，生起一團煤炭的大火，沒有木頭的燃煙，也不要用油當燃料，接著我們在裡面焚燒固體食物，而將飲料潑灑在火焰周圍。我們也可以焚燒幾條新衣的小布片做爲供養。

在火供的供品中，我們應該避免供養肉類，因爲肉類會吸引殘暴有害的生靈。同時我認爲，我們也要避免使用那些燃燒後，會產生不好的氣味的生水果或食品。在西藏，火供用的主要是糌粑混合奶油，加上象徵新衣的一些小布片。在西方，我們或許可以用壓碎的餅乾和一些新衣的小布片來代替。但如果無法以焚燒來進行食物的供養的話，修法時，我們可以在桌上擺放素食和飲料；修法結束後，再將它們扔到林中，或是一個乾淨隔離的地方。

在火供的儀式中，藉著由衷的悲心、禪修和咒語的力量，我們淨化供品中所有的不清淨，接著將它增多增廣，充塞整個地球，並將它轉化爲亡者可以享用與受益的滿願物資。因此，這些煙不僅會是亡者眼中的食物和飲料，它也可以隨亡者的願望和需要，變化爲任何的東西。即使修法者無法遵照禪修的細節而修持，但如果具備對佛的虔敬心，透過祈願文來加持火供，帶著清淨的慈愛，將它迴向給亡者，那麼火供便會是滿足和利益的來源。

如果我們帶著愛心和布施心，將火供供養給一切痛苦的眾生，那麼它便會產生巨大的功德。如果我們爲許多眾生迴向並發願，那麼亡者將會受用巨大的功德，因爲是他啓發我們，讓我們生起所有這些利他的祈願和做出盛大的供養。

第八，進行破瓦法的修持，將亡者的心識遷移到佛的證悟之心當中，讓亡者能夠投生佛的淨土。

第九，舉行葬禮，在葬禮中將遺體火化或供養。在西藏，有兩種讓遺體融入大自然的主要方法：火葬和天葬（將遺體餵食給禿鷹）。僧眾透過禪修將遺體加持爲智慧甘露，將薪柴或禿鷹加持爲本尊和淨土。接著，修法者將加持爲甘露的遺體供養給本尊，以清淨亡者的惡業並圓滿亡者的福德和智慧。然後，他們會將遺體（或肖像）火化，象徵虛妄的自我、煩惱和惡業被五智的火焰吞噬，一絲不留；而五智是心究竟的本質和功德。或者，他們把遺體餵食給禿鷹，當做是供養。甚至，這時他們會焚燒一小片骨頭，做爲接下來的儀式之用。

第十，收集骨灰（焚燒過的骨頭），舉行骨頭淨障（藏文：ru jong）的特別儀式，爲期大約一週。儀式中，他們會使用亡者遺體剩下來的骨灰，修持前面提到的〈解脫六道〉儀軌，再一次地爲亡者清淨惡業。

第十一，在骨頭清淨後，將骨灰和黏土混合做成小佛塔（藏文：tsatsa）。佛塔代表佛的智慧之心，而將骨灰做成小佛塔，象徵亡者的身心都轉化爲佛的功德特質。接著，進行約一週的加持修法（藏文：tsa drub），爲小佛塔加持並開光，使它們成爲佛的智慧之身。

第十二，將小佛塔當做供品，放進河中或海裡，讓它融入大自然，這樣亡者便沒有任何的遺留物。因爲亡者沒有留下任何粗重的遺留物，所以他可以平靜地走，不會受到負面情緒的牽絆或拖累，例如親人對他的執著等。但是，佛教徒卻會將一些大成就者的遺留物，以紀念碑銘的形式保存下來，讓它們成爲生起虔敬和啓發人心的對境，以及加持源。

第十三，最後一步，參與者將亡者和一切如母眾生所做的功德，以及修法者爲他們所做的一切功德，迴向爲他們的善因，讓他們獲得一個平靜的中陰和喜樂的投生（例如投生到阿彌陀佛的極樂淨土）。在將所有的功德迴向爲善業的種子後，修法者接著唸誦許多祈願文，以實現這些特定的目標。

其他的儀式

簡易的禪修和祈願修法，可參考附錄 B。

高證量、受尊崇的大成就者的度亡法事，通常屬於虔敬性質的修法，由其他僧人和／或弟子進行數天或數週，其中包括禮敬上師的儀軌、上師相應法、薈供（梵文：ganachakra）、聖身儀式（the sacred body ritual）（藏文：dung chog），以及清淨業障、累積資糧和發願等修法。

除了這些法事之外，家屬和朋友可以爲亡者做功德和慈善事業，其中包括唸經、修法、精神上和物質上的布施、保健護生、贊助儀式和唸經、建造宗教紀念碑和寮房、懸掛經幡、造轉經輪、資助學習和禪修學校，促進社會的平靜與和諧。

完成任何善行後，要將善業迴向給一切如母的眾生，尤其是迴向給亡者，令善業成爲他們的喜樂和證悟之因，而且也要如此地發願。那麼，亡者在中陰和來世的經歷，便會是一個由快樂邁向快樂的旅程。

藏傳佛教的傳統中，盛行將任何大小的資財，捐助給數量盡可能多的宗教執事、學院和慈善機構，以便爲亡者做功德，同時還會要求僧眾、尼眾、信眾、寺院和尼院唸經，將功德迴向給亡者。就算我們沒有可以供養的錢財和物資，我們仍然可以觀想廣大的財富，帶著大歡喜和布施的心，在心裡進行供養。這種心意上的供養，也能夠產生巨大的功德。

佛教徒相信，即使我們對一個偉大的目標，只做了一點小小的貢獻，但我們的功德可以與目標本身的功德一樣廣大——如同注入大海中的一滴水，只要大海不乾，這滴水便不會乾涸。同樣地，如果我們與一位偉大的人結緣，即使只是一杯茶水的小小供養，但由於受供者的神聖，它的影響和果報可能永無竭盡。

| 第十章 |

結語

死亡不是害怕或悲傷的時候，

是黃金的新開始

死亡是一個新的開始。它是通往新機之黎明的一扇門，讓我們在因果業力的定律作用下，享受自身所栽種的果實。雖然業力循環不斷流轉，但它在我們死後對我們的影響，卻遠遠超過我們的生前，而會更加快速和直接。

爲什麼呢？只要我們還活著，我們的心便受到身體的物理結構和日常生活的制約。相對來說，要大幅度地改變這些結構很難，但在死後，我們的心一旦離開身體後，便能自己決定它要上演的戲碼。這時，我們的感知受到的唯一制約，便是我們在心續中所播下的習氣。

我們都曾經歷過，當我們的心充滿喜樂時，任何我們所看見、聽聞、感受到的都能帶來快樂。當我們的心被激怒時，每件事都能讓我們慍惱。在我們死後，這些反應更會如此，因爲每一件現前的事物，根據的完全是我們心理和情緒的慣性。所以，如果我們受到貪、瞋、癡的控制，我們會投生到飢餓、愚癡和地獄景象所蹂躪的地方。如果我們向來慈悲、平靜和喜樂，那麼我們的世界將會展現出平靜和喜樂。如果我們對極樂淨土的功德特質有所受用，我們便會投生那裡，或是任何平靜喜樂的淨土。如果我們業已了悟並通達自心的證悟本質，那麼我們的心，便能與宇宙絕對的眞正本質——究竟的平靜和喜樂相融合，而我們會毫不費力地展現對他人的承侍，就像太陽自然地照耀一切。

我們當中有些人可能會擔心，死亡時，會發生什麼事情。死亡不是害怕或悲傷的時候，它是認出我們具有一個黃金機會的時候。對於死亡抱持這樣的態度，能夠讓我們準備好迎接這個大日子，爲自己也爲他人，當下並且永遠地，將我們的生命朝向正確的方向。

就算我們年齡已長，但在嚥下最後的一口氣之前，要改變我們的命運都不嫌太遲。我們不需要做什麼驚天動地的事情，而是我們只要放鬆一點，盡我們能力之所及，根據任何我們希望遵循的修行傳統，享受我們自身本有的平靜和喜樂。

如果我們還年輕，最好現在就趕緊改善我們的未來，因為以後可能就沒有機會了。要踏進下個世界的門檻，我們只需要在呼氣後，吸不進下一口氣就行了，而年輕是無法保證不會發生這樣的事情。

本書所有的祈願文和禪修，都是培養靈性功德特質的工具：虔敬心是為了激起正面感知的能量；悲心是為了以慈愛將我們的心向所有的人打開；唸誦祈願文是為了表達正面的思維和感受；清淨的感知是為了將每件事和每個人，視為是平靜和喜樂的來源和現前；宗教儀式是為了在我們的生活中，創造正面文化的方程式；觀想諸佛和淨土，是為了將我們心理的意象和念頭，轉化為正面、經過加持的感知；經驗諸佛的加持，是為了驅策我們朝向平靜和喜樂的來世；領受他人提供的祈願、禪修和善意是啓發和功德的巨大來源。

在我的家鄉西藏，許多人為了自身和他人的利益，多年獨自在山洞中禪修。這種的生活和奉獻非常好，但不是一項必須。如果我們每天眞心誠意地修持 10 或 20 分鐘，無論是向阿彌陀佛祈禱，還是做些其他的禪修，我們的修持將會體現上述所有的靈性功德特質。再者，如果一天當中，我們能夠一次又一次地記起自己在正式修持時的感受， 那麼它的影響便會逐漸遍佈我們的一生。有一天我們會發現，自己的態度完全受到轉化，我們不再需要揑造平靜和喜樂的感覺，以及諸佛的現前，因為我們已經變成是他們了。而死亡和投生將會是在自心力量的轉動下，平靜和喜樂之輪綿密無縫的流動。

幾分鐘眞誠的禪修，怎麼能夠產生如此偉大的結果？箇中原因正是寂天菩薩所說的：「如果你生起了菩提心，那麼從那一刻起，即使在睡眠或散逸中，此功德的力量將不斷增長，充滿整個虛空。」❶重要的是我們修持的力度，而不是長度。如果我們用力地推動一個輪子後，這個輪子就能持續轉動很長一段時間。同樣地，如果在禪修的一開始，

❶ 中譯註：如石法師譯文：「即自彼時起，縱眠或放逸，福德相續生，量多等虛空。」

我們便是全心投入，那麼我們修持的力量，將會持續存在，甚至每次我們禪修時，這股力量還會增強。

我自己並不是一個會唸誦很多祈願文，或是長時間禪坐的人。但多少受到我本性和成長方式的影響，我是一個狂熱的信徒，相信我們的身內和身外，恆時存在著崇高的功德特質。我們可以稱它們為佛的功德。多數的時間，我活在對它們的崇敬之中，享受著它們的存在。因此，當我面臨此生終點的岔路時，我相當有希望見到一些平靜和喜樂的臉孔，慈愛地指引我投生到一個更快樂的地方——平靜和喜樂的地方。

我熱切地希望你——我親愛的讀者，能夠歡喜受用我在書中與你分享的佛法和佛教大師的開示，能夠同樣享受如我享受的利益，甚至更好。有如此光明的未來，在等著我們這麼多的人，想到這點，眞是令人振奮啊！

附錄：說明

關於簡單的佛教度亡儀軌及發音

在死亡前、中、後，爲臨終者或亡者唸誦祈願文並且禪修佛及佛淨土，這非常重要。修法的儀軌可以是關於任何一尊佛，例如阿彌陀佛、大悲佛觀世音、金剛薩埵、文武百尊、普明毗盧遮那佛或大威德金剛。在本書中，雖然無法爲各位提供傳統亡者修法的詳細儀軌，但是我會提供一些非常簡單且精要的儀軌，而這些可以由一位僧人或助手爲臨終者或亡者修持。

在附錄 A 與 B 所列出的度亡儀軌，取材自寧瑪派的偉大上師的著作，內容主要是對阿彌陀佛的祈請和禪修，而在西藏這是極受歡迎的度亡儀軌之一。

在修持附錄的任何儀軌時，如果有能力的話，建議各位唸誦以粗體字標出的藏文。如果各位傾向使用自己的語言，我們也可以唸誦中文中譯，但是在唸誦咒語和名號時，我們一定要唸誦以粗體字標出的藏文或梵文發音。

爲了幫助讀者唸誦這裡以簡化的音標標示的藏文，這裡有幾點注意事項。藏人會加以區分的某些字音，對說英語的人而言，可能聽不出有所區別，主要的問題在於送氣和非送氣子音的分別，而對說英語的人而言，這點需要特別注意。所以，我希望大家特別注意下列的發音：

PH 和 TH：藏文中 P 和 T 的送氣音，分別寫成 PH 和 TH，就像在 phowa 和 thamel 中所顯示的。這些音並不像它們在英語中的發音，如 fat 和 that 中的 f 和 th。它們的發音反倒比較接近英語的 p 和 t 的單獨發音。送氣所造成的發音差異性，可以在英語的一些字中聽出來，例如送氣音 p 在「put!」中的發音，相對於非送氣音 p 在 paper 中的發音；送氣音 t 在 butter 中的發音，相對於非送氣音 t 在 but 中的發音。

CH：要注意英語 CH 在藏文中送氣和非送氣的差別。在附錄的祈願文中，有時我們會看見送氣音 CH 的後面接著一個省略號 (')，例如 ch'o，而它的發音比 cho 的送氣音更強。強的送氣音 CH' 可能像英語 cheese 中 ch 的發音，而較爲柔和的送氣音像 ch 在英語 chess 中的發音。這兩個送氣音 CH 和 CH' 絕對不像英語的 chord 中硬（聲帶不振動）的 ch 發音。

ZH：是英語發音 sh 和 z 的混音，聽起來有點像是英文名字「Zsa Zsa」中的子音。

TS 和它的送氣音 TSH，在英語中很少放在字首，但它們的發音像是在英語 its 和 heats 中的子音。

DS 的發音和 TS 類似，但是帶著 Z 的音調。

NG 和 NY 有時不容易和英語的 n 有所區分。但是，它們的發音可以分別在英文字 Long Island（沒有硬（聲帶不振動）的 g 音）和 canyon 當中聽見。

附錄 A ：禪修投生極樂淨土四因

附錄 A 的祈願文和禪修，是來自佛教（史上有所記載的釋迦牟尼佛的開示）共通的教法，或稱經藏。如果我們的心受到這些修法的啓發，那麼我們就已準備好學習並修持它們。

這些是對於投生極樂淨土四因的祈願文和禪修。這些修持能夠爲我們投生淨土鋪路，也會讓我們具備爲他人進行度亡法事的能力。

根據佛教文獻的記載，[1] 在多劫以前，阿彌陀佛在剛開始行持菩薩道時，他的名字爲法藏比丘。法藏比丘在世自在王佛的面前領受菩薩戒，從此展開他的修行之路。他發誓，[2] 凡以信心和虔敬心聽聞、憶念、祈請他名號的眾生，他將會帶領他們前往他未來成佛後的淨土。

> 一切聞我名號者，
> 皆得投生我淨土。[3]

如果我們對佛的誓願、智慧和慈悲具有信心和信任，我們便能對佛的願力的效應開放。由於佛願緣起互依的力量，如果我們以佛的名號祈請，那麼快樂地投生在他的淨土一存在我們身內和身外，就一定能夠成辦。西元 12 世紀，日本淨土眞宗（Jodo Shinshu；True Pure Land School of Japan）的創始人親鸞大師（Shinran）曾說：「當我們深深瞭解，自己能夠投生極樂淨土的原因，完全是阿彌陀佛不可測量的本願力的功德時，我們在此確信中，感動地念出阿彌陀佛的咒語的當下，就會蒙受阿彌陀佛遍及一切眾生，無有例外的加被。」[4]

如果在全然的信任下，我們的心完全專注在阿彌陀佛——智慧和慈悲的體現以及祈請他名號的力量，我們整個人生將會變成平靜、清淨和覺醒，並且對身邊所有的人來說，我們會是這些同樣功德特質的來源。惡念和煩惱在我們的身上將沒有藏身之處，而我們再也不需要任何其他方法以獲得解脫。這樣的心自然會體現所有六度波羅蜜的功德特質：布施、

阿彌陀佛，或稱無量光佛。羅伯．比爾 (Robert Beer) 繪。

持戒、忍辱、精進、禪定和智慧。

如果我們對佛有信心，我們一定要藉由如破瓦法的禪修等，將它運用在改善自己的死亡和來世。在自身的死亡之前，以及在為臨終者修持度亡儀軌之前，我們必須早早做好準備。如果事先沒有禪修的經驗，我們可能無法透過祈請和禪修，讓自己接受或提供他人太大的幫助。如果沒有透過禪修與阿彌陀佛及其極樂淨土建立關係，我們怎麼可能投生極樂淨土，或是帶領任何臨終者前往哪裡呢？

如果臨終者事先接受過這項禪修的訓練，便可以獨自進行禪修和祈請，不一定需要依賴別人的幫助。或者，有經驗的禪修者也可以和訓練有素的助手，一起進行禪修和祈願，那麼投生極樂淨土應是垂手可得。

所以，事先接受投生淨土四因的訓練很重要，因為成功與否取決於我們的心理經驗。我們可以將淨土四因做為每天禪修和祈請的功課，經年累月地持續。我們也可以重複持誦阿彌陀佛的名號和咒語，累積數十萬或數百萬遍。

如果我們修持過淨土四因，就算曾經造惡也可以投生淨土，除了造作過下面兩項惡行的人例外：[5] 第一項惡行是誹謗佛法。如果我們詆毀過佛法，我們就不可能對阿彌陀佛有虔敬心，因為投生淨土的根本因素便是相信佛法。第二是違犯任一的五無間罪：弒父、弒母、弒阿羅漢、破和合僧、出佛身血。

淨土四因的焦點，在於對阿彌陀佛及其極樂淨土的祈請和禪修。阿彌陀佛是一切諸佛的體現，以及宇宙眞理的化現。極樂淨土是阿彌陀佛的智慧之光和智慧能量所化現的淨土顯相。

就算我們不是阿彌陀佛的信眾，甚至不是佛教徒，修持淨土四因仍然會產生巨大的功德。當我們的心續和一切語言和行為，都會變成是平靜和喜樂的表達時，我們絕對會有快樂的來世。

修行淨土四因的儀軌

阿彌陀佛的極樂淨土。佛乘基金會(the Buddhayana Foundation)的收藏。

現在，觀想我們面前的整個虛空，是第七章所描述的極樂淨土：無上光明和莊嚴、富麗和良善、平靜和喜樂，並且由智慧之光和智慧能量所形成。在淨土的中央，觀想圓滿證悟的阿彌陀佛的威神，如同由光所形成的巨山。阿彌陀佛的身體發射出無數的智慧之光，以巨大的平靜和喜樂，照亮無窮的宇宙和淨土。阿彌陀佛以遍知的智慧、無邊的力量和無條件的悲心，想著我們、看著我們，也看著每一個眾生，如同慈母看顧她唯一的孩子。

我們可以爲自己祈願和禪修淨土四因，或者由別人爲我們修持，以達自己投生淨土的目的。我們也可以爲其他人修持淨土四因，無論對方處於臨終或是活著。或者，我們可以和其他的人一起，爲自己或其他人修持。無論如何，下面儀軌的寫法，是假設我們爲自己以及一切如母眾生而進行修持。

我們要帶著極大的信任、虔敬、開放和喜樂，專注在阿彌陀佛上，禪修淨土四因。此儀軌有四個部分：(1) 前行、(2) 投生淨土四因的正行、(3) 咒語和佛號、(4) 結行。

前行

皈依

從我們的內心深處，究竟皈依佛—阿彌陀佛；皈依法—法教、修行之道和修行的成就；皈依僧—菩薩、阿羅漢和信眾所組成的修行團體。

重複念三次：

སངས་རྒྱས་ཆོས་དང་ཚོགས་ཀྱི་མཆོག་རྣམས་ལ།	།བྱང་ཆུབ་བར་དུ་བདག་ནི་སྐྱབས་སུ་མཆི། །
桑傑 卻倘 措吉 秋南拉	強秋 琶突 達尼 佳速契
諸佛正法聖僧眾，	直至菩提我皈依，

附錄A

བདག་གིས་སྦྱིན་སོགས་བགྱིས་པའི་བསོད་ནམས་ཀྱིས། །འགྲོ་ལ་ཕན་ཕྱིར་སངས་རྒྱས་འགྲུབ་པར་ཤོག །
達格 謹梭 吉貝 雖南 吉　　卓拉 遍契 桑傑 竹巴修
以我布施等❶功德，　　為利眾生願成佛。

發菩提心

對一切眾生培養慈、悲、喜、捨，如同對自己的母親一般。思維自己爲了一切如母的眾生，將進行祈請和禪修，以達投生淨土的目的：

སེམས་ཅན་ཐམས་ཅད་བདེ་བ་དང་བདེ་བའི་རྒྱུ་དང་ལྡན་པར་གྱུར་ཅིག །
森間湯界 得哇倘 得威局倘 滇巴久記
願一切眾生具樂及樂因，

སྡུག་བསྔལ་དང་སྡུག་བསྔལ་གྱི་རྒྱུ་དང་བྲལ་བར་གྱུར་ཅིག །
篤恩倘 篤恩己 局倘 札哇久吉
願一切眾生離苦及苦因，

སྡུག་བསྔལ་མེད་པའི་བདེ་བ་དམ་པ་དང་མི་འབྲལ་བར་གྱུར་ཅིག །
篤恩 美悲 得哇 倘巴倘 米札瓦 久吉
願一切眾生不離無苦之妙樂，

ཉེ་རིང་ཆགས་སྡང་གཉིས་དང་བྲལ་བའི་བཏང་སྙོམས་ཆེན་པོ་ལ་གནས་པར་གྱུར་ཅིག །
涅仁 洽湯 尼倘札威 當鈕 千波拉 內巴久吉
願一切眾生遠離親疏愛憎常住大平等捨。

投生極樂淨土的四因

想要投生任何的淨土，我們都必須認眞準備，這包括透過淨土四因的修持，以清淨惡業、圓滿善行。下面的內容摘自第三世多竹千仁波切[6]根

❶ 布施是六度波羅蜜的第一項，其他五項為持戒、忍辱、精進、禪定和智慧。

據《佛說阿彌陀經》[7]的著作。仁波切在當中說明，要投生阿彌陀佛的極樂淨土，淨土四因（或至少三因）的重要性。

第一因：明觀淨土

第一因是觀想並憶念極樂淨土中，殊勝莊嚴的結構、平靜的氣氛和喜樂的感受，不斷、不斷地重複。

極樂淨土的氣氛無比地平靜喜樂、光明莊嚴，是一個富麗良善的不知有痛苦的樂園。那裡沒有如貪、瞋、癡等煩惱的念頭或展現，一切都是由究竟平靜和喜樂的智慧之光和智慧能量所建。它是由光構成的山河大地、由光構成的湖泊河流、由光構成的花草庭園、由光構成的樹林果實、由光構成的道路宮殿的無量樂園。它裡面充滿無數具有明亮光體的天人，他們的體態和服裝各形各色，進行各項活動。他們在空中飛翔、遊走，處於絕對的平靜和喜樂。他們前往不同的化身淨土，求取開示和加持。任何想要的東西，都會出現在眼前。到處充滿佛法的開示聲和佛法的音樂。這裡的眾生全都處在最平靜和喜樂的狀態當中。

淨土中央，坐在一棵巨大的菩提樹下的，是阿彌陀佛。他威德而年輕的紅光身具有一位聖者的瑞相。他身邊圍繞著如大海一般眾多的證悟者，包括觀世音菩薩和大勢至菩薩等八大菩薩。他身體散發出的明亮光芒，充滿整個空間。他無條件的愛、遍知的智慧、遍佈的力量加被一切眾生，永不止息。

為了強化我們對淨土的記憶，我們必須一次又一次地運用具療癒力的四種力量——正面的影像、語言、感受和確信：[8]

1. 觀想第七章描述的極樂淨土細節。
2. 藉由文字和祈願文的唸誦，思維淨土的細節及其功德。
3. 由衷地享受淨土歷歷在前的種種感受和加持。
4. 相信阿彌陀佛的極樂淨土就在面前，並且相信阿彌陀佛誓言帶領我們投生其淨土的願力。

死亡之時，我們的心不再受限於自己生理的身體，以及我們環境中文化的局限。因此，如果生前我們在自己的心中，養成看見、感受淨土的習氣，那麼在死時，我們的感知便會自發地生起爲眞正的淨土，而我們會發現，原來自己就身處其中。這樣，我們的投生極樂淨土，便是自然而然。

每個人看見的阿彌陀佛和極樂淨土不見得都一樣。我們的感受取決於我們證悟的程度。有些人會如實地見到淨土，而其他人看到的是化現出的淨土——雖然實際上極樂淨土只有一個。

如果我們已經證悟，那麼我們見到的阿彌陀佛，便是永恆存在的佛——本初的智慧，我們見到的極樂淨土，便是永恆喜樂的淨土——本初智慧本身的光和力量；一切的形相和經驗，都是自然現前的無二元分別的覺性；一切的顯現，都是如實的眞正本質和清淨功德。佛經中，這樣的淨土被稱爲佛果的「報身淨土」。投生報身淨土，不代表投生在某處一個更好的世界，而是證悟了寰宇遍在的佛果，以及與佛果無二無別的淨土。

但是，如果我們只是普通的信徒，我們見到阿彌陀佛和極樂淨土，會是一個平靜和喜樂的世界，當中充滿了具有無條件的愛、遍知的智慧、無窮的力量的證悟者——但是我們會將它感知爲某個他方的世界，好像是在另一個輪迴道中。雖然我們會享受到言語無法表達的平靜和喜樂，但在經驗這些事物時，我們仍然是透過感官和情緒帶著二元分別的心，而每一件事物都可能會改變。佛經稱這樣的淨土爲「化身淨土」。化身淨土的殊勝之處是，像你我這樣的人——事實上是一切的如母眾生，都可以投生那裡。一旦我們投生那裡，我們在修行道上便永遠不會退步，只會持續進步，以至於有那麼一天，我們會證悟佛果的報身淨土。

爲了投生在此化身淨土，我們必須修持淨土四因（或三因）。

第二因：積聚功德

我們必須積聚功德，並將功德做爲投生極樂淨土的種子。我們應該帶著全然的信任，透過心理和身體的正面行爲來累積善業或功德，這是獲得任何平靜和喜樂的果報，尤其是投生極樂淨土的關鍵。而做功德的方式有很多，它可以是供養、布施、承侍他人、唸誦祈願文、清淨惡行、護命放生，具有悲心、愛心、柔和、平靜、虔敬、正念和靜思。

第三因：發菩提心

爲了培養菩提心，我們必須不帶任何私心，發願或下決心帶領一切如母眾生前往極樂淨土，無一例外。而且，我們必須藉由禪修和有益的行爲，將此願望化爲實際的行動。

雖然如此，多竹千仁波切根據佛經[9]指出，發菩提心不是投生極樂淨土的必要條件。但無論如何，發菩提心有助於確保我們投生淨土，並且讓我們在投生淨土後，在修行上更有效益。多竹千仁波切補充，承諾或下決心比發願更有力量：「爲了實現任何祈願，具有強烈的動機或承諾很重要，例如這樣的思維：『在我一切生世中，我會修持悲心和空性的精髓——佛道。』而大家都知道，『我會早起』的念頭對我們準時起床的影響力，大過『願我早起』的念頭。」[10]

第四因：迴向發願往生淨土

第四因是將我們所有的功德，迴向爲投生極樂淨土的因，並且爲同樣的目的而發願。即使我們具有功德，我們仍然需要透過迴向，將它投資在特定的目標，並且一次又一次地發願。迴向和發願可以將功德投注爲投生淨土的種子，但它不只是這樣的一項工具而已，它本身就是能夠產生功德的有力方法。

迴向和發願時，如果我們觀想佛就在自己的面前，聽著我們的發願、給予我們加持，那麼我們的祈願甚至會更加強大有效。

> 為了實現祈願文，重要的是依賴一個力量的來源。因此，依賴一位本尊，例如阿彌陀佛、大悲佛觀世音或蓮花生大士非常重要。這些力量的來源必須是我們對他已有虔敬心，並且是已經藉由祈請和禪修而與他建立因緣的本尊。我們必須將此力量的來源視為一切尊者的體現。向他祈請，請他加持成就一切所願。[11]

釋迦牟尼佛在開示淨土四因時，說道：

> 喔，阿難，那些 [1] 一再仔細思維 [阿彌陀] 佛 [及其淨土] 的人，[2] 造有許多無量的功德，[3] 生起證悟之心 [菩提心]，[4] 迴向功德發願往生極樂淨土。當他們命終之時，圓滿證悟的阿彌陀佛——善逝、伏敵者，連同眾多苦行者眷屬，將會現前顧視。在面見阿彌陀佛後，他們將帶著極為清明的心而往生。接著，他們將投生於極樂淨土的世界。[12]

再者，同一部佛經中說，我們修持投生淨土的「三因」（第一、二和四因，略去發菩提心的第四因），也可以投生極樂淨土。也就是，一而再、再而三地思維淨土的功德，盡力做許多的功德，接著迴向功德並發願：「願我投生極樂淨土。」

淨土四因的修持儀軌

思維或觀想極樂淨土現前，如第七章所描述的一個極爲平靜喜樂的世界。淨土中央的阿彌陀佛，以智慧、悲心和大力，看著我們、想著我們和所有眾生。淨土中充滿了無窮的證悟者，他們具有各種形相、姿勢和行止。帶著全然的虔敬心，我們向他們頂禮：

འདི་ནས་ནུབ་ཀྱི་ཕྱོགས་རོལ་སྟེང་གི་ཀ།
笛內 努吉 秋柔 殿奇恰
此去西邊上方之大地，

།སངས་རྒྱས་ཞིང་ཁམས་རྣམ་དག་བདེ་བ་ཅན། །
桑傑 欣康 南達 德哇見
圓滿無垢極樂佛國土，

སྨོན་ལམ་ཕུན་ཚོགས་ཡོངས་གྲུབ་རྒྱལ་བའི་མཆོག
孟蘭 彭措 永築 嘉威秋
殊勝發願善緣所成就，

།སྲས་བཅས་བསམ་མི་ཁྱབ་ལ་ཕྱག་འཚལ་ལོ། །
瑟見 桑米嘉 喇 恰擦洛
頂禮不可思議佛子。[13]

接著，以虔敬心與美妙的旋律，唱頌或唸誦下面的文句，並且帶著正念，一次又一次地隨文禪修它的涵義：

བཅོམ་ལྡན་འདས་འོད་དཔག་མེད་ལ་ཕྱག་འཚལ་ལོ། །
炯殿德 歐巴梅 喇 恰擦洛
頂禮吉祥自在無量光佛！

思維極樂淨土的功德

ཡང་ཡང་དྲན་ནོ་ཞིང་ཁམས་བདེ་བ་ཅན།
揚揚 珍諾 新康 德瓦見
再再憶念極樂佛淨土，

།སྙིང་ནས་དྲན་ནོ་འདྲེན་པ་འོད་དཔག་མེད། །
寧內 珍諾 珍巴 歐巴梅
深心憶念怙主無量光，

རྩེ་གཅིག་དྲན་ནོ་རྒྱལ་སྲས་རྒྱ་མཚོའི་ཚོགས།
傑吉 珍諾 嘉瑟 嘉措湊
一心憶念海會諸佛子，

།བྱིན་གྱིས་རློབས་ཤིག་སྐྱབས་མེད་སྐྱོབ་པའི་ཚོགས། །
秦吉　洛夕 嘉梅 久貝湊
無依眾生怙主祈加持！

七支積聚資糧

ཐུགས་རྗེའི་བདག་ཉིད་མགོན་པོ་ཁྱེད་རྣམས་ལ།
突傑 達尼 袞波 給南喇
於諸本性大悲諸怙主，

།གུས་པས་ཕྱག་འཚལ་མཆོད་སྤྲིན་རྒྱ་མཚོས་མཆོད། །
枯貝 恰擦 湊錦 嘉措確
禮拜敬獻如海供養雲，

སྡིག་ལྟུང་ཀུན་བཤགས་དགེ་ལ་རྗེས་ཡི་རང་།
笛棟 袞夏 給喇 界以讓
懺悔惡業隨喜一切善，

།ཆོས་འཁོར་བསྐོར་བཞིན་མྱ་ངན་མི་འདའ་གསོལ། །
確蔻 構欣 釀演 彌達受
請轉法輪住世不入滅！

發菩提心

བདག་གིས་མཁའ་མཉམ་འགྲོ་བའི་དོན་སླད་དུ།
達吉 卡釀 卓威 屯雷突
為利虛空一切眾生故，

།ཡང་དག་རྫོགས་པའི་བྱང་ཆུབ་སྒྲུབ་བྱའི་ཕྱིར། །
永達 湊貝 強秋 祝伽契
我願獲得圓滿正覺果，

སངས་རྒྱས་ཞིང་ཁམས་ཡོངས་སུ་སྦྱོང་བ་ཡི།
桑傑 欣康 永速 炯瓦宜
成就全然清淨佛國土，

།རྣམ་ཐར་སྨོན་ལམ་རྒྱ་མཚོ་རྫོགས་གྱུར་ཅིག །
南踏 孟蘭 嘉措 湊究吉
如海廣大行願祈願成。

迴向與發願

འདིས་མཚོན་དགེ་བས་བདག་སོགས་ཡིད་ཅན་ཀུན།
笛存 給威 達叟 宜見袞
以此功德願我及眾生，

།ཕྱི་མ་དག་པའི་ཞིང་ཁམས་བདེ་བ་ཅན། །
契瑪 達貝 欣康 德瓦間
來世生於極樂淨土國，

རྨད་བྱུང་ངོ་མཚར་བཀོད་པས་རབ་མཛེས་པར།
梅瓊 偶擦 郭貝 若則巴
種種殊勝善妙為莊嚴，

།སྐྱེས་ནས་ཐེག་མཆོག་དགའ་སྟོན་སྤྱོད་བར་ཤོག །
給內 鐵秋 噶敦 釀瓦修歡喜
納受無上乘[14]【大乘】法筵。

持誦咒語和名號

阿彌陀佛的咒語

ཨོཾ་ཨ་མི་ཏྭ་ཝ་ཧྲཱི།
嗡 阿彌 達巴 釋以❷
嗡！無量光。釋以！

此咒語的通解是：「無量光佛的身、語、意，請賜予我們加持。」

---

❷ 中文唸為：「南無 阿彌陀佛」，日文唸為：「南木 阿彌達 部速」(NAMU AMIDA BUTSU)。

梵文咒語的每個字義如下：

嗡（啊，哦，麼：a，o，m）：諸佛的身、語、意和自身的三門（或者爲：喔！）
阿彌（無量）：遍佈、無量
達巴（光）：加持、光明、力量
釋以：無量光佛的心的種子字。藉由唸誦「釋以」，我們朝向或喚起無量光佛慈悲的智慧之心。

重複唸誦此咒語數百、數千或數百萬遍。

持誦諸佛菩薩的名號

持誦無量光佛的藏文或梵文名號（藏文：Opagme、梵文：Amitabha），迎請無量光佛的加持。重複唸誦 21、數百或數千遍。

藏文：

བཅོམ་ལྡན་འདས་དེ་བཞིན་གཤེགས་པ་དགྲ་བཅོམ་པ་ཡང་དག་པར་རྫོགས་པའི་སངས་རྒྱས་མགོན་
པོ་འོད་དཔག་ཏུ་མེད་པ་ལ་ཕྱག་འཚལ་ལོ་མཆོད་དོ་སྐྱབས་སུ་མཆིའོ།
炯滇德　德欣謝巴 札炯巴 揚達巴 卓貝 桑傑 袞波 歐巴度美巴喇 恰擦洛 確兜 嘉蘇 契歐

梵文：

Namo bhagavate tathagataya-arhate samyak-sambuddhaya natha-amitabhaya pujayami sharanam gacchami.
南摩 巴嘎瓦特 達薩嘎達雅 阿哈特 三雅 三菩達雅 拿達 阿彌達巴雅 菩嘉雅彌 峽惹南 嘎恰彌

中譯：

世尊、善逝、應供、正等覺怙主無量光，我頂禮、供養及皈依。

藉由持誦觀世音菩薩（梵文：Avalokiteshvara、藏文：Chenrezig）的藏文或梵文名號，迎請觀世音菩薩的加持。重複唸誦 7 或 21 遍。

藏文：

བྱང་ཆུབ་སེམས་དཔའ་སེམས་དཔའ་ཆེན་པོ་སྙིང་རྗེ་ཆེན་པོ་དང་ལྡན་པ་འཕགས་པ་སྤྱན་རས་
གཟིགས་དབང་ཕྱུག་ལ་ཕྱག་འཚལ་ལོ་མཆོད་དོ་ སྐྱབས་སུ་མཆིའོ།
強秋 森巴 森巴 千波 寧潔 千波 當 滇巴 恰巴 間瑞喜 望秋 喇 恰
擦洛 確透 嘉速契歐

梵文：

Namo bodhisattva-mahasattva-mahakarunika aryaavalokiteshvaraya
pujayami sharanam-gacchami.
南摩 菩提薩瓦 摩訶薩瓦 摩訶卡如尼卡 阿雅阿瓦洛契德旭瓦惹雅
菩嘉雅彌 莎讓南 嘎恰彌

中譯：

大菩薩、大悲者、聖觀世音菩薩，我頂禮、供養及皈依。

藉由持誦大勢至菩薩（梵文：Mahasthamaprapta、藏文：Thuchenthob）的藏文或梵文名號，迎請大勢至菩薩的加持。重複唸誦 7 或 21 遍。

藏文：

བྱང་ཆུབ་སེམས་དཔའ་སེམས་དཔའ་ཆེན་པོ་འཕགས་པ་མཐུ་ཆེན་ཐོབ་ལ་ཕྱག་འཚལ་ལོ་མཆོད་དོ་
སྐྱབས་སུ་མཆིའོ།
強秋 森巴 森巴千波 恰巴 突千透 喇 恰擦洛 確透 嘉速契歐

梵文：

Namo bodhisattva-mahasatvaya arya-mahasthamapraptaya
pujayami sharanam gacchami.
南摩 菩提薩瓦 摩訶薩瓦雅 阿雅 摩訶斯薩瑪普他雅
菩嘉雅彌 峽惹南 嘎恰彌

中譯：

大菩薩、聖大勢至菩薩，我頂禮、供養及皈依。

結行：迴向和發願

འཇམ་དཔལ་དཔའ་བོས་ཇི་ལྟར་མཁྱེན་པ་དང་།
蔣巴 巴沃 吉大 千巴 當
文殊師利勇猛智，

།ཀུན་ཏུ་བཟང་པོ་དེ་ཡང་དེ་བཞིན་ཏེ། །
袞度 桑波 德揚 德辛德
普賢慧行亦復然，

དེ་དག་ཀུན་གྱི་རྗེས་སུ་བདག་སློབ་ཕྱིར།
德達 袞吉 傑速 達洛契
我今迴向諸善根，

།དགེ་བ་འདི་དག་ཐམས་ཅད་རབ་ཏུ་བསྔོ། །
給瓦 笛達 湯界 惹度歐
隨彼一切常修學。

དུས་གསུམ་གཤེགས་པའི་རྒྱལ་བ་ཐམས་ཅད་ཀྱིས།
突舜 謝悲 嘉華 湯界 吉
三世諸佛所稱歎，

།བསྔོ་བ་གང་ལ་མཆོག་ཏུ་བསྔགས་པ་དེས། །
歐瓦 康喇 秋度 安巴 德
如是最勝諸大願。

བདག་གི་དགེ་བའི་རྩ་བ་འདི་ཀུན་ཀྱང་།
達吉 給偉 札瓦 笛袞蔣
我今迴向諸善根，

།བཟང་པོ་སྤྱོད་ཕྱིར་རབ་ཏུ་བསྔོ་བར་བགྱི། །
桑波 居契 惹杜 歐瓦 吉
為得普賢殊勝行。

བདག་ནི་འཆི་བའི་དུས་བྱེད་གྱུར་པ་ན།
達尼 契偉 讀切 究巴拿
願我離欲命終時❸

།སྒྲིབ་པ་ཐམས་ཅད་དག་ནི་ཕྱིར་བསལ་ཏེ། །
吉巴 湯界 達尼 契薩德
盡除一切諸障礙，

མངོན་སུམ་སྣང་བ་མཐའ་ཡས་དེ་མཐོང་ནས།
溫舜 南瓦 泰耶 德通內
面見彼佛阿彌陀，

།བདེ་བ་ཅན་གྱི་ཞིང་དེར་རབ་ཏུ་འགྲོ །
德瓦 見吉 欣德 惹度卓
即得往生安樂剎。

དེར་སོང་ནས་ནི་སྨོན་ལམ་འདི་དག་ཀྱང་།
德松 內尼 孟蘭 笛達蔣
我既往生彼國已，

།ཐམས་ཅད་མ་ལུས་མངོན་དུ་འགྱུར་བར་ཤོག །
湯界 瑪律 溫杜 究瓦 修
現前成就此大願，

---

❸ 這裡的文句使用的是第一人稱「我」和「我的」。如果是為其他人祈願，例如為臨終者或亡者而祈願的話，我們可以將它改為第三人稱的「他」和「他的」或是「亡者」和「亡者的」，以此類推。

དེ་དག་མ་ལུས་བདག་གིས་ཡོངས་སུ་བཀང་།
德達 瑪律 達吉 永速 剛
一切圓滿盡無餘，
།འཇིག་རྟེན་ཇི་སྲིད་སེམས་ཅན་ཕན་པར་བགྱི། །
吉巔 吉夕 森間 潘巴 吉
利樂一切眾生界。[15]
རྒྱལ་བའི་དཀྱིལ་འཁོར་བཟང་ཞིང་དགའ་བ་དེར།
嘉威 吉蔻 桑欣 嘎瓦德
彼佛眾會咸清淨，
།པདྨོ་དམ་པ་ཤིན་ཏུ་མཛེས་ལས་སྐྱེས། །
貝摩 唐巴 新杜 則雷 界
我時於勝蓮華生，
སྣང་བ་མཐའ་ཡས་རྒྱལ་བས་མངོན་སུམ་དུ།
南瓦 泰耶 嘉偉 溫順突
親睹如來無量光，
།ལུང་སྟོན་པ་ཡང་བདག་གིས་དེར་ཐོབ་ཤོག །
龍滇 巴揚 達吉 德透秀
現前授我菩提記。
དེར་ནི་བདག་གིས་ལུང་བསྟན་རབ་ཐོབ་ནས།
德尼 達吉 龍滇 惹透 內
蒙彼如來授記已，
།སྤྲུལ་པ་མང་པོ་བྱེ་བ་ཕྲག་བརྒྱ་ཡིས། །
竹巴 芒波 切瓦 察嘉 宜
化身無數百俱胝，
བློ་ཡི་སྟོབས་ཀྱིས་ཕྱོགས་བཅུ་རྣམས་སུ་ཡང་།
洛宜 兜吉 秋究 南速揚
智力廣大遍十方，
།སེམས་ཅན་རྣམས་ལ་ཕན་པ་མང་པོ་བགྱི། །
森間 南喇 潘巴 芒波 吉
普利一切眾生界。
སངས་རྒྱས་སྐུ་གསུམ་བརྙེས་པའི་བྱིན་རླབས་དང་།
桑傑 固速 涅貝 錦拉當
諸佛三身成就之加持，
།ཆོས་ཉིད་མི་འགྱུར་བདེན་པའི་བྱིན་རླབས་དང་། །
確曜 米究 滇貝 錦拉當
法性不變實諦之加持，
དགེ་འདུན་མི་ཕྱེད་འདུན་པའི་བྱིན་རླབས་ཀྱིས།
給敦 彌切 敦貝 錦拉當
僧眾堅固意樂之加持，
།ཇི་ལྟར་བསྔོ་བ་སྨོན་ལམ་འགྲུབ་པར་ཤོག །
吉大 歐瓦 孟蘭 竹巴修
如上發願迴向祈圓成。

對於憶念和持誦無量光佛名號的利益時，釋迦牟尼佛在解釋時說道：

> 舍利弗。若有善男子善女人，聞說阿彌陀佛，執持名號，若一日、若二日，若三日，若四日，若五日，若六日，若七日，一心不亂，其人臨命終時，阿彌陀佛，與諸聖眾，現在其前。是人終時，心不顛倒，即得往生阿彌陀佛極樂國土。[16]

附錄 B：佛教密宗八部度亡儀軌

這裡多數的禪修和祈願文爲密宗的儀軌，也就是密法，意思是我們必須經過特別的引介和訓練❶後，才能夠修持它。那些還沒有獲得訓練的人，應該只修持附錄 A 的「投生極樂淨土四因」儀軌。

簡介八部儀軌

我在這裡彙編了最重要的度亡法事的一些祈願和禪修。它分爲八部。

第一，皈依三寶，接著爲承侍一切眾生，尤其是爲臨終者或亡者而發菩提心。

第二，觀想自身爲大悲觀世音（藏文稱爲「千瑞汐」（Chenrezig）），並且思維憶念他。觀想自身爲佛而進行修法，會比抱持凡夫心態修法更有效益。

第三，藉由禪修力，召喚或迎請亡者（如果對方已死）的心識進入遺體或肖像中，並且給予開示。死亡後，由於亡者具有的是意念上的身體（中陰身），他的心識會像風一般快速竄動，很難自己安定下來，因此，我們必須藉著自己的禪修力和佛力，將他的心識引到肖像（或他的遺體）中，將他安定在那裡；之後，我們才能夠對亡者進行開示，並且才有可能讓他解脫。

第四，供養亡者加持過的火供品。西藏有具諺語：「沒有人不想吃食物。」亡者的心可能仍然想吃東西，但他只能享用供養給他的食物，而食物的味道容易享用並能令亡者滿足。如果沒有可以進行火供的物資，

❶ 中譯註：修持密宗儀軌的三個必要條件是：受過灌頂、儀軌的口傳和修法的詳細開示。

大悲觀世音菩薩。作者羅伯・比爾 (Robert Beer)。

我們可以省略這部分。或者，如果沒有設施可進行焚燒，或是沒有可燒的食物，那麼我們可以準備一些可以吃的食物和飲料做爲供品，修法結束後，再將它扔在林間，或任何乾淨合適的地方。

亡者肖像(印度錫金甘多克(Gangtok)秋丹寺(Choten Gonpa)惠允使用)。度亡法事中，亡者的心識被迎請至肖像，請他安住在當中以便聽聞開示。圖中引人注目的人像代表亡者的身體；名牌代表他的語言；明鏡代表心；乾淨的服飾代表衣服；傘蓋代表房舍；白色的座墊是座位；竹杖是亡者可以抓住的東西；下面的名牌(在空格處填入亡者的姓名)內容，將放置在人像下方的空位：

「願亡者__________的心識安住於此。日札吽邦霍帝斯唐突(NRI DZA HUM BAM HO TISTANTU)」

第五，給予開示。我們可以帶著悲心，以甜美且具啓發性的聲音和自信的力量，對臨終者或亡者開示指引。但是，如果自己覺得這麼做有任何不妥的話，我們可以省略這部分。

第六，祈請並修持破瓦法。我們藉由強烈的祈請和禪修，將亡者的心識遷移至無量光佛的心中。這項修法能夠令亡者投生極樂淨土（甚至能夠獲得證悟），屬於度亡法事的核心。

第七，如果我們是在練習破瓦法，而不是在爲臨終者而修持的話，修法結束後，我們可以接著禪修無量壽佛，並且持誦長壽咒語；否則我們可以將此第七步驟省略。

第八，最後，將我們所有的功德迴向給一切如母眾生，尤其是迴向給亡者，願它成爲投生無量光佛的極樂淨土的因。接著，爲眾生的平靜、幸福以及投生極樂淨土而發起強烈的願望。

八部儀軌的修持方法

如果我們主要是爲自己或其他的生者修持破瓦法，那麼可以在完成第287頁的前行後，直接進入八部儀軌的正行破瓦法的儀軌（從第308頁開始），最後收攝（從第312頁開始）。我們可以這樣練習數週或數月，或者將它納入每天修持的功課。

對於任何修法，尤其是破瓦法，在我們爲自己或臨終和亡者修法前，自己必須要有一些禪修的經驗，這點非常重要。如果臨終者事先接受過訓練，這也會非常有幫助。

如果是爲亡者進行修法，我們可以修持完整的八部儀軌。

或者，我們也可以先做前行，接著專注於大悲佛觀世音的觀想和唸誦，最後進行迴向和發願。我們可以把這樣的修持，獨立地做爲每天的日課。

我在中譯下列儀軌時，除非儀軌中有特別的聲明，否則我將它們設定是爲亡者所修持的儀軌。但無論如何，由於藏文中主詞和受詞的用法通常具有彈性，我們可以視情況使用我們（或其受詞）、我們的、他、他的等。

第一部：前行

皈依

以強烈的虔敬心，皈依佛——阿彌陀佛；皈依法——法教、修行之道和修行的成就；皈依僧——菩薩和信眾所組成的修行團體。
重複唸三次：

སངས་རྒྱས་ཆོས་དང་ཚོགས་ཀྱི་མཆོག་རྣམས་ལ། །བྱང་ཆུབ་བར་དུ་བདག་ནི་སྐྱབས་སུ་མཆི། །
桑傑 卻倘 措吉 秋南拉　強秋 琶突 達尼 佳速契
諸佛正法聖僧眾，　直至菩提我皈依，

བདག་གིས་སྦྱིན་སོགས་བགྱིས་པའི་བསོད་ནམས་ཀྱིས། །འགྲོ་ལ་ཕན་ཕྱིར་སངས་རྒྱས་འགྲུབ་པར་ཤོག །
達格 謹梭 吉貝 雖南 吉　卓拉 遍契 桑傑 竹巴修
以我布施等功德，　為利眾生願成佛。

發菩提心

對一切眾生生起悲心，思維我們將要進行的祈願和禪修，是爲了讓一切如母眾生投生極樂淨土。尤其要對亡者生起強烈的悲心，如果沒有強烈的悲心，即使進行像破瓦法的修法，也不容易成功。[1]
重複唸三次：

སེམས་ཅན་ཐམས་ཅད་བདེ་བ་དང་བདེ་བའི་རྒྱུ་དང་ལྡན་པར་གྱུར་ཅིག །
森間湯界 得哇倘 得威局倘 滇巴久記
願一切眾生具樂及樂因，

སྡུག་བསྔལ་དང་སྡུག་བསྔལ་གྱི་རྒྱུ་དང་བྲལ་བར་གྱུར་ཅིག །
篤恩倘 篤恩己 局倘 札哇久吉
願一切眾生離苦及苦因，

སྡུག་བསྔལ་མེད་པའི་བདེ་བ་དམ་པ་དང་མི་འབྲལ་བར་གྱུར་ཅིག །
篤恩 美悲 得哇 倘巴倘 米札瓦 久吉
願一切眾生不離無苦之妙樂，

ཉེ་རིང་ཆགས་སྡང་གཉིས་དང་བྲལ་བའི་བཏང་སྙོམས་ཆེན་པོ་ལ་གནས་པར་གྱུར་ཅིག །
涅仁 洽湯 尼倘札威 當鈕 千波拉 內巴久吉
願一切眾生遠離親疏愛憎常住大平等捨。

第二部：自觀為並思維大悲佛觀世音

ཧྲཱིཿ རང་ཉིད་སྐད་ཅིག་དྲན་པའི་ཏིང་འཛིན་གྱིས།
釋以 讓尼 給吉 珍貝 定僅吉
釋以！剎那觀自為觀音，

།སྟོང་པའི་ངང་ལས་པདྨ་ཟླ་བའི་གདན། །
東貝 昂磊 貝瑪 德威滇
空顯蓮月座墊上，

པད་དཀར་ཧྲཱིཿས་མཚན་ཡོངས་སུ་གྱུར་པ་ལས།
貝嘎 釋以稱 永速 究巴磊
白蓮當中有「釋以」字，

།ཐུགས་རྗེའི་མངའ་བདག་འཕགས་མཆོག་སྤྱན་རས་གཟིགས། །
突傑 昂達 帕秋 見瑞汐
化現大悲聖觀音，

ཞལ་གཅིག་ཕྱག་བཞི་སྐུ་མདོག་དཀར་ལ་འཚེར།
霞吉 恰惜 固投 嘎喇策
一面四臂身皎白，

།དང་པོའི་ཕྱག་གཉིས་ཐུགས་ཀར་ཐལ་མོ་སྦྱར། །
檔擘 恰尼 突嘎 踏摩佳
首對手掌當胸合，

ཕྱག་གཡས་འོག་མ་རིན་ཆེན་ཤེལ་ཕྲེང་བསྣམས།
恰耶 歐瑪 仁千 謝襯南
次臂右持水晶珠，

།ཕྱག་གཡོན་པད་དཀར་འདབ་དྲུག་ཡུ་བ་འཛིན། །
恰允 貝嘎 達竹 瑜哇錦
左手白蓮從莖執，

ཞལ་འཛུམ་སྤྱན་དངས་ཤངས་ཀྱི་དབྱིབས་མཐོ་ཞིང་།
霞尊 見堂 香吉 宜透形
笑顏明眸高挺鼻，

།དབུ་སྐྲ་ལྗང་ལོ་མཐོན་མཐིང་གྱེན་དུ་འཁྱིལ། །
烏札 蔣鏤 屯定 建突契
深藍髮髻頂上嚴，

སྤྱི་གཙུག་རིགས་བདག་སྣང་བ་མཐའ་ཡས་བཞུགས།
津祖 日達 囊瓦 泰耶徐
頂冠宗主無量光，

།རང་ཉིད་དེ་ལྟར་གསལ་བའི་ཐུགས་ཀ་རུ། །
讓暱 德大 薩偉 突嘎如
自觀本尊之心間，

པདྨ་དཀར་པོ་འདབ་དྲུག་རྒྱས་པའི་དབུས།
貝瑪 嘎波 達竹 給貝玉
六瓣白蓮中釋以字，

།ཡི་གེ་ཧྲཱིཿས་མཚན་འབྲུ་དྲུག་འདབ་སྟེང་དུ། །
宜給 弘岑 主竹 達滇突
六字明咒居六瓣。

ཨོཾ་མ་ཎི་པདྨེ་ཧཱུྃ་ཧྲཱིཿ།
嗡 瑪尼 貝美 吽 釋以

དེ་ལྟར་གསལ་བའི་སྐུ་ལས་འོད་འཕྲོས་པས།
德大 薩偉 固磊 歐觸貝
自身灼亮放光明，

།སྣང་བ་ཐམས་ཅད་སྣང་སྟོང་ལྷ་ཡི་སྐུ། །
囊哇 湯界 囊棟 喇宜固
一切顯相皆化為，

འཕགས་པའི་རྒྱལ་པོ་ཐུགས་རྗེ་ཆེན་པོར་གསལ།
恰貝 嘉波 突界 千波薩
顯空雙融觀音身。

།ཐུགས་ལས་འོད་འཕྲོས་འབྱུང་བའི་སྒྲ་ལ་སོགས། །
恩磊 歐稠 炯威 札喇蒐
咒語放光化萬籟❷，

གྲགས་པ་ཐམས་ཅད་གྲགས་སྟོང་སྔགས་ཀྱི་སྒྲ།
札巴 湯界 札棟 恩吉札
聲空雙融大明咒。

།དྲན་རྟོག་སྐྱེ་འགགས་གནས་གསུམ་མཐའ་བྲལ་དང་། །
簡兜 給嘎 內速 塔札昂
念思遠離生住滅，

སྨྲ་བསམ་བརྗོད་འདས་དགོངས་པའི་ངང་ལ་བཞག
瑪薩 奏德 恭貝 昂喇霞
觀境超越念安立。❸

།དེ་ལྟར་གསལ་བས་རིག་སྔགས་འབྲུ་དྲུག་པོ། །
德大 薩偉 日恩 主竹波
如是觀修六字咒，

གྲུ་ཟུར་མ་ཉམས་བརྒྱ་སྟོང་ཁྲི་འབུམ་བཟླ། །
札俗 瑪釀 嘉棟 赤部達
持誦多遍無退失。❹

---

❷ 中譯註：萬籟指的是包括五大元素變化在內的一切聲音。

❸ 中譯註：觀境超越思維念頭的安立。

❹ 中譯註：口裡一邊唸誦，心中一邊做如上的觀修；就算是唸誦百遍、千遍、萬遍、十萬遍，觀想的清晰程度也不會減退。

大悲佛觀世音的咒語

重複唸誦數百、數千或更多遍：

ཨོཾ་མ་ཎི་པདྨེ་ཧཱུྃ་ཧྲཱིཿ།
嗡 瑪尼 貝美 吽（釋以）

「吽」（HUNG）是梵文的「鬨」（HUM）字的藏文發音。這裡的「釋以」字在有些傳統中被省略。

咒語的通解：
具慈悲（珍寶）與智慧（蓮花）的佛之身、語、意，請加持我們。
或是：持珍寶與蓮花的佛，請眷顧我們。
或是：慈悲與智慧的佛，請眷顧我們。
咒語的逐字解釋：
嗡（A，O，M）：諸佛的身、語、意和自身的三門。（或，喔（Oh）！）
瑪尼（珍寶）：方便善巧、滿願、悲心。
貝美（蓮花）：智慧、無垢的清淨
吽（雙融）：方便與智慧的雙融。或是，迎請佛的加持。
釋以（心字）：觀世音菩薩的心種子字（觸及、迎請或融入觀音菩薩的悲心。許多的傳統這裡沒有「釋以」字。）

供養大悲佛觀世音

唸誦下面咒語：

藏文：

ཨོཾ་ཨཱརྱ་ཨ་ཝ་ལོ་ཀི་ཏེ་ཤྭ་ར་ས་པ་རི་ཝ་ར་ཨརྒྷཾ་པདྱཾ་པུཥྤེ་དྷཱུ་པེ་ཨ་ལོ་ཀེ་གནྡྷེ་ནེ་ཝི་དྱ་ཤབྡ་པྲ་ཏི་ཙྪ་ཡེ་སྭཱ་ཧཱ། །
嗡 阿雅 阿瓦洛克德霞惹 薩巴 日瓦惹 阿岡 巴當 布貝 度貝 阿洛給 根喋 涅威喋 夏達 札帝紮欽 梭哈

梵文：

Om arya-avalokeshvara-mandala-saparivara vajra-argham pad-yam pushpe dhupe aloke gandhe naivedye shabda praticcha svaha.

嗡 阿雅 阿瓦洛克胥瓦惹 曼達拉 薩帕瑞瓦惹 法舉惹 阿岡 帕雅 菩胥貝 杜貝 阿洛給 根德 內威喋 沙達 帕諦恰 梭哈

中譯：

哦，聖觀世音菩薩以及您的壇城聖眾，請納受此不可摧的飲料、浴足水、花、香、燈、塗香、食物和伎樂。願如是成辦。

禮讚大悲佛觀世音

ཧྲཱི། བཅོམ་ལྡན་ཐུགས་རྗེ་ཆེན་པོ་ནི།
釋以 炯濵德 突傑 千波霓
釋以！大悲心尊薄伽梵，

།སྐྱོན་གྱིས་མ་གོས་སྐུ་མདོག་དཀར། །
衮吉 瑪故 固兜嘎
淨極無瑕大悲身，

རྫོགས་སངས་རྒྱས་ཀྱིས་དབུ་ལ་བརྒྱན།
宙桑傑吉 鄔喇間
阿彌陀佛頂上嚴，

།ཐུགས་རྗེའི་སྤྱན་གྱིས་འགྲོ་ལ་གཟིགས། །
突傑 千吉 卓喇汐慈
慈悲憫視眾生，

སྤྱན་རས་གཟིགས་ལ་ཕྱག་འཚལ་བསྟོད། །
千瑞汐 喇 恰擦多
皈命頂禮觀世音。

ཨོཾ་མ་ཎི་པདྨེ་ཧཱུྃ་ཧྲཱིཿ།
嗡 瑪尼 貝美 吽（釋以）

祈願文

དགེ་བ་འདི་ཡིས་མྱུར་དུ་བདག
給瓦 帝宜 紐杜達
以此功德願速證，

།སྤྱན་རས་གཟིགས་དབང་འགྲུབ་གྱུར་ནས། །
間瑞喜 望駐 究內
大悲怙主觀世音，

འགྲོ་བ་གཅིག་ཀྱང་མ་ལུས་པར། ། དེ་ཡི་ས་ལ་འགོད་པར་ཤོག །
卓哇 吉蔣 瑪陸巴　德宜 薩喇 克巴修
如母眾生盡無餘，　皆能安置佛淨土。

第三部：召喚亡者心識並開示

觀想亡者的座位和形相，唸誦下列咒語和祈願文：

ཨོཾ་སྭ་བྷཱ་ཝ་ཤུདྡྷཿསརྦ་དྷརྨཿསྭ་བྷཱ་ཝ་ཤུདྡྷོ྅ཧཾ༔
嗡 梭巴哇 修達　薩哇 達瑪　梭巴哇 修多 杭
嗡！萬法本質為清淨，我之本質亦清淨。

སྟོང་པ་ཉིད་དུ་གྱུར། ། སྟོང་པའི་ངང་ལས་པདྨ་དང་ཟླ་བའི་གདན་གྱི་སྟེང་དུ། །
東巴 倪讀究　東巴 恩磊 貝瑪 當 達威 滇奇 殿荼
一切萬法化為空，　空中出現蓮月輪，

ནྲྀ་ཡོངས་སུ་གྱུར་པ་ལས། ། ཚེ་འདས་ཀྱི་ཕུང་པོ་ཁམས་དང་སྐྱེ་མཆེད་ཐམས་ཅད་ཡོངས་སུ་རྫོགས་པ། །
昵 永速 究巴 磊 策德 吉 彭波 康當 給切 湯界 永速 奏貝
其上化現出「昵」字，「昵」字現為亡者身，相好諸根圓滿具，

གསོན་དུས་ཀྱི་གནས་སྐབས་ཇི་ལྟ་བར་གྱུར། །
舜讀 吉 內嘎 吉達哇 究
一如亡者生前時。

重複下面的祈願文三次。以禪修力，召喚亡者的心識進入遺體或肖像中：

ཧྲཱིཿ བདག་ཉིད་ཐུགས་རྗེ་ཆེན་པོའི་སྐུར་གསལ་བའི། ། ཐུགས་ཀའི་ཧྲཱི་ལས་འོད་ཟེར་རབ་འཕྲོས་པས། །
釋以 達尼 突傑 千波 固薩威　突給 釋以類 歐瑟 惹處貝
釋以！自觀大悲觀世音，　心間「釋以」字放光明，

ཚེ་འདས་རྣམ་ཤེས་འཇིག་རྟེན་བདུན་པོའི་ཡུལ། ། གང་ན་གནས་ཀྱང་བཀུག་སྟེ་གཟུགས་ལ་བསྟིམ། །
策德 南謝 吉滇 敦博瑜　康拿 內降 固德 俗喇定
勾招亡靈自七界❺，　融入遺體或像中。

因此藉著大悲佛觀音菩薩的力量，而將亡者的心識帶入遺體或是肖像的形相中：

ན་མོ། མཆོག་གསུམ་རྩ་གསུམ་ཀུན་འདུས་ཐུགས་རྗེའི་ལྷ། །སྡུག་བསྔལ་རང་གྲོལ་སྤྱན་རས་གཟིགས་དབང་གི །
南摩 秋孫 紮孫 袞讀 突傑喇 讀恩 讓卓 見瑞汐 望吉
南無！大悲三寶三根本，苦自解脫觀世音，

བདེན་པའི་སྟོབས་ཀྱིས་ཚེ་འདས་རྣམ་ཤེས་དེ། །མྱུར་བ་ཉིད་དུ་མཚན་བྱང་འདི་ལ་ཞུགས། །
滇貝 兜吉 策德 南謝德 紐哇 尼突 岑強 迪喇 酷
實諦力召亡者靈，速疾進入此牌位❻。

ཨོཾ་མ་ཎི་པདྨེ་ཧཱུྃ་ཧྲཱིཿ ཚེ་ལས་འདས་པ་ཡཾ་ཀུ་ཤ་ཡ་ཛ་ཛཿ
嗡 瑪尼 貝美 吽 釋以 策類德巴 昂固 夏雅 紮紮
嗡瑪尼貝美吽 釋以。亡者心識到此處！

接著，思維亡者就坐在我們的面前，而我們帶著敬意平靜地給予下面的開示：

ཧྲཱིཿ འདི་སྣང་ལས་ཐལ་ཚེ་འདས་ཁྱོད་ཉོན་ཅིག །རིགས་དྲུག་གར་སྐྱེས་སྡུག་བསྔལ་འཛིན་ཁྲིའི་གནས། །
釋以 迪囊 磊踏 策德 處紐吉 日竹 卡給 讀恩 錦赤內
釋以！亡者此生已了聽我言：六道生處皆如處鱷苦❼，

དེ་ལས་འདོན་ཕྱིར་གཟུགས་མིང་ཡིད་ཆགས་རྟས། །སྒོ་གསུམ་རྟེན་རྟས་འདི་ལ་བརྟན་པར་བཞུགས། །
德磊 屯契 俗明 宜恰澤 苟蓀 滇則 迪喇 滇巴朽
為解脫故引心至肖像，三門安住於此請安坐，

ནྲྀཿཛཿཧཱུྃ་བཾ་ཧོཿ ཏི་ཥྛནྟུ།
昵紮吽邦霍 迪塔讀
願你心於肖像內安住。

思維亡者平靜穩定地安住在座位上，並且能夠遵循我們的開示。

---

❺ 六道加中陰而為七界。
❻ 如果使用的是亡者的遺體，那麼我們在這裡則不說「牌位」(音岑強，藏文：tsham-chang)，而唸「遺體」(音彭波，藏文：phung-po)。
❼ 中譯註：猶如活在鱷魚當中般痛苦。

第四部：為亡者進行火供

如果所處環境不便執行火供，那麼可以省略此步驟。

唸誦下面的咒語，迎請具大力的淨障佛（金剛薩埵），並將一切化爲究竟的空性：

ཨོཾ་བཛྲ་ཀྲོ་དྷ་ཧཡ་གྲཱི་ཝ་ཧཱུྃ་ཕཊ།
嗡 班紮 苟達 哈雅瑞哇 吽呸
嗡！金剛忿怒馬頭明王，吽呸！

ཨོཾ་སྭ་བྷཱ་བ་ཤུདྡྷཿསརྦ་དྷརྨཿསྭ་བྷཱ་བ་ཤུདྡྷོ྅ཧཾ༔
嗡 梭巴哇 修達　薩哇 達瑪　梭巴哇 修多 杭
嗡！萬法本質為清淨，我之本質亦清淨。

སྟོང་པ་ཉིད་དུ་གྱུར།
東巴 倪讀究
一切萬法化為空。

首先觀想火供的供品爲清淨、滿願的無窮物品：

སྟོང་པའི་ངང་ལས། རིན་པོ་ཆེའི་སྣོད་ཀྱི་ནང་དུ་འདོད་ཡོན་གྱི་དངོས་པོ་གཟུགས་བཟང་བ། སྒྲ་སྙན་པ། དྲི་ཞིམ་པ། རོ་མངར་བ། རེག་བྱ་འཇམ་པ། སྟོང་གསུམ་རབ་འབྱམས་ནམ་མཁའི་མཐའ་དང་མཉམ་པ་ཆེན་པོ་གཅིག་ཏུ་གྱུར།
東巴 昂磊　仁波切 敦吉囊突 敦允 吉 恩波 俗桑哇
札年巴 己欣巴 柔昂哇 瑞恰蔣巴　東蓀 惹蔣
南剋　踏當釀巴　千波　吉杜究
從空性之中，出現一只珍寶瓶，其中充滿一切妙欲之物：妙色、美音、珍饈、輕軟衣等，數量如三千大千世界之虛空般無窮盡。

接著唸誦三聖字和咒語，加持火供供品爲清淨、滿願的無窮物品。

ཨོཾ་ཨཱཿཧཱུྃ༔ ཨོཾ་ཨཱཿཧཱུྃ༔ཨོཾ་ཨཱཿཧཱུྃ་ཧོ།
嗡阿吽　嗡阿吽　嗡阿吽霍

ཨོཾ་ཨ་ཀཱ་རོ་མུ་ཁཾ་སརྦ་དྷརྨཱ་ཎཱཾ་ཨཱདྱ་ནུཏྤནྣ་ཏྭཱ་ཏ་ཨོཾ་ཨཱཿཧཱུྃ་ཕཊ་སྭཱ་ཧཱཿ
嗡 阿嘎柔 慕康 薩哇 達瑪南 阿迪雅努潘拿達大 嗡阿吽呸 梭哈
嗡！「阿」字為門戶，此乃萬法本初無生故。

將火供的供品視爲是悅意的物品，唸誦：

མདུན་དུ་རིན་པོ་ཆེ་ཡི་སྣོད།
敦突 仁波切 宜努
面前出現珍寶瓶，

།ཡངས་ཤིང་རྒྱ་ཆེ་གྲངས་ལྡན་པའི། །
揚幸 嘉切 掌滇貝
龐然寬廣數量多，

ནང་དུ་ལྷ་དང་མི་སོགས་ཀྱི།
囊突 喇當 彌蒐吉
盛滿人天之珍饈：

།བཟའ་བཅའ་ལྡག་གཞིབ་ལ་སོགས་ཟས། །
薩價 達欣 喇蒐誰
食物可啖、嚼、舔、吸，

ཇ་ཆང་འོ་ཞོ་ལ་སོགས་སྐོམ།
洽羌 歐雄 喇蒐恭
茶、酒、乳及酸奶等。

།འདོད་མེད་ཡིད་བཞིན་གཏེར་དུ་གྱུར། །
則媚 宜興 德讀究
願為無盡滿願藏。

重複下面的咒語三次，加持火供供品，令它們成爲加持源，帶來滿足：

ན་མཿ་སརྦ་ཏ་ཐཱ་ག་ཏ་བྷྱོཿ་བི་ཤྭ་མུ་ཁེ་བྷྱཿ་སརྦ་ཐཱ་ཁཾ་ཨུདྒ་ཏེ་སྥ་ར་ཎ་ཨི་མཾ་ག་ག་ན་ཁཾ་སྭཱ་ཧཱ།
南瑪 薩哇 達塔嘎德彼猷 威胥哇 慕剋彼雅 薩哇踏
康 鄔嘎德 斯帕惹拿 宜芒 嘎嘎拿 康 梭哈
歸敬遍佈此界如虛空恆時現前之十方一切如來。願如是成辦！

接著如下供養亡者火供物資：

ཁ་ཟས་རོ་མཆོག་བརྒྱ་ལྡན་པའི།
卡瑟 柔秋 嘉滇貝
百道美味妙烹調，

།བཟའ་བའི་ཟས་དང་བཏུང་བའི་སྐོམ། །
薩威 瑟當 荖威恭
可食之物飲用品，

བགོ་བའི་གོས་དང་ཡོ་བྱད་རྫས།
苟威 故當 遊策澤
可穿之衣必要物，

།མི་ཟད་གཏེར་དུ་བྱིན་བརླབས་ནས། །
彌瑟 德菟 琴喇內
悉加持為無盡藏，

ཚེ་འདས་ཁྱོད་ལ་བསྔོས་པ་ཡིས།
策德 舉喇 恩巴宜
供養於我亡者友，

།དབང་པོ་དྲུག་དང་རབ་མཐུན་པའི། །
旺波 竹當 惹屯貝
願此適切汝六根，

སོ་སོའི་ལོངས་སྤྱོད་ཕུན་ཚོགས་གཏེར།
蒐蒐 隆倔 彭措德
各種享受財寶藏，

།བསྔོས་པ་ཇི་བཞིན་ཐོབ་གྱུར་ནས། །
恩巴 吉惜 透究內
迴向於汝祈受用。

འཕྲལ་དུ་དགའ་བདེའི་རོས་ཚིམ་ཞིང་།
處突 嘎德 若契行
現時心滿意歡喜，

།མཐར་ཐུག་རྣམ་དག་སར་སྤྱོད་ཤོག །
踏菟 南達 薩舉秀
究竟獲得清淨果。

在紅黃色的火焰中焚燒供品，並將飲料澆在火的四周，進行供養。接著，唸誦下面簡單的供養文：

འདོད་ཡོན་ནམ་མཁའི་མཛོད་བཞིན་དུ།
敦雲 南剋 佐行突
願妙供如虛空藏，

།ལོངས་སྤྱོད་ཆད་པ་མེད་པར་ཤོག །
龍倔 赤巴 美巴秀
廣大受用無窮盡。

ཙོད་པ་མེད་ཅིང་འཚེ་མེད་པར།
足巴 美靜 策梅巴
所有一切受供者，

།རང་དབང་དུ་ནི་སྤྱོད་པར་ཤོག །
讓旺 突倪 舉巴秀
自在受用無諍害。

重複上面的四句偈 3、7 或多遍。

此供養文的核心是大悲佛觀世音的咒語。因此，帶著對佛的虔敬和對亡者的悲心，以多次持誦咒語來進行火供。

持誦數百或數千次：

ཨོཾ་མ་ཎི་པདྨེ་ཧཱུྃ་ཧྲཱིཿ།
嗡瑪尼貝美吽(釋以)

以唸誦下面祈願文，做爲火供的結行：

ཀྱེ་མ། འཇིགས་རུང་གནས་སུ་འཁྱམས་པའི་མནར་བའི་འགྲོ།
嗟瑪 吉融 內速 洽貝 那偉週
嗟呼！遊蕩怖處之苦眾，

།རྒྱལ་སྲས་ཐུགས་རྗེ་ཅན་གྱིས་སྐྱོབ་པར་ཤོག །
嘉瑟 突傑 間吉 究巴修
祈受大悲佛子祐。

ཡེ་ཤེས་ལྔ་ལས་སེམས་དཔའི་སྐུར་སྤྲུལ་པ།
耶謝 恩磊 僧貝 固助巴
五智所化諸菩薩：

།ས་སྙིང་ནམ་མཁའི་སྙིང་པོ་སྤྱན་རས་གཟིགས། །
薩寧 南剋 寧波 見瑞汐
地藏、虛空藏、觀音，

ཕྱག་རྡོར་སྒྲིབ་པ་རྣམ་སེལ་ཐུགས་རྗེ་ཡིས།
洽投 執巴 南瑟 突傑宜
大勢至及除蓋障，

།ཚེ་འདས་དབང་པོ་སྒོ་ལྔའི་ནད་སེལ་ནས། །
策德 望波 苟恩 內瑟內
淨除亡者五根垢。

ཕུན་ཚོགས་འདོད་ཡོན་ལྔ་ལ་ལོངས་སྤྱོད་ཤོག
彭措 屯雲 恩喇 龍舉秀
令能受用五妙欲❽。

།ཐོག་མེད་དུས་ནས་བསྟེན་པའི་ཡི་དམ་ལྷ། །
透美 突內 念貝 宜唐喇
無始承侍之本尊——

འདྲེན་མཆོག་བྱང་སེམས་ལྔ་ལ་སྐྱབས་སུ་མཆི།
珍秋 強森 恩喇 嘉速契
五大菩薩我皈依，

།ཐུགས་རྗེས་ཚེ་འདས་བྱིན་གྱིས་རླབ་ཏུ་གསོལ། །
突傑 策德 琴吉 喇杜蒐
大悲加被此亡者。

འདི་ནས་ནུབ་ཀྱི་ཕྱོགས་རོལ་ན།
迪內 努吉 秋柔拿
此去西方界，

།འོད་དཔག་མེད་པའི་ཞིང་ཁམས་ཡོད། །
歐巴 梅悲 行康瑜
無量光佛土。

སུ་ཞིག་དེ་ཡི་མཚན་འཛིན་པ།
速行 德宜 岑僅巴
凡念彼佛名，

།ཞིང་མཆོག་དེ་རུ་སྐྱེ་བར་ཤོག །
行秋 德如 給哇修
願生彼淨土。

---

❽ 美妙的色、聲、香、味、觸的物件。

第五部：為亡者的開示

助手可以選擇是否要爲亡者進行下列的開示。開示時，助手應帶著大悲心，以啓發人心又充滿強烈信心的悅耳聲音，給予亡者指示。[2]如果助手覺得有任何不妥之處，可以將這部分省略。

首先，呼喚亡者的名字。
接著說三次：「你離開世間的時候已經到了。」
接著說：

「不只是你會死，所有出生的人都會死。上至有錢有勢的人，下至貧窮的乞丐，所有的人都會死。沒有人可以逃過死亡。所以，請不要悲傷。請不要執著你所愛的人或財產，因爲沒有人可以跟你走或幫助你。佛陀曾說：

如果時機到了，就連國王也會死，
他的財富和親友都無法跟他走。
無論人們去到哪裡，或是待在哪裡，
業都將如影隨形地跟著他們。」

「如果心執著於愛人或財富，那麼你可能會墮入不快樂的輪迴道。因此，請你一定要記住並隨喜自己已經遇到了佛法，就算只是聽聞到佛的名字，都會讓你的人生具有意義。如果你帶著對佛法的信心和歡喜感而死，那麼你將能避免投生惡道，而投生快樂的善道。因此，你一定要跟隨佛陀，以佛爲你的嚮導，恭敬虔誠。你一定要依賴佛法——經教和禪修，以佛法爲你的道路。你一定要迎請僧團、菩薩來援助你。」

「尤其要記得阿彌陀佛和他的極樂淨土。記住極樂淨土的平靜、喜樂、殊勝的功德，充滿如海般眾多的菩薩和信眾，例如大悲觀世音菩薩和大勢至菩薩。」

「阿彌陀佛承諾，如果你記得他的名號，能夠感覺他的現前和淨土的功德，那麼你就會獲得他的庇佑，不會受到中陰的恐怖經歷，而你投生惡道的因會被淨除。阿彌陀佛將指引你投生他的淨土。」

「現在，爲了投生極樂淨土，請跟著我一起進行破瓦法的特別修持。帶著虔敬心，觀想在你的上方出現阿彌陀佛和他的極樂淨土，如果不會觀想的話，就用你的感覺。」

「接著，觀想或思維你的心，化爲你心間的『釋以』字[3]。現在記住，你沒有粗重的身體，只有意念上的身體。當我說『呸』時[4]，請思維並相信，你化爲『釋以』字的心，向上射出你的身體而進入極樂淨土。一心專注在你的心上，飛往極樂淨土，不要回頭。」

或者，如果亡者曾經受過禪修訓練，那麼助手可以這麼引導他：

「帶著虔敬心，觀想在你的上方是阿彌陀佛和他的極樂淨土。接著，觀想你自身是金剛瑜伽女。觀想在你身體中央的中脈，它的最上端在顱穴敞開著，它的最下端在肚臍完全閉合。在跟你心間等高的中脈內，觀想一個綠色的能量球體。觀想球體的中間，是你的心所化爲的紅色的『釋以』字（或是一顆紅色的小球）。接著，在你的頭上，觀想在殊勝的極樂淨土中央的阿彌陀佛。[5]

接下來，帶著強烈的虔敬心和歡喜心，請跟著我一起向佛和菩薩們祈請。在祈請文的結尾，當聽見我喊『呸』時，請思維並相信，你的心識帶著能量的衝勁向上射出，穿過你的顱穴，融入在極樂淨土中阿彌陀佛的心中。」[6]

此開示可以在破瓦法開始前進行。

爲高度證悟的亡者的指引文或引介，助手應該參考其他資料。[7]

第六部：破瓦法的禪修和祈請：遷移心識到極樂淨土

破瓦法是一項帶著虔敬祈請的禪修性修持，它能夠將亡者的心識遷移，並且與阿彌陀佛的證悟之心相融合。透過這樣的修持，我們得以往生極樂淨土。我們任何時候修持破瓦法，都會非常有力與有益，尤其在爲亡者或在中陰的眾生而修持時，更是如此。死亡之時，在心識離開身體後，我們就會變成無意識。當我們重新恢復意識時，我們便已在身體之外，完全被自己的心理習氣所牽引，遊蕩於中陰，而不知道自己最後的去處。這時，如果我們能夠修持破瓦法，它便可能帶領我們前往極樂淨土，在那裡快樂地投生，幾乎不需要經歷中陰的遊蕩。

我們仍然健康地活著時，就應該練習破瓦法，在我們還有意識時，便讓我們的心做好準備，而當眞正遷識的時間來臨時，我們便已就緒。當我們愈接近死亡時，我們應該愈專注在破瓦法的修持，這可以是自己進行修持，或是由他人爲我們修持。當我們的心識離開身體後，理想的做法便是將它導向我們熟悉的淨土。

臨終時，修持破瓦法不會縮短我們的壽命，反而會因爲修法的功德和佛的加持而延長壽命，強化我們的平靜和喜樂。最重要的是，這項修持總能幫助我們建立對佛和佛淨土的信心，爲更好的死亡和來世做準備；而死亡，無論老少，任何時間都可能來臨。

如果我們是爲自己修持破瓦法，藉由對阿彌陀佛的虔敬心的力量，我們將自心射入佛的心，並與之合而爲一。當下確信自己的心和佛的智慧之心融合爲一，完全安住在沒有念頭的覺知狀態。而此覺知取決於我們自身的禪修經驗，它可以是大圓滿的心的證悟本質、密續的大樂與空性的雙融，或是中觀之道免於念頭的自由。這樣的覺證可以幫助我們獲得佛果或投生淨土。

爲還活著的人修持破瓦法，非常有助於他們與淨土建立起一個眞正的連結。就算在亡者往生數週後，我們也可以爲亡者修破瓦法，因爲亡者的心識沒有了身體，可能還在漫無目的地遊蕩，那麼我們就可以將它導往淨土。就算亡者已經投胎，修破瓦法至少可以爲他做功德。

根據某些經文，如果由助手爲臨終者修持破瓦法，有一件事情修法者便要特別注意：如果臨終者還年輕、還有求生的欲望，那麼就要等到他的脈搏停止後才進行，因爲許多人認爲，破瓦法只是爲臨終者或亡者所做的修持，所以修破瓦法可能會驚嚇到臨終者，或招致臨終者的怨恨。但如果臨終者年事已高，病得很嚴重，而且能夠接受這樣的修法的話，那麼甚至在脈搏未停之前，我們都可以爲他修破瓦法[8]，因爲他們通常能夠接受並感激這樣的修法。但無論如何，我們應該在任何時候，都把破瓦法當作一項訓練來修持；還有如果我們修法的對象能夠接受它的話，我們就可以修持破瓦法，因爲替任何人修破瓦法——包括年輕和健康的人都是好的。

爲了能夠有效地爲他人修持破瓦法，阿底峽尊者和密勒日巴尊者都同意，[9] 修法者必須已達到「見道」（梵文：darshanamarga）的程度；而「見道」是對究竟眞諦的了悟，爲「五道」（資糧道、加行道、見道、修道、無修道（或佛果））中的第三道。我們當中多數人可能都沒有這樣的證悟。但一般而言，如果禪修者具備對無量光佛的虔敬、對臨終者有悲心，並且事先受過此法的完備訓練的話，也就被認爲是可以修持破瓦法了。

禪修

以平靜且專注的心，帶著對佛的全然信任進入破瓦法的禪修。進行破瓦法的禪修時，要帶著清淨的感知或意象、清淨的言語或祈請，以及對無量光佛的強烈虔敬的清淨感受，還有對一切如母眾生的強烈悲心，尤其是對亡者的悲心。[10]

首先，將我們修破瓦法的對象，觀想爲金剛瑜伽女的神聖形相。這有助於轉化我們將他人視爲、或感覺爲不淨、污穢和迷惑的通常感知。金剛瑜伽女是具有女性形相的智慧本尊，代表空性。她紅色的體色代表她熱切的力量，站立的姿勢代表她隨時準備承侍所有人，而她裸露的身體代表無畏，她所穿戴的珠寶首飾代表富裕和豐饒。她的右手高舉著鉞刀，代表從根斷除我執的本初智慧，她的左手拿著盛滿甘露的顱器，代表大樂。帶著全然虔敬的能量，她的三隻眼睛向上凝視空中的阿彌陀佛。

觀想金剛瑜伽女體內的中脈，它是筆直、中空、清明、通透、藍色的光道。它的尾端在與她肚臍等高的位置閉合，上端在顱穴敞開。她身體所有其他穴門則是完全封閉。在她心間的中脈內，受到一個橫隔物的（節）阻蔽（猶如竹子中間受到竹節的阻隔），以避免心識的能量球往下走。在這個節上，觀想有一個振動的淡綠色的能量球體，球體的中央是我們（或亡者）化爲紅色「釋以」字（如果不熟悉「釋以」字的人，可以將它觀想爲一個紅色的小光球）的心識，而這個心識顫動著，乘虔敬之勢——對阿彌陀佛的虔敬，準備向上射出。

某些傳統會教導在禪修中，觀想亡者遺體的十個穴門中的九個被紅色的釋以字封上。這九個穴門爲肛門、生殖器、口、兩個鼻孔、兩個耳朵與兩個眼睛。頭頂的顱穴則完全打開，它是心識射出身體與佛心相融的出口。

同時，助手或修法者應該坐在臨終者或亡者頭部的後方。不可以將宗教的物件放在靠近他的下半身，或腳朝向的位置。消融的過程一旦開始，就不要再碰觸臨終者的下半身。臨終者所愛的人不可以坐在靠近他的腳或下半身的地方，否則可能會將臨終者的注意力往下引，而導致惡道的投生。

觀想我們正坐在極樂淨土當中。它是具有山巒、大地、花朵、庭園、小溪、河川、樹林和果實的美麗世界，而這一切都是由光所形成。在絕對的平靜和喜樂中，具有明亮光體的仙人在空中飛翔遊走。空中充滿了令人舒坦的開示聲和法音。一切的景象都沉浸在究竟的平靜和喜樂的氛圍中。一次又一次地觀想、思維並感受極樂淨土如此的功德特質，好比它就在我們的眼前。

接著，在上方的天空，觀想處在光雲當中的阿彌陀佛。他紅色光的身體具有莊嚴的相好徵兆。他持禪修的姿勢，身上穿著簡單無垢的苦行僧袍，結禪定印的雙手中，捧著一個盛滿甘露的缽。他身體散射出的光芒，照亮眾多的世界和淨土，爲每個受到照耀的眾生，帶來絕對的平靜和喜樂。他年輕的臉龐綻放著喜樂的微笑，慈悲和智慧的雙眼堅定地凝視著我們。

阿彌陀佛以無條件慈愛看護我們每一個人，一如母親看護獨子的完全慈心，我們應該藉由這樣的思維，來培養對佛的虔誠信仰。他遍知的智慧能夠同時徹見一切，他無際遍在的力量，平息世界一切的苦難，帶給所有眾生平靜和喜樂。他將帶領每個以信心向他祈請的人，前往他的淨土，他即是發此宏願的佛。

他是一切證悟者的體現。他是全宇宙的清淨的本質和證悟的功德的展現。他是我們自身證悟的功德特質、我們本具的眞正本質——佛性的反射。只要經過他身體的光芒的照拂，他便能清淨一切眾生所有的恐懼、迷惑、痛苦、悲傷和惡業。

同時觀想阿彌陀佛的身邊，圍繞著大悲觀世音菩薩、大勢至菩薩以及無窮多的證悟者，他們具有各種的樣貌、衣著、姿勢和事業，他們全部都看著我們，帶著慈愛、智慧和力量。

感受這些無數的證悟者現前的溫暖，他們都慈愛地看著我們、想著我們。在阿彌陀佛的願力和所有證悟者的加持下，感覺我們的投生極樂淨土是絕對的必然。感覺在無數證悟者強勢的力量的完全保護下，我們不會有任何的恐懼。認識到在證悟者的面前，我們絕對安全。體驗到在佛的面前，我們的一切所需，都得到完全的滿足。恰美仁波切說：「在臨終的關鍵，感受到信心和喜樂而不是恐懼和迷惑，這非常重要。」[11]

如果我們能夠看待阿彌陀佛具有這樣的功德，那麼我們心便會打開，並轉化為同樣的功德。這即是此訓練最重要的目的。

我們也可以思維並相信，阿彌陀佛與自己的上師無二無別。通常，在我們的生命當中，上師是我們獲得覺醒、強化我們修行的證悟和經驗的主要關鍵。如果這即是我們的情況，那麼這種熟悉的正面記憶，無論是內在或是外在的，便會是我們抵達淨土的有效媒介。

我希望強調的是，為了替他人修持破瓦法，我們自己在對佛的虔敬心的禪修上，必須具有良好、紮實的經驗。一般而言，那些藉由專注力而開發出心理能量的人，即使沒有或只有一點禪修淨土的經驗，也能夠射出自己或是他人的心識，但卻無法將心識遷往淨土。但是如果是那些藉由禪修經驗，而與阿彌陀佛和極樂淨土建立關係的人，便能夠將心識遷往實際的淨土。所以，非常重要的是，我們應該以專注的心和虔敬心，一次又一次地觀想佛及淨土、積聚功德，並且帶著菩提心發願，建立與佛及淨土的禪修關係。

祈願文

首先，以梵文唸誦下面的咒語，將一切的二元感知化為空：

ཨོཾ་མ་ཧཱ་ཤཱུ་ནྱ་ཏཱ་ཛྙཱ་ན་བཛྲ་སྭ་བྷཱ་ཝ་ཨཱཏྨ་ཀོ྅ཧཾ༔
嗡 瑪哈 孫雅塔 紮那那 班紮 薩巴哇 阿瑪恭 杭
嗡！我自身具有大空性和智慧的不壞本質。

接著，觀想臨終者或亡者為女性本尊金剛瑜伽女，並唸誦下面祈請文：

ཨཿ རང་སྣང་ལྷུན་གྲུབ་དག་པ་རབ་འབྱམས་ཞིང༔
阿 讓囊 倫珠 達巴 熱蔣行
阿！自現本來無邊清淨剎，

བཀོད་པ་རབ་རྫོགས་བདེ་བ་ཅན་གྱི་དབུས༔
荷巴 熱奏 德哇 見吉郁
圓滿莊嚴樂土之中央，

ཚེ་འདས་གཞི་ལུས་རྡོ་རྗེ་རྣལ་འབྱོར་མ༔
策德 惜律 多傑 那究瑪
亡者化為金剛瑜伽女❾，

ཞལ་གཅིག་ཕྱག་གཉིས་དམར་གསལ་གྲི་ཐོད་འཛིན༔
霞吉 恰倪 瑪薩 執透景
一面二臂紅亮持刀顱❿，

ཞབས་གཉིས་ངར་སྟབས་སྤྱན་གསུམ་ནམ་མཁར་གཟིགས༔
霞倪 投大 見孫 南卡息
雙足舞姿三眼視虛空。

དེ་ཡི་ཁོང་དབུས་རྩ་དབུ་མ༔
德宜 控玉 紥悟瑪
體內中央之中脈，

སྦོམ་ཕྲ་མདའ་སྨྱུག་ཙམ་པ་ལ༔
蹦岔 達努 臧巴喇
粗細猶如竹箭桿，

སྟོང་སེ་སངས་འོད་ཀྱི་སྦུ་གུ་ཅན༔
東薩 歐吉 哺窟見
清淨通透具光亮，

ཡར་སྣ་ཚངས་བུག་གནས་སུ་ཧར༔
雅拿 蒼菩 內速哈
上端啟始於梵穴⓫，

མར་སྣ་ལྟེ་འོག་ཟུག་པ་ལ༔
瑪拿 德歐 淑巴喇
下端閉合在臍間。

སྙིང་གར་ཚིགས་ཀྱིས་བཅད་པའི་སྟེང༔
寧卡 契吉 見貝殿
心間阻隔之節上⓬，

རླུང་གི་ཐིག་ལེ་ལྗང་སྐྱའི་དབུས༔
隆吉 惕磊 蔣給玉
淡綠氣團之中央，

---

❾ 如果是為自己修持的，這句話應該念成：讓倪 傑尊 多傑 那究瑪(自身化為金剛瑜伽女)。如果是為他人而修持，並且對方還活著的話，這句話應該念成：彌瑜 惜陸 多傑 那究瑪((我所專注之)對象化為金剛瑜伽女)。下面偈文中的代名詞也會有類似的更動，取決於我們是為自己，還是為他人而修法。

❿ 中譯註：刀顱為鉞刀和顱器。

⓫ 中譯註：梵穴或稱、頂輪。

⓬ 中譯註：「心間」指的是位於中脈內與心臟等高的位置，「阻隔之節」意思是在這個位置觀想有一個橫隔物，猶如竹子中間的竹節，將中脈從心間阻隔起來，避免心識往下走，從下半身的門戶離開。

རིག་པ་ཧྲཱིཿཡིག་དམར་པོར་གསལ༔
日巴 釋以宜 瑪波薩
明觀自心為紅「釋以」。[12]

སྤྱི་བོ་ཁྲུ་གང་ཙམ་གྱི་སྟེང༔
錦波 處康 紮吉殿
頭頂上方一肘高⓭，

སངས་རྒྱས་སྣང་བ་མཐའ་ཡས་ནི༔
桑傑 囊哇 泰耶倪
觀想無量光佛尊，

མཚན་དཔེ་རྫོགས་པའི་ཕུང་པོར་གསལ༔
岑貝 奏貝 彭波薩
上妙相好圓滿身，

མོས་གུས་དྲག་པོས་གསོལ་བ་འདེབས༔
慕故 札波 蒐哇德
虔心猛烈而祈請。

唸誦佛與菩薩名號

接著，帶著對一切如母有情眾生——尤其是對亡者的悲心的力量，以及對無量光佛全然虔敬的能量，藉由最優美的曲調，以藏文或梵文唱誦下面的名號祈請文。重複 7、21 或多次。

藏文：

བཅོམ་ལྡན་འདས་དེ་བཞིན་གཤེགས་པ་དགྲ་བཅོམ་པ་ཡང་དག་པར་རྫོགས་པའི་སངས་རྒྱས་མགོན་པོ་འོད་དཔག་ཏུ་མེད་པ་ལ་ཕྱག་འཚལ་ལོ་མཆོད་དོ་སྐྱབས་སུ་མཆིའོ། །
炯滇德　德欣謝巴 札炯巴 揚達巴 卓貝 桑傑 袞波 歐巴度美巴 喇恰擦洛 確兜 嘉蘇 契歐

梵文：

Namo bhagavate tathagataya-arhate samyak-sambuddhaya
natha-amitabhaya pujayami sharanam gacchami.
南摩 巴嘎瓦特 達薩嘎達雅 阿哈特 三雅 三菩達雅 拿達 阿彌達巴雅 菩嘉雅彌 峽惹南 嘎恰彌

⓭ 中譯註：一肘的高度約 2 英呎或 60 公分。

中譯：

世尊、善逝、應供、正等覺怙主無量光，我頂禮、供養及皈依。

接著，以藏文或梵文唸誦觀世音菩薩的名號。重複唸誦 3、7 或多遍。

藏文：

བྱང་ཆུབ་སེམས་དཔའ་སེམས་དཔའ་ཆེན་པོ་སྙིང་རྗེ་ཆེན་པོ་དང་ལྡན་པ་འཕགས་པ་སྤྱན་རས་གཟིགས་དབང་ཕྱུག་ལ་
ཕྱག་འཚལ་ལོ་མཆོད་དོ་སྐྱབས་སུ་མཆིའོ། །
強秋 森巴 森巴 千波 寧潔 千波 當 滇巴 恰巴 見瑞夕 望秋 喇 恰擦洛
確透 嘉速契歐

梵文：

Namo bodhisattva-mahasattva-mahakarunika aryaavalokiteshvaraya
pujayami sharanam-gacchami.
南摩 菩提薩瓦 摩訶薩瓦 摩訶卡如尼卡 阿雅阿瓦洛契德旭瓦惹雅
菩嘉雅彌 莎讓南 嘎恰彌

中譯：

大菩薩、大悲者、聖觀世音菩薩，我頂禮、供養及皈依。

然後，以藏文或梵文唸誦大勢至菩薩的名號。重複唸誦 3、7 或多遍。

藏文：

བྱང་ཆུབ་སེམས་དཔའ་སེམས་དཔའ་ཆེན་པོ་འཕགས་པ་མཐུ་ཆེན་ཐོབ་ལ་ཕྱག་འཚལ་ལོ་མཆོད་དོ་སྐྱབས་སུ་མཆིའོ། །
強秋 森巴 森巴千波 恰巴 突千透 喇 恰擦洛 確透 嘉速契歐

梵文：

Namo bodhisattva-mahasatvaya arya-mahasthamapraptaya
pujayami sharanam gacchami.
南摩 菩提薩瓦 摩訶薩瓦雅 阿雅 摩訶斯薩瑪普他雅
菩嘉雅彌 峽惹南 嘎恰彌

中譯：

大菩薩、聖大勢至菩薩，我頂禮、供養及皈依。

破瓦法的正行

以虔敬心的力量進行下面的修持，我們視阿彌陀佛與自己的根本上師無二無別，並且將自心與他的證悟之心相融。佛的證悟之心是自生的狀態和絕對無上的淨土，它也是法身的無上狀態。如果我們是高證量的禪修者，藉由與佛的證悟之心——宇宙眞理相融，我們便能成佛。如果我們只是一介平凡的禪修者，我們這麼做雖然不會證悟佛果，但是透過如此虔敬的祈願和相融的禪修，藉由佛的願力和自己的虔敬，我們必定或至少有可能往生極樂淨土。這類的禪修也可能幫助我們將心與佛短暫地相融，就算我們沒有持守此狀態的能力，但它讓我們在死亡的過程中（如第三章「究竟本質」中提到的），體驗到些許證悟的乍現；就算只有對佛心——又稱佛性或心之證悟本質的一瞥，這都會是功德的偉大來源，並且是我們投生極樂淨土的有力因素。

ཨེ་མ་ཧོ། གནས་རང་སྣང་དོན་གྱི་འོག་མིན་ན༔
嗳瑪霍 內 讓囊 屯吉 奧明拿
妙哉！自生究竟無上密嚴剎，

ཡིད་དད་བཀྱུའི་འཛའ་གུར་འཁྲིགས་པའི་ཀློང༔
宜 德嘉 佳固 赤貝 隆
全然虔信彩虹籠罩中，

སྐྱབས་ཀུན་འདུས་རྩ་བའི་བླ་མ་ནི༔
嘉 袞讀 紮威 喇嘛倪
皈處總集根本上師現，

སྐུ་ཐ་མལ་མ་ཡིན་དྭངས་མའི་ལུས༔
固 踏瑪 瑪吟 當梅律
身非凡夫而為明淨軀，

དཔལ་སངས་རྒྱས་སྣང་མཐའི་ངོ་བོར་བཞུགས༔
巴 桑傑 南特 歐沃 休
無量光佛明淨本體住。

ཡིད་མོས་གུས་གདུང་བས་གསོལ་བ་འདེབས༔
宜 慕故 東偉 蒐哇 德
我以猛烈虔敬心祈請：

ལམ་འཕོ་བ་འབྱོངས་པར་བྱིན་གྱིས་རློབས༔
朗 破瓦 炯哇 秦吉 洛
加持成就遷識破瓦道，

གནས་འོག་མིན་བགྲོད་པར་བྱིན་གྱིས་རློབས༔
內 奧明 宙巴 秦吉 洛
加持趨入無上密嚴剎，

དབྱིངས་ཆོས་སྐུའི་རྒྱལ་ས་ཟིན་པར་ཤོག༔
映 確固 嘉薩 行巴秀
願能獲得無上法界身⓮。[13]

重複唸誦上面的 9 句經文 3 或更多遍。最後，重複最後一句經文 3 遍。

之後，如我們之前觀想過的，專注地觀想亡者的心識化為釋以字，並且輕聲地唸 5 遍「釋以」。

接著，虔敬並專注一心地大喊「呸」！重複唸 5 遍⓯。我們在大喊「呸」時，觀想、感受並相信亡者的心識——包在綠色能量球的紅色釋以字，藉著虔敬和綠色能量球的力量，經中脈向上射出，從亡者的顱穴出來，進入阿彌陀佛身體中央的證悟之心，猶如水融入水一般，這樣重複 5 遍⓰。唸完最後一遍後，我們感受並相信，亡者的心識已經與阿彌陀佛完全證悟的心合而為一。安住在這樣的經驗中一段時間，一心專注。

根據教法，為臨終者修持破瓦法的最好的時機，是對方的呼吸和脈搏剛停止時，因為這時對方的生命力才終結，還未陷入下一生的任何幻網中，我們藉由修法的力量，可以將他的心識遷往淨土。就算破瓦法沒有讓亡者往生淨土，並且在這期間，亡者被拉進痛苦的經驗中，但修法的功德效應仍然會跟著他，當因緣具足時效果便會成熟。

我們也可以透過自心和上師的心的雙融，做為破瓦法的修持。死亡之時，觀想自心為紅色的「釋以」字或白色的「阿」字，藉由能量（風）的力量，我們的心識向上射出身體，而融入坐在我們頭頂上方虛空中根本上師的心間。然後，上師向上愈昇愈高，最終抵達極樂淨土。最後，安住在自心與上師的心無二無別的狀態中。

策雷寫道：「認出你自身無瑕本具的覺性，不落虛妄之道，恪遵法教，將 [自心或亡者的心] 融入法界。這即是破瓦法。」[14]

⓮ 究竟的平靜和空性。

⓯ 在喊「呸！」時，我們可以禪修心識融入阿彌陀佛的化身、報身、法身、不變身、圓滿證悟身。有些人喊的是「嘻！」，而不是「呸！」。

⓰ 中譯註：每次喊「呸！」時，都要配合心識向上射出的觀想。每次的唸誦都要緩慢、柔和，帶著慈心和敬意。

因此，邁向更好的來世的破瓦之道，並不局限於一種方法。[15]

第七部：祈請並禪修無量壽佛

如果我們以破瓦法做為自己的修持，而不是進行度亡法事的話，那麼在修法的最後，我們可以選擇是否要進行無量壽佛的修持：為了獲得長壽，我們可以祈請並禪修無量壽佛。

首先，將我們一直在觀想的無量光佛，化為一個光球。接著，這個光球融入我們，而我們瞬間變成無量壽佛。無量壽佛的體色為亮紅色，以禪修的姿勢坐在蓮花月輪上。他具有報身佛的形相，穿戴著頂冠、絲質的衣服和珠寶飾品。他結禪定印的雙手中，拿著盛滿長壽甘露的寶瓶。

དེ་ཚེ་འོད་དཔག་མེད་པའི་སྐུ།
德策 歐巴 梅貝固
此時無量光佛身，

།འོད་དུ་ཞུ་ནས་རང་ལ་ཐིམ། །
歐突 休內 讓喇庭
化光融入我自身，

རྐྱེན་དེས་སྐད་ཅིག་དྲན་རྫོགས་སུ།
堅德 給吉 珍奏速
因而自身剎那間，

།རང་ཡང་ཚེ་དཔག་མེད་དུ་གྱུར། །
讓揚 策巴 美突究
化為無量壽佛身。

接著，帶著虔敬心唸誦下列的咒語，祈請無量壽佛的證悟加持和長壽加持。重複唸誦 21、100 或更多次。

藏文式的梵文咒語：
ཨོཾ་ཨ་མ་ར་ཎི་ཛཱི་ཝན་ཏི་ཡེ་སྭཱ་ཧཱ།
嗡 阿瑪熱倪 瑾萬達耶 梭哈

梵文咒語：
Om amarani-jivantaye svaha
嗡 阿瑪熱倪 瑾萬達耶 梭哈

中譯：
嗡！無量壽。願如是成辦。

火化肖像或遺體

如果是使用肖像爲亡者修持破瓦法的話，這時我們可以火化肖像，並可以選擇是否要使用下列的儀軌。這裡再度提醒自己，我們從修法的一開始，便將自己觀想爲觀世音菩薩。在我們拿起火把準備火化肖像時，可以唸誦下面的偈文。記住，我們是觀世音菩薩，以本初清淨和自發遍在的智慧力量之火，進行亡者肖像的火化。我們以禪修力將亡者的生理、心理和情緒的積業，完全清淨爲本初的純淨，絲毫不留。

ཧཱུྃ། ཀ་དག་སྤྲོས་བྲལ་མེ་ཐབ་ཏུ།
吽 嘎達 宙札 梅透渡
吽！本淨無作⑰之爐中，

།རང་བྱུང་ཡེ་ཤེས་མེ་སྦར་བས། །
讓炯 耶謝 美巴悲
燃起自生智慧火，

མཚན་མའི་རྣམ་རྟོག་བུད་ཤིང་ཀུན།
岑梅 南兜 普欣袞
分別念想為燃料，

།ལྷག་མེད་མཛོད་ཅིག་ཛྭ་ལ་རཾ། །
臘梅 奏吉 紮喇嚷
烈火焚盡無一餘。嚷！

ཉོན་མོངས་ཡེ་ཤེས་མེ་ལ་བསྲེགས།
紐孟 耶謝 美喇瑟
本淨慧火燒煩惱，

།བདག་གཉིས་བདག་མེད་དབྱིངས་སུ་བསྲེགས། །
達倪 達美 映速瑟
二我⑱焚為無我界，

ཀུན་གཞི་མ་རིག་གཉིས་དང་བཅས།
袞惜 瑪瑞 倪當界
具二無明⑲之遍基，

།གཞོན་ནུ་བུམ་སྐུའི་ཀློང་དུ་བསྲེགས། །
循努 朋古 龍突瑟
焚為童子瓶身界⑳，

---

⑰ 中譯註：本淨無作指的是無始以來就清淨，免於念想的造作。

⑱ 中譯註：二我指的是人我和法我。人我是將自我認為是真實的存在，法我則是將外在的現象視為真實的存在。

⑲ 中譯註：二無明為具生無明和分別無明。俱生無明為生來就有的無明；分別無明是因為分別、安立而產生的無明。

⑳ 中譯註：童子瓶身為大圓滿教法中常見的譬喻：青春年少的童子身在瓶子內，用來代表法身，意思是它具足一切功德，但是從外在不可見；童子身代表清淨殊勝的功德，不受輪迴的染污，無生無死。

འཁོར་བར་ལྡོག་མེད་རྒྱ་ཡིས་གདབ། །གདོད་མའི་གྲོལ་གཞི་མངོན་གྱུར་ནས། །
蔻哇 董美 嘉宜達 突瑪 卓惜 恩究內
閉塞輪迴令不返， 願汝證自解脫基，

མཐའ་ཡས་འགྲོ་དོན་ཡོངས་འགྲུབ་ཤོག །
泰耶 卓屯 永竹修
圓滿成就眾生利。

在焚燒肖像時，持續唸誦「嗡瑪尼貝美吽」、百字明咒，以及其他淨障的咒語和願文。之後，以加持水或我們有的一些加持品，灑在灰燼上。最後，安住於無思維的狀態中。之後，將焚燒肖像的灰燼棄置在一個乾淨、清爽的地方——可以是在土地、河流或海中。

如果火化的是實際的遺體，重要的是要修持詳細的火化儀軌。但是如果不可能做到詳細的修法，使用這個簡單的修法也可以，只要我們曾經受過灌頂、口傳和修法的指示，並且接受過密宗的訓練。

第八部：迴向和發願

迴向和發願文

འཇམ་དཔལ་དཔའ་བོས་ཇི་ལྟར་མཁྱེན་པ་དང་། །ཀུན་ཏུ་བཟང་པོ་དེ་ཡང་དེ་བཞིན་ཏེ། །
蔣巴 巴沃 吉大 千巴 當 袞度 桑波 德揚 德辛德
文殊師利勇猛智， 普賢慧行亦復然，

དེ་དག་ཀུན་གྱི་རྗེས་སུ་བདག་སློབ་ཕྱིར། །དགེ་བ་འདི་དག་ཐམས་ཅད་རབ་ཏུ་བསྔོ། །
德達 袞吉 傑速 達洛契 給瓦 笛達 湯界 惹度歐
我今迴向諸善根， 隨彼一切常修學。

དུས་གསུམ་གཤེགས་པའི་རྒྱལ་བ་ཐམས་ཅད་ཀྱིས། །བསྔོ་བ་གང་ལ་མཆོག་ཏུ་བསྔགས་པ་དེས། །
突舜 謝悲 嘉華 湯界 吉 歐瓦 康喇 秋度 安巴 德
三世諸佛所稱歎， 如是最勝諸大願。

བདག་གི་དགེ་བའི་རྩ་བ་འདི་ཀུན་ཀྱང་།
達吉 給偉 札瓦 笛袞蔣
我今迴向諸善根，

།བཟང་པོ་སྤྱོད་ཕྱིར་རབ་ཏུ་བསྔོ་བར་བགྱི། །
桑波 居契 惹杜 歐瓦 吉
為得普賢殊勝行。

བདག་ནི་འཆི་བའི་དུས་བྱེད་གྱུར་པ་ན།
達尼 契偉 讀切 究巴拿
願我離欲命終時㉑，

།སྒྲིབ་པ་ཐམས་ཅད་དག་ནི་ཕྱིར་བསལ་ཏེ། །
吉巴 湯界 達尼 契薩德
盡除一切諸障礙，

མངོན་སུམ་སྣང་བ་མཐའ་ཡས་དེ་མཐོང་ནས།
溫舜 南瓦 泰耶 德通內
面見彼佛阿彌陀，

།བདེ་བ་ཅན་གྱི་ཞིང་དེར་རབ་ཏུ་འགྲོ །
德瓦 見吉 欣德 惹度卓
即得往生安樂剎。

དེར་སོང་ནས་ནི་སྨོན་ལམ་འདི་དག་ཀྱང་།
德松 內尼 孟蘭 笛達蔣
我既往生彼國已，

།ཐམས་ཅད་མ་ལུས་མངོན་དུ་འགྱུར་བར་ཤོག །
湯界 瑪律 溫杜 究瓦 修
現前成就此大願，

དེ་དག་མ་ལུས་བདག་གིས་ཡོངས་སུ་བཀང་།
德達 瑪律 達吉 永速 剛
一切圓滿盡無餘，

།འཇིག་རྟེན་ཇི་སྲིད་སེམས་ཅན་ཕན་པར་བགྱི། །
吉巔 吉夕 森間 潘巴 吉
利樂一切眾生界。

རྒྱལ་བའི་དཀྱིལ་འཁོར་བཟང་ཞིང་དགའ་བ་དེར།
嘉威 吉蔻 桑欣 嘎瓦德
彼佛眾會咸清淨，

།པདྨོ་དམ་པ་ཤིན་ཏུ་མཛེས་ལས་སྐྱེས། །
貝摩 唐巴 新杜 則雷 界
我時於勝蓮華生，

སྣང་བ་མཐའ་ཡས་རྒྱལ་བས་མངོན་སུམ་དུ།
南瓦 泰耶 嘉偉 溫順突
親睹如來無量光，

།ལུང་སྟོན་པ་ཡང་བདག་གིས་དེར་ཐོབ་ཤོག །
龍滇 巴揚 達吉 德透秀
現前授我菩提記。

㉑ 這裡的文句使用的是第一人稱「我」和「我的」。如果是為其他人祈願，例如為臨終者或亡者而祈願的話，我們可以將它改為第三人稱的「他」和「他的」或是「亡者」和「亡者的」，以此類推。

དེར་ནི་བདག་གིས་ལུང་བསྟན་རབ་ཐོབ་ནས།
德尼 達吉 龍滇 惹透 內
蒙彼如來授記已，

།སྤྲུལ་པ་མང་པོ་བྱེ་བ་ཕྲག་བརྒྱ་ཡིས། །
竹巴 芒波 切瓦 察嘉 宜
化身無數百俱胝，

བློ་ཡི་སྟོབས་ཀྱིས་ཕྱོགས་བཅུ་རྣམས་སུ་ཡང་།
洛宜 兜吉 秋究 南速揚
智力廣大遍十方，

།སེམས་ཅན་རྣམས་ལ་ཕན་པ་མང་པོ་བགྱི། །
森間 南喇 潘巴 芒波 吉
普利一切眾生界。[16]

སངས་རྒྱས་སྐུ་གསུམ་བརྙེས་པའི་བྱིན་རླབས་དང་།
桑傑 固速 涅貝 錦拉當
諸佛三身成就之加持，

།ཆོས་ཉིད་མི་འགྱུར་བདེན་པའི་བྱིན་རླབས་དང་། །
確曙 米究 滇貝 錦拉當
法性不變實諦之加持，

དགེ་འདུན་མི་ཕྱེད་འདུན་པའི་བྱིན་རླབས་ཀྱིས།
給敦 彌切 敦貝 錦拉當
僧眾堅固意樂之加持，

།ཇི་ལྟར་བསྔོ་བ་སྨོན་ལམ་འགྲུབ་པར་ཤོག །
吉大 歐瓦 孟蘭 竹巴修
如上發願迴向祈圓成。

附註

在這些附註中，引用的參考資料由英文縮寫來代表，而其英文全名則列於書後的參考文獻。例如 TRD 代表的全名是「Tshig Don Rin Po Ch'e'i mDzod」。

如果引用的是傳統的藏文經卷，標題的英文縮寫後面是經卷的頁號，經卷的正面或反面則分別由字母 a 或 b 表示，之後是所引用資料的行數。例如：「TRD 186b/5」。

引言

1. GRP 76/12。
2. 見 TRD 186b/5–227a/6。
3. DM 9a/6 清楚指出：在其他的教法中，「基光明的生起」包括在死亡的過程中，但大圓滿的教法卻認爲它是發生在究竟本質的中陰時。
4. 見索甲仁波切(Sogyal Rinpoche)所著的《西藏生死書》(The Tibetan Book of Living and Dying) (TBD)的 319頁(英文版)。
5. 見 DDM 267b/4。
6. BP 32b/1。
7. 《紐約時報》，2004 年 8 月 25 日，〈改變對死亡的觀念的古樂—羅斯博士享年 78 歲〉(Dr. Kübler-Ross，Who Changed Perspectives on Death，Dies at 78)。

第一章　人生：我們的黃金時日

1. BP 2b/3。中譯註：如石法師譯文
2. GR 88a/2。
3. CT 209b/6。
4. CT 242a/2。
5. 《底特律時報》(Detroit News)，2002年4月16日容・法蘭奇(Ron French)，〈三億兩千五百萬：樂透還是倒楣透？〉($325 Million: Big Win，Big Problems?)。
6. BP 55a/2。中譯註：如石法師譯文：「夢受百年樂，彼人復甦醒；或受須臾樂，夢已此人覺；覺已此二人，夢樂皆不還。壽雖有長短，臨終唯如是！」
7. KBZ 82/3。
8. KBZ 85/7。

9. 見索甲仁波切所著的《西藏生死書》(TBD) 的82–101頁(英文版)。
10.《佛陀的啓示》(What the Buddha Taught) (WBT)， 第 32 頁。
11. KBZ 189/4 此四行出自佛教《佛說勝軍王所問經》(Sutra Taught to the King) (藏文：rGyal Po La gDams Pa) (梵文：Rajavavadaka Sutra)。
12. 見 TG 102/8。
13. 見 NK 58/13， 77/2。
14. KJ 242/5。藏文：Sems kyis bsam zhing lus ngag gis 'jug pa'i phyir sems pa yid kyi las dang/ des bskyed pa ngag gi las gnyis su yang dbyeo/。
15. TG 275/15。
16. CND 31/16 (mCh'an 'grel 88b/2，5)：「什麼是動機的業呢？動機(藏文：Sems Pa)設定心的業，而業可以是善、惡和無記性(中性)。什麼是念頭(藏文：bSam pa)的業呢？它是身、語、意的善業或惡業。」中譯註：這裡同樣可以是善業、惡業和無記性的業。而原經文：「思即是意業，彼起身語業。」
17. KJ 258/3。
18. LC 519/14。
19. GRP 76/3。
20. GRP 76/4。
21. KJ 242/3。
22. SC，vol. I，80a/1:「業的立基和貯存之處在哪裡？…一切輪迴和涅槃的業，都是以業種的形式儲存在遍基中。」
23. LS 203a/3。
24. LC 122b/6。
25. 藏文：chiwa， 一隻老鼠。
26. LG，vol. Ha，16a/3。中譯註：《大寶積經》卷 57：「假使經百劫，所作業不亡，因緣會遇時，果報還自受。」
27. CT 237a/3 and LC 104a/5。
28. TG 87/4。
29. PK 62b/3。
30. CND 31/15。
31.《佛陀的啓示》(WBT)，17。
32. 見 EJ 143。
33. GR 88a/2。
34. TZ 52/12。
35. KR 355/1。
36. 例如見 DM 29a/1：「如果你能夠在如深沉的睡眠中等，持守對光明本質的了悟的話，那麼便不難在此［究竟本質］階段持守基光明。」

37. DM 41a/1。
38. GG 1a/6。
39. NM 590/2。
40. 這可以是任何其他的佛與淨土，例如度母和她的淨土。見 CP 1a/3。

第二章　臨終：人生的關鍵時刻

1. DM 7a/5。
2. 這是常見的解釋。但根據 TRD 224b/1，GG 1b/5，消融是以五元素的許多層面來解釋(例如五元素中每一個元素，都可分爲外、內、祕密、圓滿的特質)，而元素的每個層面會融入自己的其他層面，例如外在的地元素能量(藏文：nu pa)融入內在的地元素中，依此類推。KBZ 579/5 和其他文獻將它描述爲：肌肉的內在元素(藏文：kham)融入外在的地元素、血融入水、熱融入火、呼吸融入風。根據KZ 579/12， 上行風、下行風、火隨風和遍行風融入持命風。
3. LC 158b/5。
4. PB 26a/1。但根據 YB 59b/2：在三次短呼吸和三次長呼吸後，外呼吸便會停止。然後，風便會融入心識，而我們本具的覺知會在心間失去意識一段時間。這即是內呼吸的停止。DM12b/3：外呼吸停止於心識融入空時。
5. PB 26a/2。
6. NS 389b/4 根據的是 Thal 'Gyur 密續：心識融入空，而空融入光明。
7. 在 DM 10b/6 和 KZM 535/4 中， 在第一和第二項經驗中，白色和紅色景象的順序相反。在某些經文中，情緒消退的順序也是可以互換的。
8. DM 12b/2。
9. DM 18a/2。
10. CBS 46/4。
11. YB 59b/2。
12. KZM 536/1。
13. CH 66/16。
14. DM 15a/3。
15. DM 26b/4。
16. TRD 193a/3。
17. NM 590/2。
18. NS 388a/2。
19. BN 2/9。

20. 這是根據 TC。
21. 這是根據 GY。
22. 這是根據 SM. 德瑪・桑傑・森給也被稱爲修・唐達・洛 (Sho Thang 'Das Log) 和創千・卡友・嘿嚕嘎 (Trungchen mKha'sPyod Heruka)。
23. 這是根據 MRP。但按照紐約的「藏傳佛教資源中心」(Tibetan Buddhist Resource Center) 琴恩・史密斯(E. Gene Smith)所說的，有兩位達波・察西・南嘉。一位是來自達拉・岡波(Daglha Gampo)的噶舉派行者，另一位是來自潘波谷(Phanpo Valley)那爛陀(Nalanda）的薩迦派行者。思密斯認爲這裡的還陽者是薩迦派的這位。(此爲個人見解)
24. 這是根據 TT。
25. 這是根據 RSM 和 PDN。
26. 一部屬於龍欽寧體(Longchen Nyingthig)法教的儀軌(梵文：sadhana；藏文：drubthab)，或是密宗修法和儀式。
27. 這是根據 KB。
28. 這是根據 TD。
29. 這是根據 ND。
30. 這是根據 SG。
31. 這是根據 MNS。

第三章 法性

1. DM 9a/6。YB 60a/6 將基光明本質的階段，放在心識消融於法界虛空的時期。TRD 201b/2 也是把它放在究竟本質的階段。
2. TRD 201a/6； DM 24a/6； NS 389a/4。
3. 見 TRD 201a/6； DM 13b/6 和 24b/4； 以及 PB 26a/3。
4. 見 DM 13b/3，6。
5. RC 256b/6。
6. BN 317/4。
7. GG 4a/2。
8. NM 590/6。
9. SR 10a/6。英文中譯：龍千・冉江所著的《大圓滿修法》(The Practice of Dzogchen) (PD) 第333頁。
10. RC 257b/2。
11. RC 123a/2。
12. DM 39a/4。

13. 狹窄的路：藏文：trang，'Phrang。

第四章 中陰

1. 根據 SB 和西藏還陽者故事。
2. 這是根據 NDK 216b/3；TCD，vol. Wam，260b/4；和 YB 73a/2。
3. SB 11b/5 和 DM 38b/4 寫道：白光是天人道，紅光是阿修羅道，藍光是人道，綠光是畜生道，微黃光是餓鬼道，煙濛濛的光是地獄道(對於地獄道，有些經文說，由於眾生是直接墮入地獄道，所以沒有機會看見任何的光)。NN 4a/2 寫道：白光是天人道，綠光是阿修羅道，黃光是人道，微弱光(藏文：Mog Po)是畜生道，紅光是餓鬼道，暗栗色(藏文：sMug Nag)的光是地獄道。RG f136b/3 則說：白光是天人道和人道，黃光是阿修羅道和畜生道，暗淡的光是餓鬼道和地獄道。
4. DM 38b/6。
5. NDK 217a/7；TCD，vol. Wam，262b/3；和 YB 73b/2. 其他經文提到不同的影像，因爲眾見到的輪迴道的影像可以是各式各樣的。見 DM 39b/2、SB 18b/6、NN 4a/2 和 RG 136b/5。
6. LC 160b/3。
7. RC 253a/5。
8. 《中陰聞教得度》(Liberation by Hearing)(藏文：Thos Grol)是 ZG 廣爲人知的書名，它是由噶瑪・林巴(Karma Lingpa)(1326–?)所發掘出的三冊一套的系列伏藏法，而《西藏生死書》(The Tibetan Book of the Dead；藏文：Bardo Thodrol)是其中的部分內容，同時見 DM 32b/6。
9. NM 591/3。

第五章 投生中陰的故事

1. KBZ 395/13。中譯註：張澄基教授《密勒日巴尊者傳》譯文。
2. 有些淨土是化身淨土；但這裡指的可能是報身淨土。
3. 藏文：Lha Yi Bu Mo(天女)。
4. 這是根據 PDN。
5. 這是根據 KZ 和 GTD。

第六章 投生

1. 見東杜法王(Tulku Thondup)所著《具神通的大修行者》(Masters of Meditation and Miracles)(MMM)，第317–318頁。
2. NGR 8a/5、NL 4b/4、GRP 96/13、KM 48a/3、KBZ 176/2以及其他的文獻等。
3. BP 32b/1。中譯註：摘自如石法師中譯。
4. 根據 GRP 96/18，貪婪(藏文：chag；梵文：raga)是投生餓鬼道的因。但是，多數經文如 NLZ 5b/1 和 7b/2認爲慳吝(藏文：serna；梵文：matsarya)是投生餓鬼道的因，而欲望和執著(藏文：dod chag；同時也中譯爲梵文raga)是投生人道的因。
5. GRP 96/12。
6. TG 96/15。
7. KZZ 89/6。
8. 這是根據 SB 2b/5. 同時見 SR 2a/4。
9. 這是根據 NDK 216b/3；TCD，vol. Wam，260b/4 以及 YB 73a/2。
10. SB 12a/1 和 14a/6。
11. YB 75b/2。
12. 除非特別說明，否則此章節根據的是 SB 18a/5、TRD 225b/2 和 NDK 217a/4， 以及 NN 4a/1、RG f136 和 DM40a/2。
13. YB 74a/4。它並不像有些成就者所想的那樣，這些並不是我們未來投生之處的徵兆。事實上，當我們看見其中任一的徵兆時，我們就已經陷入投生之處了，一如〈日月雙融續〉(藏文：Nyida Khajor Tantra；英文：Union of the Sun and Moon Tantra)所說的：

    這些是你已經入胎的徵兆。
    現在，就算想離開，你已經被困住了。
    現在，你被套牢了。

14. NDK 216b/3；TCD，vol. Wam，260b/4 和 YB 73a/2。再次重複，不同的經文對投生六道的徵兆有不同的說法，因爲眾生對六道的感知可能不同。

第七章 阿彌陀佛和極樂淨土

1. DK 197b/2。
2. 在 ZGB 334/12 中，宗喀巴大師寫道，佛經中講到許多化身淨土，但釋迦牟尼佛對極樂淨土的描述最爲詳細。

3. 本章主要根據的是 OK 和 DK(藏文中譯的大、小阿彌陀經)以及在某種程度上參考吉美・天培・寧瑪(Jigme Tenpe Nyima) 的PG。此外，我還引用了其他經文和論釋：ZGB，RC 242a/2–245a/5，DD(藏文版的《聖樂有莊嚴大乘經》(Sukhavativyuha-nama-mahayana Sutra))和DN。
4. OK 242b/6—248a/3。根據《佛教大乘經》(Buddhist Mahayana Texts)(BMT)第2部的第73頁， 梵文列有四十六大願，而中文中譯有四十八大願。
5. OK 243a/3。
6. DK 196a/5。中譯註：出自〈佛說阿彌陀經〉：「舍利弗，彼土何故名爲極樂？其國眾生，無有眾苦，但受諸樂，故名極樂。」
7. OK 252b/6。除了金、銀、琉璃、水晶和紅珍珠外，另外有兩個我不知道的藏文名稱(sPug 和 rDo'i sNying Po)。根據BMT 33/19，七寶爲金、銀、綠柱石(beryl)、水晶、珊瑚、紅珍珠和鑽石。在BTA 202/32 中，它們是金、銀、綠柱石(beryl)、水晶、珊瑚、紅珍珠和綠寶石。」中譯註：《佛說無量壽經》中的七寶爲：「金、銀、琉璃、玻璃、珊瑚、瑪瑙、硨磲。」《佛說阿彌陀經》中的七寶爲：「金、銀、琉璃、玻璃、赤珠、瑪瑙、硨磲。」
8. DK 197a/4。
9. PG 25b/4 寫道：根據 Don Zhags Kyi Ch'o Ga Zhib Mo 和其他來源，阿彌陀佛也在一個珍寶做成的宮殿中開示，但不確定位置是否就在菩提樹的樹腳。
10. ZGB 349/10 和 PG 25b/5：藏文： rDul Med Ching rNam Par Dag Pa。
11. 見 ZGB 343/10 和 PG 6a/2。
12. PG 11a/2 和 DN 381/7。
13. DD 139/1。
14. DD 138/5。
15. DN 390/2。
16. OK 258a/7。
17. PJT f308b/7。

第九章臨終和度亡法事

1. ZP。
2. CM 114b/4。
3. ZP。
4. CM 113b/4。
5. Ibid。

6. CM 114a/5。
7. DM 27b/1。
8. 關於向加持源大悲佛觀世音菩薩的祈請，請見拙作《心靈神醫》(The Healing Power of Mind) (HPM)，第182–186頁(英文版)。
9. 見 TJ 150a/3。

附錄 A：禪修投生極樂淨土四因

1. 見 OK 244a/5、DZM 219/7和鈴木(D. T. Suzuki)的《無量光佛》(Buddha of Infinite Light) (BIL) 中第29–32頁(英文版)。
2. 見在 OK 244a/5 中，他所發的 51 大願中的第 18 和 19 個願。
3. OK 259b/7。
4. 親鸞 (Shinran, 1173-1263)《歎異抄》(Tannisho) (TS) ，第 5 頁。
5. OK 244b/1 和 DZM 219/6。
6. PG。
7. OK 258a/7。
8. 見東杜法王所著的《無盡的療癒》(Boundless Healing)(BH) 第 33–36 頁 (英文版)。
9. OK 258b/4。
10. CM 114a/6。
11. CM114b/2。
12. OK 258a/7。
13. DCM 151/4。
14. ZK 269/6。
15. ZP 361b/5。
16. DK 197b/7。

附錄 B：為臨終者和亡者所修持的佛教密宗的八部儀軌

1. PP 4a/4。
2. 見索甲仁波切所著的《西藏生死書》第209–222頁(英文版)。
   也見《對佛教徒和能夠接受佛教者的指引》(Instructions for Buddhists and Those Open to Buddhism)第8章「如何幫助臨終者和亡者」(How to Help the Dying and the Dead）以及之後的章節。
3. 有些法本例如 CP 1a/2說要觀想「阿」(AH)而不是「釋以」(HRI)。
4. 有些說要大喊「嘻」(HIK)而不是「呸」(PHAT)。「呸」(PHAT)是由代表方便或悲心的「帕」(PHA)，以及代表空性或智慧的「特」(T)之雙融。

5. 它也可以是另一尊佛，例如文殊師利佛及他的淨土。見 CP 1a/3。
6. 此點主要根據的是 SN。
7. 見 YB、ZG 和 RG。
8. PP 3a/4。
9. KBZ 384/13 和 KBZ 569/14。
10. 下面大部分的祈願文和破瓦法的解釋是根據 MS。
11. RC 247b/1。
12. 某些經文說，將它觀想爲白色的「阿」(AH)字。
13. MS 3/1。
14. DM 20a/1。
15. NLS 64/12。同時見 TB 190b/3–191b/1。
16. ZP 361b/5。

名詞解釋

詞彙中的藏文會先列出發音的拼法，之後是藏文的拼法。

煩惱(藏文：nyonmong，Nyon Mong；梵文：klesha)：有害的負面情緒。佛教中有不同分析情緒的系統。本書中，我們主要關切的是導致投生六道的六種煩惱：癡(迷惑、無明的狀態)、瞋(憤怒、具侵略性)、慢(傲慢)、貪(慳吝)、欲(渴求)和嫉妒。另一個系統視貪和欲爲同一種情緒的兩種面向，而成爲五種煩惱：癡、瞋、慢、貪欲和嫉妒。此系統可以再進一步精煉爲所有煩惱的根本——貪、瞋、癡三毒。

阿彌陀佛：見無量光佛。

長壽佛：見無量光佛。

羅漢(梵文：arhat；藏文：dra chom pa，dGra bChom Pa)：又稱爲滅敵者(destroyer of foes)、應供(worthy one)。羅漢是佛教已經滅除了自己的敵人——心理和情緒染污的修行者。雖然佛也被稱之爲羅漢，但羅漢一詞主要指的是那些獲得共通佛教——聲聞(梵文：shravaka)和緣覺乘(梵文：pratyeka-buddha)(亦即相對於密乘或金剛乘的經教乘)最高果位的修行者。

觀世音菩薩(梵文：Avalokiteshvara；藏文：Chenrezig，sPyan Ras gZigs)：觀世音菩薩具有兩個層面。實際上，他是大悲佛，但他以大悲觀世音的形相來承侍眾生。他是極樂淨土中位階最高的菩薩。

中陰(藏文：Bar Do；梵文：antarabhava)：過渡期或中間期。許多西藏密宗的文獻，認爲所有兩個階段的中間都是過渡期，因而將生命的不同時期稱爲中陰。許多密宗的教法將中陰分爲四類：(1)此生中陰：我們此生之自然中陰；(2)臨終中陰：痛苦的臨終中陰；(3)法性中陰：究竟本質的中陰，基光明；(4)投生中陰：業報。有些教法加入下面兩項，而將中陰分爲六類，(5)睡夢中陰；(6)禪定中陰。

但是根據經教乘的法教和西藏的大眾文化，中陰指的是死亡和投生之間的過渡期。因此，我在此書的中陰用法，指的是死亡和投生(或是究竟本質和投生)之間的時期，而其他的三類中陰我都只是稱它們爲「此生」、「臨終」和「究竟本質」。

極樂淨土(梵文：Sukhavati；藏文：Dewachen，bDe Ba Chan)：諸佛的世界或樂園。淨土有兩種：一種是究竟的報身淨土，另一種是相對的化身淨土。因此，極樂淨土也有報身極樂淨土和化身極樂淨土之分(見「三身」條)。本書討論的極樂淨土是化身淨土，它是由阿彌陀佛的願力所化。所有積聚淨土四因(或三因)的修行者，將依賴阿彌陀佛的願力而投生極樂淨土。

菩提心：(梵文：Bodhichitta)又稱證悟之心，或證悟的態度，爲大乘佛法的基石，它的意思是承擔利益一切眾生的責任。菩提心具有兩個層面。第一是願菩提心：藉由慈悲喜捨四無量心的修持，在自心中植入的菩提願心。第二是行菩提心：藉由布施、持戒、忍辱、精進、禪定、智慧六度波羅蜜的修持，而將願菩提心化爲行動。

我們可以將菩提心的修持融入極樂淨土的修持中。在開始進行極樂淨土的修持之前，我們應該思維自己是爲了一切眾生而修法。然後，我們思維一切眾生跟著我們一起唸誦祈請文和禪修，並且相信一切眾生都會投生淨土。修法結束後，我們將自己所有的功德迴向給一切眾生，讓它成爲眾生投生淨土的因。此簡單的修法同時涵蓋了這兩種菩提心的修持。

菩薩(梵文：Bodhisattva)：發起菩提心而欲求證悟的人。菩提心是無任何私心的誓願，發願帶給一切如母眾生快樂和證悟。菩薩是大乘佛道的追隨者，而大乘修行之道的最終目的地是證得佛果。但在成佛之前，大乘佛道的修行者仍然是菩薩，而菩薩必須經過十個修行階段才能夠成佛。

佛(梵文：buddha)： 完全覺悟者。一切佛的證悟狀態皆是同一而不可分。但此清淨共通(我們每個人都有)的佛性，化現出無數種類的佛，具有無數的形相和功德特質，以便利益和承侍具有二元分別與思維的眾生。當佛(Buddha)的英文拼法的第一個字母大寫時，通常指的是史上有所記載的釋迦牟尼佛。

無量壽佛(梵文：Amitayus； 藏文：Tsepame，Tshe dPag Med)：阿彌陀佛(或稱無量光佛)的一個層面。阿彌陀佛在信眾死時，會以化身佛的形相出現，帶領他們前往極樂淨土。當他顯現爲無量壽佛時，他是以報身佛的形相，賜予他的信眾長壽。這兩種形相都是同一尊佛，但因不同的功德特質和事業而具有不同的名字。

無量光佛(梵文：Amitabha；藏文：Opagme，A'od dPag Med)：統御極樂淨土的佛。梵文名稱爲阿彌陀佛，通常被中譯爲無量光佛。同時見無量壽佛、阿彌陀佛的大願條。

共通佛教(Common Buddhism)：史上有所記載的釋迦牟尼佛的開示，亦即依據經藏的佛法。

勇父(梵文：Daka；藏文：khadro，mKha' 'Gro)：(1)一種具有男性形相的佛 ；(2)佛教密宗中的男性特質。

空行母(梵文：Dakini；藏文：khadroma，mKha' 'Gro Ma)：密宗名相，具有多種意義：(1)一種具有女性形相的佛。(2)智慧與空性雙融中的空性層面、智慧與方便雙融中的智慧層面，或是大悲與空性雙融中的空性層面。(3)高度證悟的女性精靈，志在保護密宗教法並引導密宗信眾。空行母具有寂靜、忿怒或半忿怒的形相。(4)在西藏，空行母也是對高證悟的女性上師或上師的配偶(佛母)的尊稱。

迴向(藏文：ngo wa，bsNgo Ba)：思維並唸誦祈願文的一種修持，將自身一切的功德供養出去，做爲一切如母眾生快樂和證悟的因。

緣起互依(dependent origination)(藏文：tendrel，rTen'Brel；梵文：pratitya-samutpada)：佛教認爲，沒有任何心理狀態或物理現象是獨立、隨機，或是受到一個高階力量的操控而開展或運作的，而是藉由因緣條件的和合而成。眾生生命的開展和運作是藉由十二因緣法：無明、行、識、名色、六入、觸、受、愛、取、有、生、老死。

如果我們證悟究竟本質，便能夠消除自身的無明，並且藉由因緣的逆行而停止十二因緣之輪的轉動，最後獲得完全的自由──佛果。這個我稱之爲緣起互依的觀念，具有許多 不同的中譯，例如緣起(interdependent arising)、緣起具生(dependent co-arising)、相依而生(co-dependent origination)等。

法(梵文：Dharma)：見三寶條。

閻羅王(Dharma King of the Lords of the Dead)(藏文：Shinje Chogyal，gShin rJe Ch'os rGyal)：在我們死後對我們進行審判的法王或法律之王。閻羅(the Lords of Death)是閻羅王的部屬，監督審判的執行。他們都只是我們自身心理習氣或業的反射。

法身(Dharmakaya)：見三身條。

還陽者(Delog，藏文：'Das Log)：起死復生者。在西藏有許多死了幾天後復活的男性和女性。復活之後，他們提供了許多自身在死亡、究竟本質和中陰的經歷和經驗。

甘露(藏文：Dudtsi，bDud rTsi；梵文：amrita，nectar，ambrosia)：加持過的藥草製成的藥丸。這些藥丸經過眾多修行者進行多日的修法加持，爲具有療效和解脫力的加持物。

大圓滿(藏文：rDzogs Ch'en或 rDzogs Pa Ch'en Po；梵文：Mahasandhi or Atiyoga)：根據藏傳佛教寧瑪派，它是九乘或九個階段的見、修、成就中的最高階段。

灌頂(empowerment，initiation)(藏文：wang，dBang；梵文：abhishekha)：一種密宗的儀式。其中由一位成就者傳遞其證悟的智慧之力給弟子。在高階的密法儀式中，領法者受到最重要的力量是上師、本尊或佛的身、語、意、智慧的力量。修行者也可以透過「自灌頂」(self-empowerment)，亦即藉由自身的禪修而不需要成就者的在場而獲得灌頂。

密宗：金剛乘——大乘佛法的主要流派之一。金剛乘遵循的是密續的教法，主要的修持是清淨的感知:將所見、聞、感受到的一切，視爲佛的形相、佛的聲音、佛的智慧。它修持的目的是爲了一切如母眾生而獲得三身(見三身條)和佛果。

行刑者(Executioner)(藏文：le khen，Las mKhan)：閻羅的使者或代理人，爲執行刑罰的人。

薈供(Feast offering)(藏文：tsog khor，Tshogs 'Khor；梵文：ganachakra)：密宗具有三種匯聚的重要修持：供養的對象——本尊的匯聚，供養的物資——飲食的匯聚，供養者——男眾和女眾的匯聚。

五佛部(Five buddha families)：根據密宗，尚未證悟的眾生所經驗到的生命具有五蘊(色、受、想、行、識)、五元素(地、水、火、風、空)和五煩惱(貪、瞋、癡、慢、嫉妒)的特徵。當獲得證悟時，我們內在的五佛部便會覺醒，因爲我們已經證悟五蘊爲五男性佛、五元素爲五女性佛、五煩惱爲五智。

五佛部爲：

1.如來部：藍色、遍佈壇城的中央，而壇城代表證悟的宇宙。統御如來部的是毗盧遮那佛(Vairochana)和界自在佛母(Dhatvisvari)的雙融；他們分別代表「識」的清淨本質和「空」的清淨本質。如來部的智慧是法界體性智，它是「癡」的清淨本質。

2. 金剛部：白色、遍佈宇宙壇城的東方。統御金剛部的是不動佛(Akshobhya)或金剛薩埵佛(Vajrasattva)和佛眼佛母(Buddhalochana)的雙融；他們分別代表「色」的清淨本質和「水」的清淨本質。金剛部的智慧是大圓鏡智，爲「瞋」的清淨本質。

3. 寶部：黃色、遍佈宇宙壇城的南方。統御寶部的是寶生佛(Ratnasambhava)和瑪瑪給(Mamaki)的雙融；他們分別代表「受」的清淨本質和「地」的清淨本質。寶部的智慧是平等性智，爲「慢」的清淨本質。

4. 蓮花部：紅色、遍佈宇宙壇城的西方。統御蓮花部的阿彌陀佛(Amitabha)和白衣佛母(Pandaravasini)的雙融；他們分別代表「想」的清淨本質和「火」的清淨本質。寶部的智慧是妙觀察智，爲「貪」的清淨本質。

5. 事業部：綠色、遍佈宇宙壇城的北方。統御事業部的是不空成就佛(Amogasiddhi)和誓言度母佛母(Samayatara)的雙融；他們分別代表「行」的清淨本質和「風」的清淨本質。事業部的智慧是成所做智，爲「嫉妒」的清淨本質。

五無間罪(Five immeasurable offenses)(藏文：tsham med pa nga，mTshams Med PalNga； 梵文：panchanantarya)：殺自己的母親(弒母)、殺自己的父親(弒父)、殺阿羅漢(弒阿羅漢)、惡心攻擊佛(出佛身血)、令修行團體失合(破和合僧)。犯下其中的任何一項，將會面臨最嚴重的果報，例如投生地獄。

淨土四因(Four causes)：往生極樂淨土有四個因：(1)明觀淨土、(2)累聚資糧、(3)發菩提心、(4)迴向發願往生淨土。我們也可以省略發菩提心只修持其中三因(第一、二、四因)而往生極樂淨土。

我執(Grasping at self)(藏文：dag dzin，bDag 'Dzin；梵文：atmagraha)：我執是我們心理的妄想、煩惱和生理疾病的根源。心的緊繃來自於執著自我而有「我」和「我的」念頭，以及執著有他而有「彼」、「此」和「他」等念頭。我們執著的程度愈緊，我們的痛苦和迷惑就愈強、愈嚴重。我們愈能夠放下執著，我們愈會感到平靜和自在，而執著的完全放下就是完全的自由。

上師(Guru)：見喇嘛條。

蓮花生大士(梵文：Padmasambhava)：密宗最偉大的成就者和上師之一，在西藏通常被稱爲咕嚕仁波切，意思是「師尊寶」。蓮花生大士來自印度，在第八世紀時前往西藏創立藏傳佛教，降伏了反對佛法的人與非人的勢力，傳播金剛乘(密宗)的教法，並且透過神通力埋藏教法和宗教聖物，以供未來的信眾取出。

至今這些被埋藏的教法和聖物——伏藏(藏文：terma，gTer Ma)在西藏仍舊不斷被發掘。見《具神通的大修行者》(Masters of Meditations and Miracle)(MMM)第74–92頁和《西藏伏藏法》Hidden Teachings of Tibet(HTT)。

咕嚕仁波切(Guru Rinpoche)：見蓮花生大士條。

上師相應法(梵文：Guru Yoga)：修法的一種。修法中，將一位修行的成就者或上師——例如蓮花生大士，視爲是靈性啓發、加持和證悟的對境和來源。

助手 (Helper)：接受過禪修和儀軌的訓練，可以爲臨終者或亡者進行修法的僧人、尼師或居士。本書將他們稱爲喇嘛或助手。臨終者或亡者的照料者、遺眷或家屬，如果受過誦經和儀軌訓練，他們也可以是助手。

爲了在修行上提供眞正的引導和加持，助手必須對禪修和儀軌有過良好的訓練。但是，如果助手具有對加持源的虔敬心，或者／並且對臨終者或亡者有悲心，那麼即使沒有很好的訓練，他們能提供的任何正面的念頭、祈願或承侍，都會是利益的極大來源。

業(梵文：Karma)：藉由我們的念頭、言語和行爲，而在我們的心續中烙下的一種慣有的模式。我們業的模式決定我們現在和未來的人生經驗。有時，「業」就只有「行爲」、「行動」的意思。

持明者(Knowledge-holder)(藏文：rigdzin，Rig 'Dzin；梵文：vidyadhara)：密宗成就者的頭銜，也可以指稱藉由修持佛法而獲得高階證悟的人。

喇嘛(梵文：guru；藏文：lama)：藏文對資深的男性或女性佛法教師的稱呼。喇嘛必須是非常博學並且/或者是有證量的成就者。喇嘛主持或帶領如度亡法事的儀式。

閻羅 (Lords of the Dead)(藏文：shin-je，gShin rJe)：閻羅王的代理人。見閻羅王條。

明性(Luminosity)(藏文：osel，A'od gSal；梵文：prabhasvara)：密法中，我們禪修空性和明性的雙融。明性亦稱爲明光(clear light)。圓滿證悟空性和明性的雙融——心之眞正本質即是修行的究竟目的。

大勢至(梵文：Mahasthamaprapta；藏文：Thuchenthob，mThu Ch'en Thob)：代表力量的一位菩薩的名字(大勢至菩薩)。極樂淨土中，大勢至菩薩的地位僅次於觀世音菩薩。

壇城(梵文：mandala；藏文：kyil khor，dKyil 'Khor)：(1)眾多本尊的聚集。(2)環繞一圈的本尊。(3)密宗儀軌修法的供桌。(4)佛淨土的符號或圖像。(5)一堆財物或寶藏。

做功德(Merit making)(藏文：tshog sag，Tshogs bSags)：藉由布施、持戒、忍辱、精進、耐心、禪定等善念和善行，積聚正面的效應。

如母眾生(Mother-beings)：一切有情眾生。每一位眾生——即使是最小的昆蟲都曾經在某一世做過我們的母親，因此佛法教導我們以慈悲心看待一切的「如母眾生」。

須彌山(Mount Sumeru)：根據古印度的宇宙觀，世界的中央是一座大山。山的周圍有四個主要大洲；南邊的大洲被稱爲贍部洲(Jambu)，許多學者認爲它是亞洲大陸。

化身(Nirmanakaya)：見三身條。

涅槃(梵文：Nirvana；藏文：Mya ngan le de pa，Mya Ngan Las 'Das Pa)：悲傷和輪迴的止滅。藉由修行，我們獲得煩惱和無明的止息，經驗永恆的平靜和喜樂。但是涅槃並不等同於佛果的完全證悟。

嗡瑪尼貝美吽釋以 (梵文：OM MANI PADME HUM HRI)：爲大悲佛觀世音的咒語。它是藏傳佛教最受歡迎的咒語。有些傳統包括「釋以」字，有些則無。「嗡瑪尼貝美吽」有時被稱爲六字大明咒。進一步的解釋可見附錄B第290頁。

呸(PHAT)：藏傳佛教密法中一個特別神聖的字。「呸」(PHAT)是由代表兩項修法的融合，亦即方便或悲心的「帕」(PHA)，以及代表空性或智慧的「特」(T)之雙融。藉由大喊「呸！」的力量，我們禪修將一切的負面念頭、情緒、感受和現象斷除、摧毀或去除，並且將之融入空性。

破瓦法(Phowa)(藏文：'Pho Ba；梵文：samkranti)：心識的遷移。破瓦法是我們還活著時，便要重複練習的一項獨特的禪修和儀軌。之後，當我們或某人臨終時，我們便能夠使用破瓦法將自己或臨終者的心識，遷移或融入阿彌陀佛的證悟之心。雖然破瓦法禪修自心與佛心相融，但是除非是高度的證悟者，否則我們的心並不會與佛心合一。但是，禪修與佛相融卻能讓自己或我們修法的對象往生極樂淨土，成爲證悟之道上一個平靜喜樂的人。

淨土(Pure land)(藏文：zhing kham，Zhing Khams；梵文：buddhakshetra)：一

個永恆平靜喜樂的世界或樂園，它是諸佛和證悟者居住的地方。絕對的淨土是法身和報身的狀態，它是眞正的佛果和佛的清淨國土，只能被證悟者看見。此外，有無數的化身淨土——平靜和喜樂的世界，它們是由各種形相的佛所化現出來的各種淨土，讓那些幸運的眾生得以受用。

淨障(Purification)(藏文：drib jong，sGrib sByong)：簡單或繁複的禪修、祈願和儀式等清淨惡業的修持。惡業是惡行留下之印記的效應。任何正面的思維和行爲都可以是淨障的來源。

報身(Sambhogakaya)：見三身條。

輪迴(梵文：Samsara；藏文：khorba，'Khor Ba)：生命流轉其中的六道。眾生在自身業力的驅策下，無止境地在六道的善道和惡道流轉。同時見六道條。

僧團(梵文：Sangha)：見三寶條。

六道(Six realms)：六種輪迴世間的存在。眾生受到因果業力的驅使，持續地在其中投生，除非證得佛果，否則無法逃脫此生命之輪。六道是天人道、阿修羅道、人道、畜生道、餓鬼道、地獄道。有時天人道和阿修羅道會合爲一道，而以五道爲代表。

六字大明咒(Six-Syllable Mantra)：見「嗡瑪尼貝美吽釋以」條。

方便(Skillful means)(藏文：thab，Thabs；梵文：upaya)：佛法兩種主要的修持方式；另一種是智慧(藏文：sherab，Shes Rab；梵文：prajna)。善巧是相對眞理(世俗諦)中，所有正面的觀念和行爲，例如布施、持戒、忍辱、精進、禪定、悲心和努力。智慧則包括禪修的訓練、對絕對眞理(勝義諦)的了悟和免於思維念想。智慧和方便的雙融能夠帶領我們證悟佛果。

加持源(Source of blessings)：本書中，加持源指的是任何祈請、禮敬、皈依、具庇佑和加持力的對象。它可以是任何更高階的、內在的或眞正的加持源，例如佛、菩薩、聖者、賢者或大成就者。如果任何的心理意象具有爲正面的功德，而且我們的心也是如此地認可，那麼它便會是有力的加持源。臨終者和亡者以及他們的助手，必須依賴加持源做爲祈請、禪修和/或儀軌修法的對境和所緣。究竟的加持源就在我們的自身，因爲我們每一個人都具有佛性。但是，在證悟自身的潛能之前，我們必須依賴一個外在的加持源，以便喚醒我們自身的佛性和功德。

三身(Three bodies)(梵文：trikaya；藏文：kusum，sKu gSum)：佛果的三個

層面。究竟的法身(梵文：dharmakaya)是佛果的清淨空性。報身(梵文：sambhogakaya)是佛所受用的眞正佛身，具備佛功德的廣大和佛淨土的富饒，但所有這些都是一體的永恆狀態。化身(梵文：nirmanakaya)是一般眾生可以看見的佛身，它具有物理的形相。

三因(Three causes)：見淨土四因條。

三寶(Three Jewels)(梵文：triratna；藏文：konchog sum，dKon mCh'og gSum)：(1)佛：上師或嚮導。(2)法：教法或修行的道路。(3)僧：由修行道友所組成的修行團體，是我們在修行路上的助伴。

究竟本質(法性)(Ultimate nature) (藏文：ne lug，gNas Lugs)：萬事萬物如是的狀態，生命的究竟模式。此一詞指的是顯相和空性的不可分別性——心和現象的眞正自然狀態。「究竟本質的過渡期」在藏文中稱為法性(藏文：chonyi，Ch'os Nyid)中陰。

法界(Ultimate sphere)(藏文：cho ying，Ch'os dByings；梵文：dharmadhatu)：法界或涵蓋一切的虛空，是一切現象之開闊無邊的本質。佛果是本初智(心的眞正本質)和法界(心理對境的眞正本質)的雙融。

金剛上師(Vajra master)：密宗的大成就者或上師。

金剛七句祈請文(Vajra Seven-Line Prayer)：爲對蓮花生大士的特別祈請文。它一共有七句，具有五層的意義和禪修。見《證悟之道》(Enlightened Journey)(EJ)第166–190頁(英文版)。

阿彌陀佛的大願(Vow of the Buddha of Infinite Light)：阿彌陀佛所做的承諾或發願(梵文：pranidhana)，爲極樂淨土教法中非常重要的內容。爲了讓眾生可以投生他的淨土，阿彌陀佛的願力化現出極樂淨土。而且，由於阿彌陀佛的願力，任何具足淨土四因(或至少三因)的眾生，將會投生此淨土。同時見淨土四因條。

白度母(White Tara)：21尊具女相的佛之一。大乘佛法也稱此女性佛爲多羅(梵文：taras；藏文：Drolma，sGrol Ma)，意思是救度者。白度母被尊崇爲長壽和功德的來源。

參考資料

參考文獻的來源和英文縮寫

如果引用的是傳統的藏文經卷，標題的英文縮寫後面是經卷的頁號，經卷的正面或反面則分別由字母 a 或 b 表示，之後是所引用資料的行數。例如：TRD 186b/5。

有些文獻標示爲出自於甘珠爾(藏文：Kajur)，而有些文獻標示爲出自丹珠爾(藏文：Tenjur)。甘珠爾是史上有所記載的釋迦牟尼佛的開示(經藏)，大部分在古時由梵文中譯爲藏文，共約108冊。丹珠爾是古時印度的佛教學者的著作，經中譯爲藏文後，共約225冊。

BH Boundless Healing: Meditation Exercises to Enlighten the Mind and Heal the Body by Tulku Thondup. Boston: Shambhala Publications, 2000.

BIL Buddha of Infinite Light by D. T. Suzuki. Boston: Shambhala Publications, 1997.

BMT Buddhist Mahayana Texts, edited by E. B. Cowell et al. New York: Dover Publications, 1969.

BN Bar Do'i sMon Lam rNam gSum by Karma Lingpa. In ZG, vol. 3, pp. 315–318. New Delhi: Collection of Dudjom Rinpoche.

BP Byang Ch'ub Sems dPa'i sPyod Pa La 'Jug Pa by Shantideva. Wood block print, Dodrupchen Monastery.

BTA Buddhist Texts Through the Ages, edited by Edward Conze et al. New York: Harper Torch Books, 1964.

CBS Ch'os Nyid Bar Do'i gSal 'Debs Thos Grol Ch'en Mo by Karma Lingpa. In ZG, vol. 3, pp. 41–114. New Delhi: Collection of Dudjom Rinpoche.

CH Counsels from My Heart by Dudjom Rinpoche, pp. 59–75. Translated by the Padmakara Translation Group. Boston: Shambhala Publications, 2001.

CM Ch'i Kha Ma'i Man Ngag by Jigme Tenpe Nyima. Tam-Tshog, vol. Kha, pp. 424–427. Dodrupchen Sungbum. Gangtok, Sikkim: Choten Gonpa.

CND Ch'os mNgon Pa mDzod Kyi Tshig Leur Byas Pa by Vasubandhu. Chendu, China: Sichuan Mirig Publishing.

CP Chig Ch'ar 'Pho Ba'i gDams Pa by Jampal Gyepe Dorje [Mipham]. Single folio.

CT Ch'ed Du bJod Pa'i Tshoms. Dode, vol. Sa, f209a/1–253a/6. Dege Edition

DB 'Dod sByin (gSur) by Jigme Lingpa. Nyingthig Doncha, vol. 1, pp. 395. Gangtok, Sikkim: Choten Gonpa.

BH Boundless Healing: Meditation Exercises to Enlighten the Mind and Heal the Body by Tulku Thondup. Boston: Shambhala Publications, 2000.

DCM bDe Ba Chan Kyi sMon Lam by Nagarjuna. In DP, vol. 2, pp. 151–155.

DD bDe Ch'en Zhing bKod Zhes Bya Ba Theg Pa Ch'en Po'i mDo bsDus Pa. In DP, vol. 1, pp. 138–139. Chendu, China: Sichuan Mirig Publishing, 1994. Tibetan translation of the Sanskrit Sukhavativyuha- nama-mahayana Sutra.

DDM 'Phags Pa De bZhin gShegs Pa bDun Gyi sNgon Gyi sMon Lam Gyi Khyad Par rGyas Pa. Gyud-bum, vol. Da, f2481/1–273b/7. Dege Edition.

DE Destructive Emotions: How Can We Overcome Them? A Scientific Dialogue with the Dalai Lama, narrated by Daniel Goleman. New York: Bantam, 2003.

DK 'Phags Pa bDe Ba Chan Gyi bKod Pa Zhes Bya Ba Theg Pa Ch'en Po'i mDo, vol. Ja, f195b/4–200a/2. Dode, Kajur. Dege Edition. This is the Smaller Sukhavati-vyuha Sutra. An English translation is found in Buddhist Mahayana Texts (BMT), part 2, pp. 90–103.

DM Bar Do sPhyi'i Don Thams Chad rNam Par gSal Bar Byed Pa Dran Pa'i Me Long by Tsele Natshog Rangtrol. Neuthang, Tibet: Wood block print. English edition: The Mirror of Mindfulness, by Tsele Natsok Rangdrol, translated by Erik Pema Kunsang (Boston: Shambhala Publications, 1989).

DN bDe Ba Chan Gyi Zhing sByong Ba'i Dad Pa gSal Bar Byed Pa Drang Srong Lung Gi Nyi Ma by Mipham Jamyang Namgyal. In DP, vol. 2, pp. 366–391. Chendu, China: Sichuan Mirig Publishing, 1994.

DP bDe sMon Phyogs bsGrigs, vols. 1 & 2. Chendu, China: Sichuan Mirig Publishing, 1994.

DR Klong Ch'en sNying Gi Thig Le Las gSang sGrub Thugs rJe Ch'en Po sDug bsNgal Rang Grol by Jigme Lingpa. Tsapod, vol. Ah. New Delhi: Dilgo Khyentse.

DRC Rdzogs Pa Rang Byung Ch'en Po'i rGryud. Nying-gyud, vol. Ta. New Delhi: Dilgo Khyentse Rinpoche.

DZG dPal Ngan Song sByong Ba'i sDig sByong sGo dGu'i rNam bShad gZhan Phan mDzes rGyan by Kun-ga Palden. Gantok, Sikkim: Sangor Düde.

DZM rNam Dag bDe Ch'en Zhing Gi sMon Lam by Khedrup Ragasya. In DP, vol. 2, pp. 217–232. China: Sichuan Mirig Publishing, 1994.

EJ Enlightened Journey by Tulku Thondup. Boston: Shambhala Publications, 2001.

GG Bar Do'i sMon Lam dGongs gChig rGya mTsho by Jigme Lingpa. New Delhi: Dilgo Khyentse.

GL "'Gro mGon Bla Ma rJe'i gSang gSum rNam Thar rGya mTsho Las Thun Mong Phyi'i mNgon rTogs rGyal Sras Lam bZang." Autobiography of Jigme Gyalwe Nyugu. Manuscript, collection of Tulku Pema Wangyal.

GR 'Phags Pa rGya Ch'er Rol Ba Zhes Bya Ba Theg Pa Ch'en Po'i mDo. Dode, vol. Kha. Kajur. Dege Edition.

GRP rGyal Po La gTam Bya Ba Rin Po Ch'e'i Phreng Ba by Nagarjuna, pp. 74–124. Taipei: TCBBEF.

BH Boundless Healing: Meditation Exercises to Enlighten the Mind and Heal the Body by Tulku Thondup. Boston: Shambhala Publications, 2000.

GTD "mKhyen brTse Heruka'i gSang Ba'i rNam Thar Grub rTags sTon Tshul 'Thor bsDus" by Rigpe Raldri et al. Manuscript, collection of Zenkar Rinpoche.

GTT sGra Thal 'Gyur Ch'en Po rTsa Ba'i rGyud. Nying-gyud, vol. Tha. New Delhi: Dilgo Khyentse Rinpoche.

GY Ye Shes mKha' 'Gro Gling Za Ch'os sKyid Kyi 'Das Log sGrung Yig. Darjeeling: Konchog Lhadripa.

HPM The Healing Power of Mind: Simple Meditation Exercises for Health, Well-Being, and Enlightenment by Tulku Thondup. Boston: Shambhala Publications, 1996.

HTT Hidden Teachings of Tibet by Tulku Thondup. London: Wisdom Publications, 1986.

KB Khri Ch'en rGyal Ba gYung Drung bsTan 'Dzin Gyi Bar Do'i rNam Thar by Gyalwa Yungtrung Tenzin. New Delhi: Bonpo Foundation, Solan.

KBZ Klong Ch'en sNying Thig Gi sNgon 'Gro'i Khrid Yig Kun bZang Bla Ma'i Zhal Lung by Ogyen Jigme Chokyi Wangpo. Chendu, China: Sichuan Mirig Publishing.

KJ mKhas Pa'i Tshul La 'Jug Pa'i sGo by Mipham Jamyang Namgyal Gytsho. Chendu, China: Sichuan Mirig Publishing, 1990.

KM dGongs Pa Zang Thal Gyi rGyud Chen Las sMon Lam bTabs Pa Tsam Gtis Sangs rGya Ba'i rGyud by Rigdzin Goddem. Gongpa Zangthal, vol. Hri. Kham, Tibet: Adzom Edition.

KR rMi Lam Bar Do'i Krid Yig Khrul Pa Rang Grol by Karma Lingpa. In ZG, vol. 2, pp. 341–361. New Delhi: Collection of Dudjom Rinpoche.

KZ sNgags 'Ch'ang 'Ja' Lus rDo rJe'i rNam Thar mKda' 'Gro'i Zhal Lung. New Delhi: Lama Sangye.

KZM sKu gSum Zhing Khams sByong Ba'i gSol 'Debs sMon Lam by Khyentse'i Odzer. Nyingthig Doncha, pp. 527–532. Gangtok, Sikkim: Choten Gonpa.

KZZ sNying Thig sNgon 'Gro'i Khrid Yig Kun bZang Bla Ma'i Zhal Lung Gi Zin Bris by Ngagwang Palzang. Chendu, China: Sichuan Mirig Publishing 1992.

LC Byang Ch'ub Lam Rim Ch'e Ba by Nyammed Tsongkhapa Chenpo. Kalimpong, India: Bumed Tshogpa.

LG Las brGya Thams Pa. Dode, vols. Ha & Ah. Kajur. Dege Edition.

LS 'Phags Pa Lang Kar gShegs Pa Rin Po Ch'e'i mDo. Dode, vol. Cha. Kajur. Dege Edition.

MMM Masters of Meditation and Miracles: Lives of the Great Buddhist Masters of India and Tibet, by Tulku Thondup. Boston: Shambhala Publications, 1999.

MN Bar Do'i sMon Lam Ngo sProd by Longchen Rabjam. Single folio.

MNS 'Das Log Byang Ch'ubs Seng-Ge'i dMyal sNang Shar Ba Las dGe sDig Gi gShan 'Byed Dang gShin rJe Ch'os Kyi rGyal Po'i Phrin Yig rGyas Pa. Bhutan: Dgon-pa Dkar-po, 1976. Collection of Tibetan Buddhist Resource Center.

MRP "dMyal Ba'i bsKal [dKar?] Ch'ags Rin Ch'en Phreng Ba" by Shar Dagpo Trashi Namgyal (1513–1587). Manuscript, collection of TBCR.

BH Boundless Healing: Meditation Exercises to Enlighten the Mind and Heal the Body by Tulku Thondup. Boston: Shambhala Publications, 2000.

MS Klong Ch'en sNying Gi Thig Le Las 'Pho Ba Ma bsGom Sangs rGyas by Jigme Lingpa. Tsapod, vol. Hum. New Delhi: Dilgo Khyentse Rinpoche.

ND Lo Ch'en Rig 'Dzin Ch'os Nyid bZang Mo'i rNam Par Thar Pa rNam mKhyen bDe sTer. Autobiography of Shugseb Lochen. New Delhi: Sonam Kazi.

NDK Nyi Ma Dang Zla Ba Kha sByor Ba Ch'en Po gSang Ba'i rGyud. Nying-Gyud, vol. Ta, f193b/–218a. New Delhi: Dilgo Khyentse Rinpoche.

NGR Tshe 'Das gNas 'Dren 'Gro Drug Rang Grol by Karma Lingpa. In ZG, vol. 2, pp. 1–52. New Delhi: Collection of Dudjom Rinpoche.

NK Shes Rab Lu'i Tshig Don Go Sla Bar rNam Par bShad Pa Nor Bu Ketaka by Mipham Jamyang Nampar Gyalwa. Varanasi, India: Tarthang Tulku, 1966.

NL Nam mKhyen Lam bZang by Jigme Lingpa. Compiled by Jigme Thrinle Ozer. Gangtok, Sikkim: Choten Gonpa.

NLS rNam mKhyen Lam bZang gSal Byed by Khyentse'i Wangpo. Gangtok, Sikkim: Choten Gonpa.

NLZ Thugs rJe Ch'en Po sDug bsNgal Rang Grol Gyi gNas Dren rNam Grol Lam bZang by Jigme Thrinle Ozer. Tsapod, vol. Hri, pp. 291–308. New Delhi: Dilgo Khyentse.

NM Bar Do'i gDams Pa Tshangs sPrugs Su gDab Pa gNad Kyi Man Ngag by Drimed Ozer (Longchen Rabjam). Sung Thorbu, vol. 2, pp. 590–592. New Delhi: Sanji Dorje.

NN Dam Ch'os rDzogs Pa Ch'en Po Ngo sProd Kyi sKor Las/ rNam Shes 'Byung 'Jug gNas gSum Ngo sProd by Namgyal Zangpo. In ZG, vol. 2, pp. 443– 467. New Delhi: Collection of Dudjom Rinpoche.

NP (Bar Do'i) Ngo sProd by Longchen Rabjam. Single folio.

NS Yon Tan Rin Po Ch'e'ei mDzod Kyi 'Grel Ba rNam mKhyen Shing rTa by Jigme Lingpa. New Delhi: Sonam Kazi.

OK 'Phags Pa Od dPag Med Kyi bKod Pa Zhes Bya Ba Theg Pa Ch'en Po'i mDo. Kontseg, vol. Ka, f237b/1–270a/3. Kajur. Dege Edition. Tibetan translation of the Sanskrit Amitabhavyuha-nama-mahayana Sutra, known as the Larger Sukhavati-vyuha Sutra.

PB "Bar Do'i gDams Pa Ngo sProd dBang Gi Man Ngag Pra Khrid Srog gZer Gyi sBas Ch'os" by Ratna Lingpa. Manuscript, collection of Gyatul Rinpoche.

PD The Practice of Dzogchen by Longchen Rabjam. Introduced, translated, and annotated by Tulku Thondup. Edited by Harold Talbott. Ithaca, N.Y.: Snow Lion, 1996.

PDN "dPal Ri'i Dag sNang" by Dawa Drolma. Manuscript, collection of Chagdud Rinpoche.

PG bDe Ba Chan Gyi Zhing Las brTsams Pa'i gTam dGe Ba'i Lo Tog sPel Byed dByar sKyes sPrin Ch'en Glal Ba'i sGra dByangs [rGyu bZhi] by Jigme Tenpe Nyima. Dodrupchen Sungbum, vol. Nga. Gangtok, Sikkim: Choten Gonpa.

PJT 'Phags Pa 'Jam dPal Gyi rTsa Ba'i Gyud. Vol. Na f88–end. Gyudbum, Kajur. Dege Edition.

BH Boundless Healing: Meditation Exercises to Enlighten the Mind and Heal the Body by Tulku Thondup. Boston: Shambhala Publications, 2000.

PK 'Phags Pa sNying rJe Ch'en Po'i Padma dKar Po. Dode, vol. Ch'a, f56a/1–128b/7. Dege Edition.

PP "'Pho 'Debs Thugs rJe'i lChangs Kyu Songs 'Pho Lung" by Ragaasi. Manuscript, N¯aland¯a Translation Committee, Halifax, Nova Scotia.

RC Ri Ch'os mTshams Kyi Zhal gDams by Karma Chagmed. U.P., India: Tashijong, 1970.

RG Kun bZang dGongs Pa Zang Thal Gyi Khrid Yig Rig 'Dzin dGongs rGyan by Tshulthrim Zangpo. Wood block print. Golok Province, Tibet: Do Shugchung Gon.

RP bsNgo Ba Rin Po Ch'i Phreng Ba by Tshul Khrims Blo Gros (Longchen Rabjam). Sung Thorbu, vol. 2, pp. 596–607. New Delhi: Sanji Dorje.

RR Rig Pa Rang Shar Ch'en Po. Nying-Gyud, vol. Tha, pp. 1–166. New Delhi: Dilgo Khyentse.

RSM "Rig Drug Gi mThong sNang Shel dKar Me Long" by Dawa Drolma. Manuscript, collection of Chagdud Rinpoche.

SB Srid Pa bar do'i Ngo sProd gSal 'Debs thos grol ch'en mo by Karma Lingpa. In ZG, vol. 3, pp. 115–162. New Delhi: Collection of Dudjom Rinpoche.

SC Sems Nyid Ngal gSo'i 'Grel Ba Shing rTa Ch'en Mo by Longchen Rabjam. Kham, Tibet: Adzom Edition.

SG 'Das Log dKar Ch'ag Thar Pa'i Lam sTon gSal Ba'i sGron Me by Tagla Konchog Gyaltsen. Wood block print. Kham, Tibet: Dzogchen Monastery.

SGG gSang sNgags Nang Gi Lam Rim rGya Ch'er 'Grel Pa Sang rGyas gNyis Pa'i dGongs rGyan by Gyurmed Tshewang Chogtrub. Leh, Ladakh: Padma-Chos-'lDan, 1972.

SM 'Dan Ma Sangs rGyas Seng Ge'i dMyal sNang Rang Grol gZigs Pa'i dMyal Ba'i dKar Ch'ag Nyung bsDus gSal Ba'i Me Long. New Delhi: Sherab Gyaltsen Lama.

SN gShin 'Pho Ngo sProd by Rangchung Dorje. Tsapod, vol. Hum, pp. 7 –11. New Delhi: Dilgo Khyentse Rinpoche.

SR Srid Pa Bar Do'i Khrid Yig Srid Pa Rang Grol by Karma Lingpa. In ZG, vol. 2, pp. 419–432. New Delhi: Collection of Dudjom Rinpoche.

TB rJe Tham Chad mKhyen Pa Tsong Kha Pa Ch'en Po'i bKa' 'Bum Thor Bu by Je Tsongkhapa. Je'i Sung-Bum, vol. Kha. Wood block print. Privately printed, India.

TBD The Tibetan Book of Living and Dying by Sogyal Rinpoche. New York: HarperCollins, 1992.

TC 'Das Log Karma dBang 'Dzin Gyi rNam Thar Thar Pa'i lChag Kyu by Khrag 'Thung rDo rJe. Bhutan: Mani Dorje, 1981. Collection of Tibetan Buddhist Resource Center.

TCD Theg mCh'og Rin Po Ch'e'i mDzod by Longchen Rabjam, vols. E and Wam. India: Choten Gonpa.

BH Boundless Healing: Meditation Exercises to Enlighten the Mind and Heal the Body by Tulku Thondup. Boston: Shambhala Publications, 2000.

TD Grub Ch'en Khro Zur rGyal Sras rDo rJe dDud 'Dul Rin Po Ch'e'i 'Das Log mThong Ba Don lDan by Ugyen Wangchug Rabten. Wood block print. Collection of Zenkar Rinpoche.

TG Thar Ba Rin Po Ch'e'i rGyan by Lhaje Sodnam Rinchen [Gampopa]. Chendu, China: Sichuan Mirig Publishing, 1989.

TGC CCh'os Nyid Bar Do'i gSal 'Debs Thos Grol Ch'en Mo by Karma Lingpa. In ZG, vol. 3, pp. 41–114. India: Collection of Dudjom Rinpoche.

TJ Tshe 'Pho Ba Ji lTar 'Gyur Ba'i mDo. Dode, vol. Sa, f145b/4 –155a/1. Kajur. Dege Edition. Tibetan translation of Sanskrit Ayushpatti-yathakara-paripriccha Sutra (Sutra on What Happens at Death).

TRD Tshig Don Rin Po Ch'e'i mDzod by Longchen Rabjam. Kham, Tibet: Adzom Edition.

TS Tannisho: Passages Deploring Deviations of Faith by Yuien-bo. Translated by Bando Shojun and Harold Stewart. Japan: Otani University, 1980.

TT "mTho Ris Thar Pa'i Them sKas Nyid Kyi mThong Tshul 'Ga' Zhig" by Tsunma Samten Chotsho." Manuscript, collection of Zenkar Rinpoche.

TZ rTsod Pa bZlog Pa'i Tshig Leur Byas Pa by Nagarjuna. Taipei: CBBEF 2000.

WBT What the Buddha Taught by Walpola Rahula. New York: Grove Press, 1974.

YB Klong Ch'en sNying Gi Thig Le Las Khrid Yig Ye Shes Bla Ma by Jigme Lingpa. New Delhi: Dilgo Khyentse Rinpoche.

ZD dPal Kun Rig Gi Ch'o Ga gZhan Phan mTha' Yas Las Nag'Gros bKlags Ch'og Mar bKod Pa gZhan Phan bDud rTsi by Palden Lodro Tenpe Gyaltsen. Dehra Dun, India: Sakya Gonpa.

ZG Zi khro dgongs pa ran grol gyi chos skor, discovered by Karma Lingpa, vols. 1, 2, and 3. New Delhi: Collection of Dudjom Rinpoche.

ZGB bDe Ba Chan Du sKye Ba'i sMon Lam Zhing mCh'og sGo 'Byed (with autocommentary) by Je Tsongkhapa. In DP, vol. 2, pp. 334–365. Chendu, China: Sichuan Mirig Publishing, 1990.

ZK Zhing Ch'og sKor by Jigme Tenpe Nyima. Dodrupchen Sungbum, vol. Ka, pp. 239–272. Gangtok: Choten Gonpa.

ZN Zas bsNgo. Nyingthig Doncha, 397–399. Gangtok, Sikkim: Choten Gonpa.

ZP bZang Po sPyod Pa'i sMon Lam Gyi rGyal Po. Phal Po Ch'e, vol. Ah, f358b/7–362a/4. Kajur. Dege Edition. Tibetan translation of the Sanskrit Bhadracharya-pranidhanaraja Sutra (Sutra of the King of Aspiration of Excellent Deeds).

國家圖書館出版品預行編目(CIP)資料

臨終寶典：30則還陽實證暨投生淨土指南
/東杜法王作；金吉祥女譯. -- 初版. -- 新北市：
眾生文化出版有限公司, 2025.03 面；公分. --
(儀軌實修；7)
譯自：Peaceful death, joyful rebirth

ISBN 978-626-99099-4-0(平裝)
1.CST: 藏傳佛教 2.CST: 生死觀 3.CST: 佛教修持

226.965 114002094

儀軌實修 7

臨終寶典——30則還陽實證暨投生淨土指南

作　　者　東杜法王
譯　　者　金吉祥女
發 行 人　孫春華
社　　長　妙融法師
總 編 輯　黃靖雅
執行主編　李建弘
封面設計　ELEPHANT DESIGN
內頁構成　舞陽美術 · 吳姿瑩
發行印務　黃新創

台灣發行　眾生文化出版有限公司
地址：220 新北市板橋區四川路2段16巷3號6樓
電話：886-2- 89671019　傳真：886-2- 89671069
劃撥帳號：16941166　戶名：眾生文化出版有限公司
電子信箱：hy.chung.shen@gmail.com　網址：www.hwayue.org.tw

台灣經銷　紅螞蟻圖書有限公司
114台北市內湖區舊宗路二段121巷19號
電話：886-2-2795-3656
傳真：886-2-2795-4100
電子信箱：red0511@ms51.hinet.net

香港經銷點　佛哲書舍
地址：九龍旺角洗衣街185號地下
電話：852-2391-8143
傳真：852-2391-1002
電子信箱：bumw2001@yahoo.com.hk

初版一刷　2025年3月
I S B N　978-626-99099-4-0（平裝）
定　　價　420元

◎本書如有破損、缺頁、裝訂錯誤，請寄回更換
◎未經正式書面同意，不得以任何形式做全部或局部之翻印、仿製、改編或轉載
版權所有・翻印必究

眾生文化出版書目

噶瑪巴教言系列			
1	報告法王：我做四加行	作者：第十七世大寶法王 鄔金欽列多傑	300 元
2	法王教你做菩薩	作者：第十七世大寶法王 鄔金欽列多傑	320 元
3	就在當下	作者：第十七世大寶法王 鄔金欽列多傑	500 元
4	因為你，我在這裡	作者：第一世噶瑪巴 杜松虔巴	350 元
5	千年一願	作者： 米克・布朗	360 元
6	愛的六字真言	作者： 第 15 世噶瑪巴・卡恰多傑、第 17 世噶瑪巴・鄔金欽列多傑、第 1 世蔣貢康楚仁波切	350 元
7	崇高之心	作者：第十七世大寶法王 鄔金欽列多傑	390 元
8	深藏的幸福：回憶第十六世大寶法王	作者：諾瑪李維	399 元
9	吉祥如意每一天	作者：第十七世大寶法王 鄔金欽列多傑	280 元
10	妙法抄經本__心經、三十五佛懺悔文、拔濟苦難陀羅尼經	作者：第十七世大寶法王 鄔金欽列多傑	300 元
11	慈悲喜捨每一天	作者：第十七世大寶法王 鄔金欽列多傑	280 元
12	上師之師： 歷代大寶法王噶瑪巴的轉世傳奇	講述：堪布卡塔仁波切	499 元
13	見即解脫	作者：報恩	360 元
14	妙法抄經本__普賢行願品	作者：第十七世大寶法王 鄔金欽列多傑	399 元
15	師心我心無分別	作者：第十七世大寶法王 鄔金欽列多傑	280 元
16	法王說不動佛	作者：第十七世大寶法王 鄔金欽列多傑	340 元
17	為什麼不這樣想？	作者：第十七世大寶法王 鄔金欽列多傑	380 元
18	法王說慈悲	作者：第十七世大寶法王 鄔金欽列多傑	380 元
講經系列			
1	法王說心經	作者：第十七世大寶法王 鄔金欽列多傑	390 元
經典開示系列			
1	大願王：華嚴經普賢行願品釋論	作者：堪布 竹清嘉措仁波切	360 元
2	大手印大圓滿雙運	原典：噶瑪恰美仁波切 、釋論：堪布 卡塔仁波切	380 元
3	恆河大手印	原典：帝洛巴尊者、釋論：第十世桑傑年巴仁波切	380 元
4	放空	作者：堪布 慈囊仁波切	330 元
5	乾乾淨淨向前走	作者：堪布 卡塔仁波切	340 元
6	修心	作者：林谷祖古仁波切	330 元
8	除無明闇	原典：噶瑪巴旺秋多傑、講述：堪布 卡塔仁波切	340 元
9	恰美山居法 1	作者：噶瑪恰美仁波切、講述：堪布卡塔仁波切	420 元
10	薩惹哈道歌	根本頌：薩惹哈尊者、釋論：堪千 慈囊仁波切	380 元
12	恰美山居法 2	作者：噶瑪恰美仁波切、講述：堪布卡塔仁波切	430 元
13	恰美山居法 3	作者：噶瑪恰美仁波切、講述：堪布卡塔仁波切	450 元
14	赤裸直觀當下心	作者：第 37 世直貢澈贊法王	340 元

15	直指明光心	作者：堪布 竹清嘉措仁波切	420 元
17	恰美山居法 4	作者：噶瑪恰美仁波切、講述：堪布卡塔仁波切	440 元
18	願惑顯智：岡波巴大師大手印心要	作者：岡波巴大師、釋論：林谷祖谷仁波切	420 元
19	仁波切說二諦	原典：蔣貢康楚羅卓泰耶、釋論：堪布 竹清嘉措仁波切	360 元
20	沒事，我有定心丸	作者：邱陽．創巴仁波切	460 元
21	恰美山居法 5	作者：噶瑪恰美仁波切、講述：堪布卡塔仁波切	430 元
22	真好，我能放鬆了	作者：邱陽．創巴仁波切	430 元
23	就是這樣： 《了義大手印祈願文》釋論	原典：第三世大寶法王噶瑪巴 讓炯多傑、 釋論：國師嘉察仁波切	360 元
24	不枉女身： 佛經中，這些女人是這樣開悟的	作者： 了覺法師、了塵法師	480 元
25	痛快，我有智慧劍	作者：邱陽．創巴仁波切	430 元
26	心心相印，就是這個！ 《恆河大手印》心要指引	作者：噶千仁波切	380 元
27	不怕，我有菩提心	作者：邱陽．創巴仁波切	390 元
28	恰美山居法 6	作者：噶瑪恰美仁波切、講述：堪布卡塔仁波切	430 元
29	如是，我能見真實	作者：邱陽．創巴仁波切	470 元
30	簡單，我有平常心	作者：邱陽．創巴仁波切	430 元
31	圓滿，我來到起點	作者：邱陽．創巴仁波切	390 元
32	國王之歌：薩惹哈尊者談大手印禪修	原典：薩惹哈尊者、釋論：堪千創古仁波切	390 元
33	那洛巴教你：邊工作，邊開悟	原典：那洛巴尊者、釋論：堪千創古仁波切	390 元
34	明明白白是自心	原典：達波札西南嘉、釋論：堪千創古仁波切	390 元
35	帝師的禮物：八思巴尊者傳記與教言	原典：八思巴尊者、釋論：第 41 任薩迦法王	390 元
36	恰美山居法 7	作者：噶瑪恰美仁波切、講述：堪布卡塔仁波切	430 元
37	禪定之王：《三摩地王經》精要釋論	作者：帕秋仁波切	350 元
禪修引導系列			
1	你是幸運的	作者：詠給．明就仁波切	360 元
2	請練習，好嗎？	作者：詠給．明就仁波切	350 元
3	為什麼看不見	作者：堪布竹清嘉措波切	360 元
4	動中修行	作者：創巴仁波切	280 元
5	自由的迷思	作者：創巴仁波切	340 元
6	座墊上昇起的繁星	作者：堪布 竹清嘉措仁波切	390 元
7	藏密氣功	作者：噶千仁波切	360 元
8	長老的禮物	作者：堪布 卡塔仁波切	380 元
9	醒了就好	作者：措尼仁波切	420 元
10	覺醒一瞬間	作者：措尼仁波切	390 元
11	別上鉤	作者：佩瑪．丘卓	290 元
12	帶自己回家	作者：詠給．明就仁波切 ／ 海倫特寇福	450 元

13	第一時間	作者：舒雅達	380 元
14	愛與微細身	作者：措尼仁波切	399 元
15	禪修的美好時光	作者：噶千仁波切	390 元
16	鍛鍊智慧身	作者：蘿絲泰勒金洲	350 元
17	自心伏藏	作者：詠給．明就仁波切	290 元
18	行腳：就仁波切努日返鄉紀實	作者：詠給．明就仁波切	480 元
19	中陰解脫門	作者：措尼仁波切	360 元
20	當蒲團遇見沙發	作者：奈久．威靈斯	390 元
21	動中正念	作者：邱陽．創巴仁波切	380 元
22	菩提心的滋味	作者：措尼仁波切	350 元
23	老和尚給你兩顆糖	作者：堪布卡塔仁波切	350 元
24	金剛語：大圓滿瑜伽士的竅訣指引	作者：祖古烏金仁波切	380 元
25	最富有的人	作者：邱陽．創巴仁波切	430 元
26	歸零，遇見真實	作者：詠給．明就仁波切	399 元
27	束縛中的自由	作者：阿德仁波切	360 元
28	先幸福，再開悟	作者：措尼仁波切	460 元
29	壯闊菩提路	作者：吉噶．康楚仁波切	350 元
30	臨終導引	作者：噶千仁波切	320 元
31	搶救一顆明珠： 用一年，還原最珍貴的菩提心	作者：耶喜喇嘛、喇嘛梭巴仁波切	440 元
32	轉心向內。認出本覺	作者：普賢如來、慈怙 廣定大司徒仁波切	380 元
33	見心即見佛	作者：慈怙 廣定大司徒仁波切	380 元
34	城市秘密修行人： 「現代瑜伽士」的修學指南	作者：堪布巴桑仁波切	360 元
密乘實修系列			
1	雪域達摩	英譯：大衛默克、喇嘛次仁旺都仁波切	440 元
儀軌實修系列			
1	金剛亥母實修法	作者：確戒仁波切	340 元
2	四加行，請享用	作者：確戒仁波切	340 元
3	我心即是白度母	作者：噶千仁波切	399 元
4	虔敬就是大手印	原作：第八世噶瑪巴 米覺多傑、講述：堪布 卡塔仁波切	340 元
5	第一護法：瑪哈嘎拉	作者：確戒仁波切	340 元
6	彌陀天法	原典：噶瑪恰美仁波切、釋義：堪布 卡塔仁波切	440 元
7	臨終寶典	作者：東杜法王	420 元
8	中陰與破瓦	作者：噶千仁波切	380 元
9	斷法	作者：天噶仁波切	350 元
10	噶舉第一本尊：勝樂金剛	作者：尼宗赤巴．敦珠確旺	350 元
11	上師相應法	原典：蔣貢康楚羅卓泰耶、講述：堪布噶瑪拉布	350 元

12	除障第一	作者：蓮師、秋吉林巴，頂果欽哲法王、祖古烏金仁波切等	390 元
13	守護	作者：第九世嘉華多康巴 康祖法王	380 元
14	空行母事業： 證悟之路與利他事業的貴人	作者：蓮花生大士、秋吉德千林巴、蔣揚欽哲旺波、 祖古・烏金仁波切、鄔金督佳仁波切等	390 元
15	無畏面對死亡	作者：喇嘛梭巴仁波切	480 元
心靈環保系列			
1	看不見的大象	作者：約翰・潘柏璽	299 元
2	活哲學	作者：朱爾斯伊凡斯	450 元
大圓滿系列			
1	虹光身	作者：南開諾布法王	350 元
2	幻輪瑜伽	作者：南開諾布法王	480 元
3	無畏獅子吼	作者：紐修・堪仁波切	430 元
4	看著你的心	原典：巴楚仁波切、釋論：堪千 慈囊仁波切	350 元
5	椎擊三要	作者：噶千仁波切	399 元
6	貴人	作者：堪布丹巴達吉仁波切	380 元
7	立斷：祖古烏金仁波切直指本覺	作者：祖古烏金仁波切	430 元
8	我就是本尊	作者：蓮花生大士、頂果欽哲仁波切、祖古烏金仁波切等	440 元
9	你就是愛，不必外求： 喚醒自心佛性的力量	作者：帕秋仁波切	390 元
10	本淨之心： 自然學會「大圓滿」的無條件幸福	作者：鄔金秋旺仁波切	399 元
11	你的水燒開了沒？ ——認出心性的大圓滿之道	作者：寂天菩薩、蓮花生大士、祖古烏金仁波切等	450 元
12	拔出你的本覺之劍 ——本然大圓滿與金剛歌	作者：紐修堪布仁波切、舒雅達喇嘛	390 元
如法養生系列			
1	全心供養的美味	作者：陳宥憲	430 元
佛法與活法系列			
2	我的未來我決定	作者：邱陽・創巴仁波切	370 元
4	蓮師在尼泊爾	作者：蓮花生大士、拉瑟・洛扎瓦、賈恭・帕秋仁波切	390 元
6	薩迦成佛地圖	作者：第 41 任薩迦崔津法王	370 元
7	蓮師在印度	作者：蓮花生大士、拉瑟・洛扎瓦	430 元
不思議圖鑑系列			
1	王子翹家後	作者：菩提公園	360 元
2	福德與神通	作者：菩提公園	350 元